本书的出版得到国家自然科学基金项目"民族传统聚落文化与生态基因信息图谱建模及应用研究"（批准号：71473051）、教育部新世纪优秀人才支持计划"旅游竞争力评价体系研究"（编号：NCET-10-0086）、广州市"羊城学者"中青年学术带头人研究项目"岭南文化与旅游业融合发展的互动机制及其政策响应研究"（编号：12A010G）、广州市哲学社会科学发展"十三五"规划项目"岭南古驿道文化基因挖掘及综合开发研究——基于遗产廊道视角"（编号：2018GZQN63）、文化和旅游部 2018 年度万名旅游英才计划——研究型英才培养项目"全域旅游背景下古驿道旅游廊道构建研究——以广东南粤古驿道为例"（编号：WMYC20181-071）、2018 年广东省教育厅青年创新人才项目"乡村振兴视野下南粤古驿道文化遗产保护与活化利用研究"（编号：2018GWQNCX083）、2019 年广东省普通高校青年创新人才类项目：乡村振兴战略下南粤古驿道文化遗产保护与创新性发展研究（编号：2019GWQNCX030）、广州市哲学社会科学发展"十三五"规划 2020 年度共建课题：遗产廊道视角下南粤古驿道保护与利用研究（编号：2020GZGJ243）共同资助。

南粤古驿道文化遗产廊道研究

张河清　王蕾蕾　莫里斯　著

科学出版社

北京

内 容 简 介

　　南粤古驿道作为中原联系岭南的重要纽带,是广东千年文明史的活化石。本书从遗产廊道的角度对南粤古驿道及其沿线的文化遗产保护利用和价值重构进行研究,通过构建南粤古驿道遗产廊道的方式整合区域内的各项文化生态资源,统筹古驿道遗产的动态保护与活化利用问题。探讨南粤古驿道在新时代背景下与城市发展、乡村振兴的融合共生方式和路径,从而使南粤古驿道真正成为集中展示岭南地域文化,推动乡村旅游、户外运动,满足人们对健康、人文和生态需求的重要空间载体。

　　本书适合古驿道、文化遗产、城乡发展和旅游规划研究者,以及文化地理、旅游管理、人文地理等学科的师生参阅。

图书在版编目(CIP)数据

　南粤古驿道文化遗产廊道研究/张河清,王蕾蕾,莫里斯著. —北京:科学出版社,2020.6

　ISBN 978-7-03-065350-5

Ⅰ. ①南… Ⅱ. ①张… ②王… ③莫… Ⅲ. ①古道—文化遗址—研究—广东 Ⅳ. ①K878.44

　中国版本图书馆 CIP 数据核字(2020)第 093964 号

责任编辑:郭勇斌　彭婧煜　陈楚迎/责任校对:杜子昂
责任印制:张　伟/封面设计:刘云天

科 学 出 版 社 出版
北京东黄城根北街 16 号
邮政编码:100717
http://www.sciencep.com

北京中石油彩色印刷有限责任公司 印刷
科学出版社发行　各地新华书店经销
*

2020 年 6 月第 一 版　开本:720×1000　1/16
2020 年 6 月第一次印刷　印张:13
字数:260 000
定价:88.00 元
(如有印装质量问题,我社负责调换)

前　言

随着城市的发展和地理时空的演变，众多文物古迹、历史遗迹、人文故事等文化遗产犹如璀璨珍珠散落于南粤大地呈线性分布的南粤古驿道周边，有的熠熠生辉，有的却消失于历史长河。

本书所指的南粤古驿道，是指 1913 年前广东省境内用于传递文书、运输物资、人员往来的通路，包括水路和陆路，官道和民间古道，是经济交流和文化传播的重要通道。[①]

广东绿道历经多年的探索，基本形成了覆盖全省的多层次绿道网络体系，绿道的实践已经在广东取得重大的进展，并在全国起到了示范效应，发挥了良好的社会及生态效益。如何利用散布于南粤大地的古驿道，并将之打造成新的"文化绿道"，使"养在深闺人未识"的南粤古驿道重新焕发生机，是社会各界的普遍愿望和共识。2016 年，在广东省政府的关注和帮助下，广东省住房和城乡建设厅、广东省文化厅出台了《南粤古驿道保护与修复指引》等相关文件，全力推动"南粤古驿道活化利用行动计划"，进行南粤古驿道活化利用的尝试。

但是，目前南粤古驿道文化遗产的保护仍然存在着诸多的问题与挑战，与此同时，关于南粤古驿道系统性、学术性的研究甚少，缺少必要的理论指导和科学有效的研究保护方法，这也是我们撰写本书的主要原因。

南粤古驿道文化遗产的保护不仅是为了旅游观光，历史遗产保护的目的是为了尊重过去，保护应当赋予南粤古驿道一种可持续发展的能力，并让其在当下发展的进程中获得新的生命力。这不仅包含其自身的保护力，更需要区域承载力和活化利用的支持力。为使南粤古驿道的历史文化信息得到完整传承和真实表达，以及南粤古驿道以更为便捷、开放、兼容的姿态与现代生活融为一体，本书以"遗产廊道"理论和思路，寻求新的切入点解决南粤古驿道"古为今用、活化利用、文化传承"的问题。以"遗产廊道"理论作为南粤古驿道保护与活化利用的新视角，从理论上拓展和提升了古驿道文化遗产保护研究的思路。赋予南粤古驿道文化遗产以更深刻的人文意义，拓宽和提升南粤古驿道文化遗产的保护和活化利用

---

① 引自广东省住房和城乡建设厅，广东省文化厅. 广东省南粤古驿道保护与修复指引（2018 年修编）。

价值，进一步整合区域内各项文化资源单体，统筹考虑其保护与活化利用问题，从而实现保护文化遗产的真正目的。

本书以"遗产廊道"理论为统合视角，以"南粤古驿道"为特定研究对象，系统研究"南粤古驿道文化遗产廊道"问题。研究团队进行了大量的田野调查与资料汇编工作，主要运用了地理信息系统、内容分析法和文献资料分析法等研究方法，由于笔者水平有限，书中难免有疏漏之处，望广大读者批评指正，以使本书不断丰富和完善。

张河清

2019 年 12 月于广州大学文俊东楼

目　录

第一章　遗产廊道的内涵与发展

第一节　遗产廊道的内涵及特征

一、遗产廊道的来源及辨析

遗产廊道理论起源于 1887 年（图 1-1）。从 19 世纪中叶起，历史文化遗产的保护逐渐成为全世界的焦点问题。随着对历史环境的关注，其保护范围和保护内容不断扩大和深化，由单个文物的保护到历史地段的保护，再到历史文化名城的整体保护。早在 1933 年国际现代建筑协会（Congrès International d'Architecture Modern，CIAM）通过的《雅典宪章》就提出"要着重保护它风景如画的特征"。1964 年的《关于古迹遗址保护与修复的国际宪章》（简称《威尼斯宪章》）更进一步提出了要保护"城市的或乡村的环境"。1976 年 11 月 26 日，联合国教育、科学及文化组织（简称联合国教科文组织）大会在华沙内罗毕通过了《关于历史地区的保护及其当代作用的建议》（*Recommendation Concerning the Safeguarding and Contemporary Role of Historic Areas*，简称《内罗毕建议》），这份文件在之前建筑遗产单体保护的基础上首次明确增加了"历史地段建筑群保护"的概念，指出"历史地段是指在某一地区（城市或村镇）历史文化上占有重要地位，代表这一地区历史发展脉络和集中反映地区特色的建筑群。其中或许每一座建筑都够不上文物保护的级别，但从整体来看，却具有非常完整而浓郁的传统风貌，是这一地区历史活的见证。它包括史前遗址、历史城镇、老城区、老村落等"。1987 年 10 月，《内罗毕建议》的内容在《保护城镇历史地区的法规》（*Charter on the Conservation of Historic Towns and Urban Areas*，简称《华盛顿宪章》）中进一步得到原则性总结。《华盛顿宪章》成为继《威尼斯宪章》之后最重要的一份关于保护历史建筑和历史性城市的国际性法规文件。《内罗毕建议》《华盛顿宪章》等重要文件的制定，表明了文化遗产的保护范围实际上已经扩大到整个历史城镇和区域。1968 年美国召开了"世界遗产保护"白宫会议，1972 年联合国教科文组织制定了《保护世界文化和自然遗产公约》，正式把自然遗产和文化遗产一起共同作为具有普遍价值的遗产加以保护。自然遗产和文化遗产的糅合是这一权威公约的突出特点。公约中有一条"人与自然的共同结晶"，后来作为"文化景观"单独列入遗产地范畴。

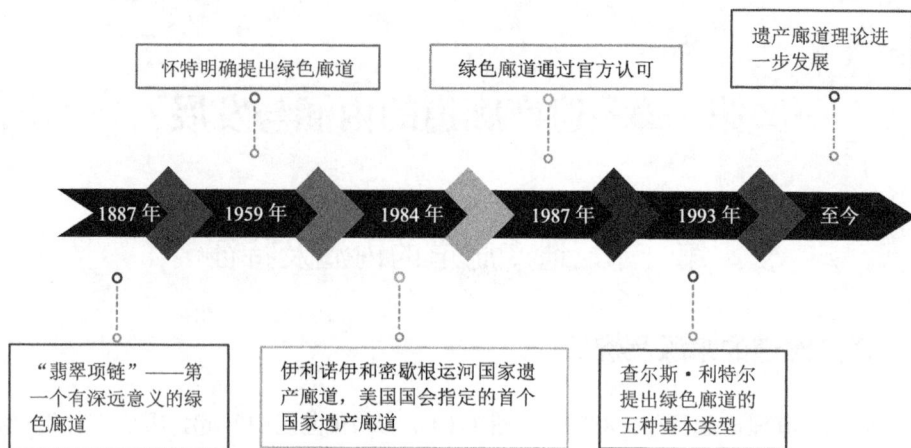

图 1-1 遗产廊道理论发展历程

在 1984 年的世界遗产大会上，许多专家认为，当今世界上，纯粹的自然地已经十分稀少，更多的是在人影响之下的自然地，即人与自然共存的区域，这些区域中有相当一部分具有重要价值。在这一背景下，许多西方国家都开展了区域化的遗产保护。以法国为例，在 1983 年法国就制定了《建筑和城市遗产保护法》，对包括建筑和城市在内的文化遗产加以保护。1993 年又在该法的基础上进一步完善并制定了《建筑、城市和风景遗产保护法》，提出了建筑、城市和风景遗产保护区的概念，对包括建筑群、自然风景、田园风光在内的区域加以保护。

随着全球对文化遗产的保护范围不断扩大，由文物单体到历史地段，再到整座城镇及区域，进而兼及文化景观（cultural landscape），保护的范畴与内容逐渐复杂而深广。在这样的背景下，许多西方国家都开展了遗产保护的整体性和区域化研究。生态景观、遗产保护、旅游开发等领域出现了绿色廊道（greenway）、生态廊道（ecological corridor）、遗产廊道（heritage corridor）、文化线路（cultural route）、风景道（parkway）、遗产区域（heritage area）等一系列相关理念，范围涉及几座甚至几十座城市、一个或多个国家的更大文化区域，以解决遗产保护片断化、遗产地景观破碎化的问题。这些理念的产生使遗产保护越来越趋向整体性的层面。

遗产廊道是美国在保护本国历史文化时采用的一种范围较大的保护措施。查尔斯·利特尔（Charles Little）在《美国的绿色廊道》（*Greenways for America*）中指出绿色廊道包括五种基本类型：城市河边绿色廊道、以道路为特征的游憩绿色廊道、生态上重要的绿色廊道、风景或历史线路绿色廊道、综合的绿色廊道系统或网络。绿色廊道定义中的第四种主要就是遗产廊道。

二、遗产廊道的概念内涵

在美国遗产廊道实践项目运作的基础上，Flink 等（1993）提出了遗产廊道的概念，即"拥有特殊文化资源集合的线性景观。通常带有明显的经济中心、蓬勃发展的旅游、老建筑的适应性再利用、娱乐及环境改善"。该定义在理论上对遗产廊道的内涵和外延作了阐述和界定，遗产廊道是一种在遗产保护区域化进程中采取的方法。该方法在保护中强调遗产的文化意义和自然价值，强调文化遗产保护和自然保护并举，是一种追求遗产保护、区域振兴、居民休闲、文化旅游和教育的多目标保护规划方法。作为绿色廊道和遗产区域的综合，遗产廊道的形成为线性遗产的保护提供了新的思路。遗产廊道的理论源流是绿色廊道和遗产区域。绿色廊道，简称绿道，译自英文单词"greenway"和"green belt"两个词汇，"green"指有植被的地方，更深一层的意思是指存在自然或半自然植被的区域；"way"是通道的意思，意味着移动、从这里到那里，从这一点到那一点，是人类、动物、植物、水等的通道。绿道是具备较强自然特征的线性空间的连接体系，沿着诸如河滨、溪谷、山脊线等自然走廊，或是沿着诸如用作游憩活动的废弃铁路线、沟渠、风景道路等人工走廊所建立的线性开敞空间，包括所有可供行人和骑车者进入的自然景观线路和人工景观线路，具有重要的生态价值和休闲、美学、文化、通勤等多种功能。绿道是能够改善环境质量的，是公园、自然保护地、名胜区、历史古迹等与高密度聚居区之间进行连接的开敞空间纽带。

国际保护组织和很多国家都有类似遗产区域的遗产保护方法，这一保护方法最早产生于美国。遗产区域与遗产协作保护思想、公园运动、绿道的发展密切相关，是美国针对其较大范围与尺度的遗产资源保护的一种方法。它强调对历史文化价值的综合认识，并利用遗产复兴经济，以解决景观趋同、社区认同感消失、经济衰退等问题。遗产区域逐渐发展成为区域遗产资源保护体系的一个重要部分，它的发展带动了遗产廊道的产生与发展。从美国指定伊利诺伊和密歇根运河国家遗产廊道至今，保护遗产区域的相关保护体制慢慢成熟起来。此时，作为遗产区域与绿道的结合体，一种新的遗产保护方法——遗产廊道应运而生。

遗产廊道作为绿道和遗产区域的综合，是一种新的遗产保护形式（王志芳和孙鹏，2001）。遗产廊道与绿道的区别在于：遗产廊道注重对廊道沿线和辐射区内的文化遗址和历史遗迹的保护，将对其历史给予最大程度的关注。而遗产廊道与遗产区域的区别在于：遗产廊道是遗产区域的一种表现形式，是一种线性的遗产区域。

20 世纪 90 年代最先出现在欧洲的"文化线路"理论，产生的背景是欧洲历史上各国、各民族的外交、经贸、战争、宗教朝圣等活动形成的多条文化线路。由于欧洲历史悠久，遗产资源丰富，为文化线路的产生奠定了历史基础。1994 年马德里会议报告提出："遗产线路是一个内涵十分丰富的概念，它提供了一个特许的工作框架，在其中兼容了相互理解、多种对待历史的方法和一种和平文化。它是基于时间和空间上的人口迁移、冲突和对话、文化交换和相互移植而形成的；这个概念在本质上是开放的、动态的，它致力于在经济、社会、哲学及与自然环境互动等多方面提高对遗产的识别。"①由此，文化线路中有形元素与无形元素二者皆必不可少的特征决定了它与其他类型遗产的不同。马德里会议讨论了文化线路作为文化遗产的判别标准：空间上交流是否广泛；是否对社区文化产生影响；是否包含跨文化因素；是否对文化、经贸、宗教等交流起到作用。马德里会议取得的成果为今后文化线路的理论研究提供了基本框架。

文化线路是世界遗产的新类型，在 2008 年国际古迹遗址理事会（International Council on Monuments and Sites，ICOMOS）第 16 届大会上通过的《文化线路宪章》对此类型遗产有明确的定义，形成了目前对文化线路最新的定义。同时，在联合国教科文组织世界遗产委员会（UNESCO World Heritage Committee）2013 年版《实施〈保护世界文化和自然遗产公约〉操作指南》（*Annotated Revised Operational Guidelines for the Implementation of the World Heritage Convention*，简称《操作指南》）和欧洲文化线路委员会的相关文件中，也有相应的描述，定义中反映出了文化线路具有如下含义：

①文化线路是人类有目的创造的具有历史功能的人类交流或迁徙的路线，其形态可呈现多样性。

②它必须具有一定的规模和持续时间，在时间和空间上都是大跨度且多样的，因此能够在多文化和多地域上产生足够深远的交流影响。如古罗马的行军路线、哈德良遗迹、中国长城等大量跟军事有关的大型遗产，尽管它们有可能因为其他的原因被认为是重要的线性遗产（建筑上的、技术上的等），但由于该线路上并未明显促进文化的交流与融合，也就不能被看作是文化线路。

③文化线路的构成元素是多样的：物质遗产、非物质遗产和自然地理环境都是组成文化线路的部分。

④文化线路具有动态性，动态性是指文化线路产生的动力和维持文化线路持续的机制都是动态的。它的突出表现是沿文化线路发生的人口、物品、知识、思想的往复迁移和相互影响的过程，以及这种交换和交流所产生的结果，这是维系文化线路得以持续的纽带。文化线路具有一个从整体到部分的意义体系，理解文化线路的意义首先应当把它作为一个整体来理解，然后从整体出发去阐述文化线

---

① 转引自陈建华. 中国文化线路申报世界遗产策略研究[D]. 长沙：湖南师范大学，2014.

路各部分的意义。

由绿道、遗产区域、遗产廊道、文化线路概念的比较可以看出遗产廊道的特点（表 1-1）。

表 1-1　绿道、遗产区域、遗产廊道和文化线路对比分析

	绿道	遗产区域	遗产廊道	文化线路
理论来源地	美国	美国	美国	欧洲
性质	廊道	遗产	廊道	遗产
形态	线性	区域	线性	线性
民族性	通常不具民族性	具有较强民族性	具有民族性	具有较强民族性
尺度	大尺度	大尺度	可大可小	大尺度
任务	自然生态系统保护与开发	遗产保护与开发	遗产保护，自然生态系统保护开发及经济价值	遗产保护与开发
学科背景	景观生态学	历史学、社会学	景观生态学、城市规划、景观设计学	历史学、社会学
典型代表	波士顿公园系统	美国克斯国际遗产区域	伊利诺伊和密歇根运河国家遗产廊道	圣地亚哥—德孔波斯特拉朝圣路线

资料来源：王燕燕，2015. 南京明城墙遗产廊道保护与构建研究[D]. 南京：南京林业大学

遗产廊道主要是基于遗产区域保护、绿道、文化线路等概念发展起来的。遗产廊道是一份线性文化景观，是绿道、文化线路、遗产保护区域化相结合的产物，是人与自然长期斗争、共存之下形成的作品，运河、河流峡谷、道路等都是遗产廊道的重要表现形式。或许现今其价值未必能够突出到可被列入《世界遗产名录》，但因其代表了早期人类的运动路线、体现着人地文化的发展历程，从而具有较高的文化意义。遗产廊道是一个较大尺度、较多维度的遗产综合体。它既保护了廊道内的文化遗产资源，又维持了自然环境，并且通过遗产旅游开发带动经济发展。

三、遗产廊道的特点

通过对遗产廊道发展历程的分析，遗产廊道与绿道、遗产区域及文化线路的概念对比可以看出，遗产廊道具有以下四个特点。

（一）遗产区域

遗产廊道不仅包括了山脉、陆地、河流、植被等自然元素，城镇、村庄、建筑、闸门、码头、驿站、桥梁等文化元素，而且也包括遗产廊道的自然生态和因交流对话而生成的非物质文化遗产、民族风情等，是历史事件、人口迁徙、商品交换、文化交流的载体，体现着地域文化的发展历程。它的尺度变化很大，跨越了不同的行政区域和地理边界，一个较大的景观单元或一条历史文化古街都可以

被称作遗产区域，既可以是某一城市中一条有历史文化价值的水系，也可以是横跨几个城市的一条区域性道路。如宾夕法尼亚州历史路径（Pennsylvania Historic Pathway）长 1.5 英里（2.4135 千米）。遗产廊道是遗产区域，但遗产区域不一定是遗产廊道，遗产廊道采用的是大区域遗产保护方式。

（二）线性空间

遗产廊道往往是出于人类的特定目的而形成一条重要的纽带，将一些原本不关联的城镇或村庄串联起来，构成文化遗存的线性空间。遗产廊道是一种线性的景观，是遗产区域的一种类型，是一种线性的遗产区域。这种线性空间的尺度没有具体数据约束，可大可小，但一般是中尺度。它既可以是在一个城市之中的某遗产廊道，也可以是跨越几个城市的遗产廊道。南粤古驿道遗产廊道就是跨越广东省内几个行政区划较大尺度的遗产廊道。

（三）综合性

遗产廊道是一个综合性的保护措施（历史文化、自然、经济三者并举的保护措施），是一种多目标、多角度的保护体系，体现了遗产廊道同绿道、文化线路的区别。文化线路具有显著的遗产性，注重文化遗产价值；绿道强调生态系统的重要性，遗产廊道将二者结合起来，保持文化内涵与生态系统的结合与平衡。它不仅保护了廊道内的遗产资源，而且通过适当的生态恢复和旅游开发，使廊道内的生态环境得到恢复和保护，为社区居民及游客提供游憩、休闲服务，带动遗产地经济的发展。

（四）潜在的旅游开发意义

遗产廊道具有潜在的旅游开发意义。遗产是遗产旅游最主要的体验对象，而且遗产廊道本身及其传说和历史对游客具有吸引力。此外，遗产廊道沿线存在着一系列可供游客观赏的次要旅游景点。同时遗产廊道起着主干线路的作用，游客可以从这里前往其他地方进行参观。

第二节　遗产廊道的选择标准及构成

一、遗产廊道的选择标准

遗产廊道的概念和特点决定了在选择遗产廊道及其保护对象时，首先应在线性景观中进行选择，有呈线性的遗产主体才能构成遗产廊道；其次应遵循以下四个标准。

（一）历史重要性

遗产廊道的历史重要性是指廊道内应具有塑造地方、市（县）或国家历史的事件和要素。评价历史重要性要了解当地景观的社会、宗教和民族重要性及当地的居住模式或社会结构是否影响着当地社区或社会。

（二）建筑或工程上的重要性

建筑或工程上的重要性是指遗产廊道内的建筑具有形式、结构、演化上的独特性，或是特殊的工程运用措施。要考虑哪些人工构筑或建筑具有地方重要性，哪些建筑是社区所独有的，哪些是全国都普遍存在的。

（三）自然对文化资源的重要性

遗产廊道内的自然要素应是人类居住地形成的基础，同时也影响整个遗产廊道。评价遗产廊道内的自然重要性要了解以下几点：当地自然景观在生态、地理或水文学上的重要性；所研究的区域是否具有完全、基本未被破坏的自然历史；场地是否由于人类活动和开发而受到改变；哪些自然要素是景观的主体，决定着区域的独特性。

（四）经济重要性

遗产廊道的经济重要性是指保护遗产廊道是否能增加地方的税收，推动旅游业和经济发展等。通过遗产廊道的建设，实现对文化与自然保护的同时，要考虑帮助当地经济发展，如带动地方旅游业。

二、遗产廊道的构成

遗产廊道主要有四个构成要素：绿道、游步道、遗产资源、解说系统。绿道、游步道和遗产资源所处节点之间的关系可用图进行说明，解说系统则是对三者的综合和具体解释。

（一）绿道

绿道是对自然格局进行保护和生态恢复，形成统一连续的基底背景，主要强调的是对自然环境的保护及保证绿道对其内部文化遗产的衬托和联系。

（二）游步道

游步道是遗产廊道保护、管理、旅游等重要的慢速交通路线，它可以在水中，也可以在陆地，其功能具有多样性，可用于步行、跑步、骑自行车、划船、游览等一系列静态和动态的娱乐活动。

（三）遗产资源

遗产资源包括遗产、构筑物、建筑及其他历史文化遗存，其保护手段综合多样，包括建设、恢复、改变、重新利用等。

（四）解说系统

解说系统作用在于向公众解释遗产廊道内遗产资源的内涵和历史重要性，对景观要素、结构和历史资源精确而富有故事性的解释将有助于提高公众对保护对象和政府保护策略的认识。

从结构上看，遗产廊道这四个要素又分属于自然系统、遗产系统和支持系统，其中遗产系统和自然系统在遗产廊道构建之前是客观存在的，支持系统是遗产廊道构建的后天系统（图1-2）。

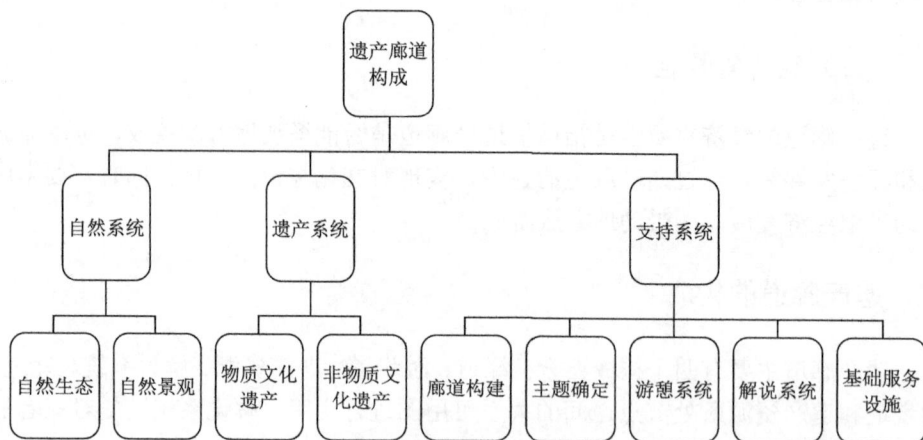

图1-2 遗产廊道构成要素图

遗产廊道的自然系统包括遗产区域内除遗产以外的自然环境，也是遗产存在的基底，一般而言遗产廊道的自然系统即绿道，是自然生态廊道和人工作用的总和。自然系统可以划分为自然景观资源和自然生态要素两部分。自然系统不仅具有观赏价值，对于遗产系统的保护也具有重要意义。

遗产系统是遗产廊道范围内所有遗产的总和，可以分为物质文化遗产和非物质文化遗产。按照遗产和遗产廊道的关系，可以将物质文化遗产分为与功能相关、与历史相关、与空间相关三种类型；非物质文化遗产一般与遗产廊道并无功能、历史相关，主要是空间相关。遗产系统是遗产廊道的核心，遗产系统的保护和展示是遗产廊道的主要目的。

支持系统是指以保护、展示、交通和服务为目的的人工系统。一般情况下，支持系统主要包括廊道构建、主题确定、游憩系统、解说系统和基础服务设施五大部分。人工系统的构建以对自然系统、遗产系统的最小干扰和最大限度展示为主要原则。

第三节 国外遗产廊道的发展概况

一、美国遗产廊道的发展概况

（一）遗产廊道源流

遗产廊道概念是美国绿道运动、风景道建设和区域遗产保护理念共同发展与相互作用的产物。19世纪下半叶，美国工业化、城市化及交通工具发展迅速，城市建成区过度拥挤，生活环境和工作环境不断恶化。在这种情况下，城市规划师和景观设计师将公园和林荫道引入城市，绿道运动开始兴起。随着时代的发展，绿道功能从最初的生态景观和游憩功能向生态景观、游憩娱乐、文化审美、遗产保护、经济和社会发展等综合功能发展。

在城市之间作为保护视觉资源战略的一项重要行动，美国很多州又通过立法来进行风景道的设计和建设。风景道不仅强调道路和景观的美化，以及驾车人在旅途中的视觉愉悦，而且注重对道路沿线历史、生态、非物质文化遗产的保护和挖掘，强调人们在感到视觉愉悦的同时，还应该得到教育的机会和精神的满足。从城市到城际、从自然景观到文化遗产，历史保护意识的加强与理念的发展，使遗产保护区域化在实际操作层面得以实现，遗产廊道概念应运而生。遗产廊道是一个与绿道相对应的概念，绿道重点关注生态景观和游憩功能，而遗产廊道则主要强调区域历史文化的保护和社区的经济发展。

（二）遗产廊道实践

美国是最早进行遗产廊道实践的国家。这与其国情有关：一方面，美国是一个历史较短的国家，但它对历史和国土自然绿色系统的保护相当重视，这使得短暂的历史焕发很多的生机；另一方面，美国是退出联合国教科文组织的国家，其自然文化遗产的保护自成体系。遗产廊道是美国在保护本国历史文化时采用的一种大范围的保护措施。表 1-2 展现了美国遗产廊道实践案例的进程。1984 年伊利诺伊和密歇根运河国家遗产廊道是首个通过美国国会立法指定的国家遗产廊道,这标志着遗产廊道概念的确立。这条遗产廊道无论是在遗产保护还是旅游经济发展方面都取得了很大成功。此后,更多的国家遗产区域和遗产廊道出现在美国历史场所保护登记名单上,包括约翰 H.查菲布莱克斯通河峡谷国家遗产廊道、特拉华州和利哈伊国家遗产廊道等。其中约翰 H.查菲布莱克斯通河峡谷国家遗产廊道是美国在遗产廊道保护方面比较成熟的案例,对其保护首先是确立保护目标,然后确定保护方案,在保护过程中还发展了旅游业。到 2006 年,美国国会已经批准了 37 个遗产区域和 10 个遗产廊道。

表 1-2　美国遗产廊道实践案例

序号	遗产廊道实践案例	归属地	年份
1	伊利诺伊和密歇根运河国家遗产廊道 (Illinois and Michigan Canal National Heritage Corridor)	伊利诺伊州	1984
2	约翰 H.查菲布莱克斯通河峡谷国家遗产廊道 (John H.Chafee Blackstone River Valley National Heritage Corridor)	马萨诸塞州 罗得岛州	1986
3	特拉华州和利哈伊国家遗产廊道 (Delaware & Lehigh National Heritage Corridor)	宾夕法尼亚州	1988
4	宾夕法尼亚西南工业遗产线路——进步之路 (Southwestern Pennsylvania Industrial Heritage Route: Path of Progress)	宾夕法尼亚州	1988
5	奎纳博格和谢塔克河谷国家遗产廊道 (Quinebaug & Shetucket River Valley National Heritage Corridor)	康涅狄格州、马萨诸塞州	1994
6	科罗拉多河流廊道 (Colorado River Corridor)	科罗拉多州	1996
7	俄亥俄州和伊利运河国家遗产廊道 (Ohio & Erie Canal National Heritage Corridor)	宾夕法尼亚州	1996
8	南卡罗来纳州国家遗产廊道 (South Carolina National Heritage Corridor)	南卡罗来纳州	1996
9	伊利运河之路国家廊道 (Erie Canalway National Corridor)	纽约州	2000
10	噶勒文化遗产廊道 (Gullah/Geechee Cultural Heritage Corridor)	南卡罗来纳州 佐治亚州、佛罗里达州	2006

(三)遗产廊道与区域化保护

美国的遗产廊道的发展与历史遗产的区域化保护紧密联系。作为绿道和遗产区域的综合,一种新的遗产保护形式——遗产廊道的形成为线性遗产的保护提供了新的思路。Flink 等(1993)认为:"遗产廊道是拥有特殊文化资源集合的线性景观。通常带有明显的经济中心、蓬勃发展的旅游、老建筑的适应性再利用、娱乐及环境改善。"

（四）美国的遗产廊道管理

美国的遗产廊道保护隶属于国家公园体系，遗产廊道不同于传统的国家公园，联邦政府并不能管理廊道范围内的任何土地或资源，而是由国家公园服务机构负责管理，由联邦政府授权成立遗产廊道委员会，作为廊道的管理实体。每个遗产廊道委员会负责调研廊道的实际资料，并在国家公园服务机构的协助下，与国家和地方代理及非营利组织一起保护区域内的历史、自然和娱乐资源，以此推进对运河及其周边社区的关注。

二、欧洲遗产廊道的发展概况

欧洲有关遗产廊道的概念虽未明确提出，但许多遗产的处理手法与美国的遗产廊道有异曲同工之处。欧洲关于遗产廊道和遗产区域保护从 20 世纪 70 年代逐渐发展起来，它产生于人们对全球化和景观日益趋同情况下保护民族遗产和欧洲区域身份的渴望，是拥有遗产区域最多的地区。与美国类似，欧洲的遗产区域项目包括由多个合作团体管理的不同大小和不同历史文化主题的地区。这些团体仅对遗产区域实施管理，并不对该地区的土地利用施加控制。由于欧洲不同国家给予遗产保护支持的程度不同，国与国之间遗产区域的种类和范围也有一定的差异。尽管如此，每个国家都有重要的遗产区域案例，在这些区域内，保护遗产和独特文化景观是地区再生和可持续发展的重要手段。

此外，欧盟也通过一些发展项目，为那些由独特的文化和自然要素联系在一起的城市或地区，有时甚至是不同的国家提供必要的支持，促进他们彼此之间进行区域联合并形成遗产区域和遗产廊道。1993 年西班牙的圣地亚哥—德孔波斯特拉朝圣路被列入《世界文化遗产名录》。1994 年在西班牙政府的帮助下，在马德里召开了世界文化遗产专家研讨会。现在国际古迹遗址理事会下设有专门的机构——国际古迹遗址理事会文化线路科技委员会（The ICOMOS International Scientific Committee on Cultural Routes，CIIC），负责文化线路类遗产的研究和管理，遗产保护已经成为一种区域性的战略。

三、遗产廊道管理与保护理论研究

在遗产廊道的管理方面，Drost（1996）认为"旅游业能够创造经济收入，能够唤起人们对遗产保护的关注，所以遗产旅游对其可持续发展具有重要意义"。Henderson（2002）引用了大量案例，论述了殖民遗迹保护的重要性、价值、旅游开发的可行性等内容。Teo 和 Huang（1995）论述了遗产资源保护的重要性及旅游开发策略相关事项。2013 年版的《操作指南》主要论述和强调了遗产廊道保护体系中非物质文化遗产的地位和作用。该书是关于遗产廊道、文化线路确认、预登记、元素和谐保护、土地利用与控制方面相关规定的一个文件汇编，旨在统一文化线路的备案、申报中具有普遍意义的问题解决方案。Cullingworth（1992）对遗产廊道的教育意义及价值非常关注，调查评估遗产廊道的教育需求以促进遗产廊道的保护与可持续发展。

四、国外研究动态概述

国外的研究主要表现在：第一，欧洲和美国在概念界定上稍有不同，欧洲研究多集中于文化线路，美国研究多聚焦于遗产廊道，这根源于各地区不同的自然基底和历史文化，当然也存在学术研究发展阶段的差异性。这种状况从学术研究角度而言，不利于形成国际性的线性遗产话语平台，对各国和各个国际组织之间的遗产对话造成一定障碍；第二，欧洲和美国对廊道遗产保护的侧重点不同。欧洲侧重于对文化线路历史文化的挖掘与保护，经济、社会和生态功能属于扩展功能；美国重视对遗产廊道的生态景观和游憩功能的打造，强调审美和人们愉悦的旅途体验，而将历史文化保护置于次要位置。

综上所述，国外的研究其核心观点有：一是国外的研究强调线性空间特点；二是在尺度上，遗产廊道变化丰富，它可以是城市中的某一个廊道空间，也可是跨城市、跨国家的区域性廊道空间；三是它以特定的历史活动、文化事件把众多遗产单体串联成具有重要历史意义的廊道遗产区，将文化内涵提至重要的位置，同时兼顾经济价值和生态价值。

第四节　国内遗产廊道的研究概况

一、国内遗产廊道的研究分析

为进一步了解国内遗产廊道的研究状况，本书的研究采用统计学分析方法，结合文献可视化软件和内容分析法，分析遗产廊道的研究现状和发展态势，以期进一步深化遗产廊道的内涵和外延，探索实现遗产廊道保护和利用的科学途径，为遗产保护、开发利用提供较为客观、全面的参考借鉴。

自王志芳和孙鹏（2001）首次将"遗产廊道"概念引入国内之后，陆续有学者做了相关方面研究，但文章数量并不多。从 2007 年开始，与遗产廊道研究相关的文献大幅增长。在中国知网以"遗产廊道"为关键词进行主题检索，2001—2020 年，共搜索到 299 篇关于遗产廊道的文章，其中期刊论文有 206 篇，硕士论文 61 篇，博士论文 10 篇，国内会议论文 16 篇。

研究遗产廊道的主要作者包括北京大学的俞孔坚、朱强、李伟、李迪华，昆明学院的王丽萍，西安建筑科技大学的王肖宇、陈伯超等。北京大学的俞孔坚团队首次在中国将遗产廊道进行阐述和应用，因此他们的研究成果数量也是最多的。研究成果较多的研究机构还有西安建筑科技大学、南京大学、昆明学院、清华大学、北京林业大学和四川大学。

遗产廊道的基金支持主要来自 61 项国家自然科学基金、23 项国家社会科学基金、2 项国家科技支撑计划和 6 项省级自然科学基金等。

二、国内关于遗产廊道的源流、概念研究

国内第一篇关于遗产廊道的文章是王志芳和孙鹏（2001）的《遗产廊道——一种较新的遗产保护方法》介绍了美国遗产廊道的文化内涵、保护管理方法、选择标准及廊道遗产保护规划中应该着重强调的内容，最后指出了遗产廊道保护体系对我国相关遗产廊道、文化景观的保护及规划的启示。刘佳燕和陈宇琳（2006）介绍了美国国家遗产廊道的三个较著名的案例，从管理、资金来源、旅游项目等方面归纳出它们的保护措施。余青等（2007）论述了不同学科角度对风景道、绿道和遗产廊道等所进行的初步理论研究。汪芳和廉华（2007）把遗产廊道作为线性空间，为实现自然及人文景观延续性、生态建设和遗产保护区域化而提出了空间解决方案。朱强和李伟（2007）介绍了遗产区域——美国国内针对大尺度文化景观保护的一种较新的方法。李飞（2008）以丝绸之路为例做具体分析，对廊道遗产的内涵、理论源流、价值与功能进行解析，提出了廊道遗产旅游资源保护性开发的基础理论和模式，为廊道遗产旅游资源的合理利用与保护提供理论参考。王肖宇和陈伯超（2007）通过以约翰 H. 查菲布莱克斯通河峡谷国家遗产廊道为例研究美国国家遗产廊道，利用国内外的文献资料研究和分析布莱克斯通河的资源情况并对其进行分析总结，确定保护目标，归纳出保护这条遗产廊道的方法。信丽平和姚亦锋（2007）对南京城市西部遗产廊道进行了规划，在对其现状调查分析的基础上，梳理遗产点的历史概况、现状及分布情况，探讨了规划的具体思路，为南京遗产保护提供了新视角。李岚（2007）提出对南京明清历史园林采取遗产廊道等具体的保护利用方式。李岚（2006）提出对南京愚园进行保护和利用的方法，建立展示和弘扬城南历史文化底蕴的遗产廊道，促进风貌保护与旅游开发，并进而带动城南的复兴。俞孔坚等（2003）根据北京元大都城垣遗址公园存在的景观问题，提出四条解决原则：遗产廊道原则、生态廊道原则、休闲廊道原则和城市界面原则。李伟和俞孔坚（2005）认为，遗产廊道可以理解为服务于一种新型休闲方式的生态基础设施，这便是以遗产和乡土文化景观休闲活动为核心

内容的休闲方式。吕雄伟等（2003）对构筑西湖群山文化景观廊道进行了分析，并探讨了推动杭州旅游经济向纵深发展的动力。王川（2003）对"茶马古道"旅游品牌的打造进行了思考。罗世伟（2003）研究了"茶马古道"历史线路与旅游开发的现实意义。吴必虎和程静（2015）提出在遗产廊道视角下的苗疆边墙体系保护与发展。詹庆明和郭华贵（2015）提出基于 GIS 和 RS 的遗产廊道适宜性分析方法。龚道德和张青萍（2014）研究美国国家遗产廊道（区域）模式溯源及其启示。章琳等（2015）提出遗产廊道视角下的唐诗之路遗产保护。魏斌和王辉（2016）对辽西遗产廊道区域旅游一体化发展战略进行研究。刘英（2016）研究遗产廊道背景下丝绸之路经济带旅游一体化创新。张定青等（2016）介绍了我国遗产廊道的研究进展。

三、国内集中研究京杭大运河遗产廊道

国内从遗产的角度集中研究京杭大运河遗产廊道开始于 21 世纪初，研究主要从京杭大运河遗产廊道的价值与意义、廊道构建、廊道保护利用等方面进行，为京杭大运河申遗做了扎实的铺垫。

京杭大运河遗产廊道的基础性研究集中在 2001—2008 年。俞孔坚等（2004）讨论了京杭大运河区域生态基础设施战略和实施途径。朱强（2007）对京杭大运河遗产廊道构建的意义及问题进行了研究。俞孔坚等（2009）从文化遗产价值、生活保障价值、生态基础价值、休闲旅游价值四个方面对京杭大运河遗产廊道的四大基本价值的初步认识进行了分析研究。李迪华（2006）指出要唤醒全民的"运河身份"意识、加强基础研究，提出京杭大运河遗产廊道的保护策略。俞孔坚等（2007）分析了京杭大运河工业遗产的类型、分布与价值，对京杭大运河遗产廊道的范围与层次进行了论述。李春波和朱强（2007）以京杭大运河天津段为例，对其沿线遗产资源的分布状况进行分析，总结出遗产分布与运河位置的关系规律，提出京杭大运河遗产廊道的理想宽度，认为京杭大运河遗产廊道的理想宽度应为单侧 2—2.5 千米。俞孔坚和奚雪松（2010）基于发生学方法，通过历史模型的建构阐释了京杭大运河在各历史时期演变进程中构成要素的功能与相互关系，明确了京杭大运河遗产廊道的资源构成及特征。李伟等（2004）提出京杭大运河遗产廊道保护的战略框架，论述了实施京杭大运河生态基础设施战略的具体途径。朱强等（2007）提出通过建立京杭大运河工业遗产廊道来保护和利用遗产资源，并且指出了遗产廊道的保护层次。朱隽和钱川（2007）通过分析比较遗产廊道与文化线路两种区域遗产保护手段，提出了一些京杭大运河保护的原则和措施。周威（2008）指出在京杭大运河保护的过程中除了要保护其丰富的文化形态，还应该保护在其使用过程中形成的非物质文化遗产。

四、关于遗产廊道构建研究

有关遗产廊道构建的研究，几乎都结合某些具体案例探讨遗产廊道的构建与规划。孙葛（2006）探讨以遗产廊道的方式研究丝绸之路（新疆段）文化景观视觉建构的意义。李小波（2006）研究了三峡文物考古成果的旅游转化途径和三峡遗产廊道的时空构建。乔大山等（2007）论证了构建漓江遗产廊道的可行性，并初步探索了构建漓江遗产廊道的方法策略。吴其付（2007）对藏彝走廊的遗产廊道的构建策略及意义进行了初步研究。梁雪松（2007）以丝绸之路中国段为例，对遗产廊道区域旅游合作开发空间战略进行了研究。信丽平和姚亦锋（2007）在对南京城西遗产廊道现状调查分析的基础上，提出规划遗产廊道的意义，探讨规划的具体思路，提出城西遗产廊道规划的内容。王丽萍（2009）对滇藏茶马古道文化遗产廊道构建进行了研究。吴元芳（2008）建议山东运河区域民俗旅游开发以运河遗产廊道作为主要开发模式。乔大山（2009）探讨了漓江遗产廊道构建的可实施性与可操作性。王肖宇等（2007）最早提出创立"京沈清文化遗产廊道"，着重探讨了在城市化背景下保护线性文化景观遗产。朱强等（2007）基于京杭大运河（主要是江南段）各历史时期在沿岸留下的丰富的工业遗产正面临严峻的改造压力的现实，提出通过建立工业遗产廊道，达到京杭大运河工业遗产整体保护与利用的目的。王亚南等（2010）针对遗产廊道的历史文化与自然的特性，提出将遗产廊道的规划思想引入城市绿地规划之中的理论，探讨了应用遗产廊道思想构建城市绿地系统的布局模式。

除此以外，邓姣（2011）对长江三峡遗产廊道的构建进行了研究。杜忠潮和柳银花（2011）以西北地区丝绸之路为例，基于信息熵对线性遗产廊道的旅游价值进行了综合性评价。黄文（2011）对廊道旅游的产品开发路径进行了探析。李静兰（2012）选取隋唐大运河郑州段，对其历史价值及遗产廊道构建进行研究。陶犁（2012）提出"文化廊道"是一种新的线性遗产区域旅游开发思路和方式，一方面可以创新遗产区域保护和开发途径并发掘其多元价值；另一方面，作为一种对线性旅游产品最深刻的表现形式，"文化廊道"的旅游开发可以在地域差异基础上形成不同的旅游开发思路和模式。王敏和王龙（2014）对遗产廊道旅游竞合模式进行探析。戴湘毅等（2014）对中国遗产旅游的研究态势进行了分析，主要是基于核心期刊的文献计量。邓丽华（2015）基于层次分析法（analytic hierarchy process，AHP）对茶马古道云南段文化遗产廊道构建进行研究，引入对资源进行整体性保护的遗产廊道理论，并提出构建"茶马古道文化遗产廊道"，遗产廊道以"茶马文化"为主题。崔俊涛（2016）在对遗产资源进行初步调查的基础上，梳理相关数据与信息，分析汉江遗产数量分布特征、功能演变和形成模式，以及汉江遗产廊道系统的构建。张镒和柯彬彬（2016）以广东沿海地区为例对空间视角下海上丝绸之路文化遗产廊道的构建进行研究。

综上可知，关于遗产廊道的构建方式有两种：一种是以线性景观资源条件为基础，这些资源条件是实实在在的线性资源（河流峡谷、文化线路、古道、铁路路线等），研究最多的是在大运河基础上进行的遗产廊道构建，诸如李小波是在长江三峡的基础上进行长江三峡遗产廊道构建，王丽萍是在茶马古道的基础上提出其遗产廊道的构建；另一种则是运用规划设计手段将某些具有某种联系的遗产资源联系在一起，这种构建方式是在遗产点上进行的规划设计，因此设计的基础可以是无形的、概念性的，也可以结合文化遗产的功能相关、历史相关和空间相关进行遗产廊道的构建。本书研究的南粤古驿道文化遗产廊道构建采用的是第二种构建方式。

五、遗产廊道与旅游

有关遗产廊道旅游价值评价的研究主要有吕龙和黄震方（2007）、杜忠潮和柳银花（2011）用文献研究方法构建评价指标，指出遗产廊道旅游价值评价体系包括四个方面：遗产廊道资源条件、区域社会条件、遗产廊道生境条件、旅游保障条件及发展潜力。评价体系中的要素层有区别。吕龙和黄震方构建的要素层包括九个方面，而杜忠潮和柳银花构建的要素层比前者少了一个区位条件。吕龙和黄震方将因子层细化成 35 项评价指标，杜忠潮和柳银花则细化成 32 项评价指标，在旅游保障条件上，杜忠潮和柳银花强调了城市的因素。两者的指标权重都是用层次分析法确定的，而后者在此基础上用信息论中的熵技术对所得出的权重进行了修正。

关于遗产廊道与旅游开发的研究主要包括：一是在遗产廊道的基础上（或在遗产廊道内）的旅游开发，将遗产廊道作为旅游资源。姜馨（2011）将遗产廊道看成是一种模式，在此基础上进行运河旅游的开发，强调的是遗产廊道对运河旅游的重要性；李创新等（2009）对遗产廊道型资源进行合作开发。二是在旅游带基础上构建遗产廊道，将旅游资源看成遗产廊道的元素，并且是重要的构建线索。李小波（2006）在分析长江三峡文物转化成旅游资源的基础上，提出构建长江三峡遗产廊道的构想；王敏和王龙（2014）分析了遗产廊道旅游竞合模式；黄文（2011）分析了廊道旅游的产品开发路径。遗产廊道与旅游开发的联系非常紧密，能够相互促进，在新背景下能够发挥良好的互动。

六、国内遗产廊道研究动态概述

综上可知，国内学者的相关研究主要集中在京杭大运河、扬州古运河、江南运河、隋唐大运河郑州段等，丝绸之路、长江三峡、茶马古道、藏彝走廊、唐蕃古道、滇越铁路等具体区域。研究多以实证研究为主，侧重于将遗产廊道理论进行本土化实践，较多关注遗产廊道实体空间构建。研究方法包括层次分析法、地理信息系统、因子分析与聚类分析等。

对遗产廊道的研究内容主要包括：一是遗产廊道的构建，包括遗产廊道构建的原理、构建过程、构建方式、适宜性评价；二是遗产廊道价值的评价；三是遗产廊道的构成体系，包括遗产廊道的保护层次、解说系统及其线索与主题、遗产廊道的构成元素；四是遗产廊道的研究领域主要集中在景观学科、城市规划学科、地理学科等学科范围内，主要研究方法有历史学方法、生态学方法、景观学方法；五是遗产廊道与旅游的互动，包括遗产廊道旅游价值评价、遗产廊道与旅游开发等；六是对遗产廊道的社会空间（如遗产管理机制、参与主体角色、区域竞合关系等）的研究，这方面还需进行深入系统研究。

总的来说，我国关于遗产廊道的研究总体上处于起步和探索阶段，人们对遗产廊道的关注度不够，未注意到遗产廊道的价值和意义。有关遗产廊道的概念、理论方法在中国应用的理论方面的文献较少；如何借鉴美国遗产保护的理论和方法，令遗产廊道适应于中国的遗产管理体制与中国的遗产类型（对遗产廊道进行适宜性评价，确定评价标准）还需要进行深入研究；对历史文化名城（城镇）、历史文化街区、建（构）筑物等微观视角的研究相对较弱；基于遗产点规划构建的廊道、生态保护区较少；遗产廊道在中国的应用和发展应考虑结合中国国情，以更好地保护遗产，促进遗产地经济发展。

第五节　南粤古驿道概念

一、整体发展概况

在中国知网及相关学术网站中查找搜索 1996—2020 年有关"南粤古驿道"的研究资料，发现公开资料中未见太多关于南粤古驿道的资源整理、系统描述或规划主张，多以新闻报道、报纸刊登的形式呈现，系统性的内容不多。24 年期间有 119 篇关于南粤古驿道的文章，其中期刊论文 82 篇，硕士论文 9 篇，博士论文 6 篇，国内会议论文 11 篇，且 2016—2019 年的研究呈逐年增加趋势，如表 1-3 所示。

表 1-3　1996—2020 年"南粤古驿道"研究资料数量统计

研究资料	年份	资料数量/篇
期刊、特色期刊；优秀（硕）博士论文；国内（际）会议；专利、报纸、成果；年鉴、标准、学术辑刊	2020	10
	2019	47
	2018	32
	2017	20

续表

研究资料	年份	资料数量/篇
期刊、特色期刊； 优秀（硕）博士论文； 国内（际）会议； 专利、报纸、成果； 年鉴、标准、学术辑刊	2016	8
	2007	1
	1996	1

由 1996—2020 年"南粤古驿道"资料内容统计（表 1-4）可知："南粤古驿道"的研究从 1996 年有关南雄梅关古道的文章开始，时隔 20 年之久才陆续出现相关报道。这与 2016 年广东省住房和城乡建设厅根据省政府的工作部署，为进一步推进南粤古驿道的保护与利用工作，联合广东省文化厅编著《南粤古驿道保护与修复指引》有紧密联系。南粤古驿道由此重新走入大众视野，引起人们的关注。

表 1-4　1996—2020 年"南粤古驿道"主要资料内容统计

序号	研究主题	发表时间	资料来源
1	南雄梅关古道	1996 年 5 月	《源流》
2	千年风华润梅岭	2007 年 2 月	《当代江西》
3	保护驿道	2016 年 12 月	《南方日报》
4	沿线古村活化	2016 年 12 月	《南方日报》
5	体育运动	2016 年 12 月	《南方日报》
6	古驿道旅游开发	2016 年 10 月	《中国旅游报》
7	南粤古驿道保护与修复指引	2016 年 10 月	《南方日报》
8	线性遗产空间的再利用	2016 年 9 月	《中国文化遗产》
9	古驿道定向大赛	2016 年 7 月	《中国体育报》
10	古驿道户外运动	2016 年 6 月	《韶关日报》
11	探寻南粤文明复兴之路	2017 年 12 月	《南方建筑》
12	活化利用与广东绿道	2017 年 12 月	《南方建筑》
13	乡村转型发展	2017 年 12 月	《南方建筑》
14	空间轴向关系	2017 年 12 月	《南方建筑》
15	定向赛事调查与对策分析	2017 年 4 月	《体育世界》
16	广东旅游新名片	2017 年 4 月	《中国旅游报》
17	保护利用	2017 年 3 月	《汕头日报》
18	古驿道建设目标	2017 年 3 月	《广东建设报》
19	古驿道智慧化	2017 年 3 月	《广东建设报》
20	8 条示范段古驿道	2017 年 1 月	《广东建设报》
21	重点打造示范段古驿道	2017 年 1 月	《南方日报》
22	资源分类评价与开发	2018 年 12 月	《中南林业科技大学学报》
23	历史游径标识系统	2018 年 12 月	《南方建筑》

序号	研究主题	发表时间	资料来源
24	线性文化遗产旅游开发	2018 年 9 月	《当代经济》
25	空间视角下文化遗产廊道	2018 年 6 月	广州大学
26	传统村落人文	2018 年 4 月	《中国名城》
27	南粤古驿道红色寻踪	2018 年 3 月	《热带地理》
28	发展演变与文化价值	2019 年 10 月	《2019 中国城市规划年会论文集》
29	乡村振兴探索	2019 年 3 月	《城市建设理论研究》
30	乡村体育旅游开发	2019 年 1 月	《体育科技文献通报》
31	价值与保护利用	2019 年 1 月	《城市住宅》
32	旅游品牌形象感知	2020 年 1 月	《品牌研究》

二、南粤古驿道文化遗产廊道概念的提出

国内外众多学者提出突破"孤岛"之围，倡导遗产区域合作开发，遗产廊道作为国际上针对大尺度、跨区域线性文化遗产保护与利用的新思维和新战略，因其崇尚"对话与交流"的理念而进入学界视野，成为一种新的研究视角和发展趋势。

在借鉴国际遗产廊道概念的基础上，着眼于南粤大地各区域古驿道之间的相互交流、共谋发展，在对古驿道相关研究、遗产廊道相关研究等进行系统梳理的基础上，提出南粤古驿道文化遗产廊道的概念。它与广东绿道密切相关，因为良好的绿地保护系统是南粤古驿道文化遗产廊道不可或缺的内涵之一，构建连续的绿地系统将遗产廊道沿线零散分布的文化遗产资源整合为统一的具有连续基底的背景，通过良好的生态环境烘托遗产资源的历史氛围，突出遗产单体和古驿道整体遗产保存的完整性。

南粤古驿道文化遗产廊道在空间尺度上打破了行政边界，即以通道本体为主体遗产资源，将沿线一定区域范围内的其他重要的物质及非物质文化遗产、关联要素、原本不关联的城镇或村庄串联在一起，形成区域性的链状文化遗存状态，构筑具有重要历史意义的廊道遗产区。南粤古驿道文化遗产廊道是文化、经济、社会、生态构成的统一体，是"自然与人类的共同结晶"，具有人文意义和文化内涵等复合性特点。

三、南粤古驿道文化遗产保护与活化需要新的理论和方法

1964 年通过的《威尼斯宪章》提出："历史古迹的概念不仅包括单个建筑物，而且包括能够从中找出一种独特的文明、一种有意义的发展或一个历史事件见证

的城市或乡村环境。"①目前南粤古驿道的保护、利用工作尚停留在古驿道本体保护及对周边环境整治美化的离散状态，没有对南粤古驿道文化遗产的时空相关性的整体认知和历史价值的系统梳理，南粤古驿道文化遗产的整体性保护就无从谈起，文化遗产利用的规模效应自然也无法体现。

　　南粤古驿道将一些原本不关联的城镇或村庄串联起来，构成链状的文化遗存状态，真实再现了历史上人类活动的移动，物质和非物质文化的交流互动，并赋予其作为重要文化遗产载体的人文意义和文化内涵。但如前所述，南粤古驿道文化遗产的保护与活化利用需要新的理论和方法，以"遗产廊道"作为新的理论和思路，寻求新的切入点解决南粤古驿道"古为今用、活化利用、文化传承"的问题具有开拓性的意义。

---

① 转引自赵中枢. 从文物保护到历史文化名城保护——概念的扩大与保护方法的多样化[J]. 城市规划，2001 (10): 33-36.

第二章　南粤古驿道的历史演变

第一节　南粤古驿道的形成由来

广东地处南海之滨，古为荒蛮之地，随着北方战乱不断，大批中原居民迁入。到了近现代，广东是中国海上贸易最为发达的地区，一批批有识之士从广东出发，远渡重洋谋生求学，成为中国"开眼看世界"的地方。一次次人口的迁徙，开辟和留下了一条条南北纵横的交通要道。这些古驿道，大多有上千年历史，或为两省通衢，或为兵家要道，或为通商往来，皆为中原联系岭南的重要纽带。本书所指的南粤古驿道，是指1913年前广东省境内用于传递文书、运输物资、人员往来的通路，包括水路和陆路，官道和民间古道，是经济交流和文化传播的重要通道。①

纵观南粤古驿道的发展过程，可发现南粤古驿道最早起源于秦汉时期，于明清时期形成完善的网络系统。秦汉时期的南粤古驿道主要集中在粤西北地区。秦始皇开凿灵渠前后，公元前214年所开通的潇贺古道、漓江—西江古驿道，越五岭②攻打岭南所开辟的顺头岭秦汉古道、城口湘粤古道、宜乐古道、茶亭古道、秤架古道等。以汉代海上丝绸之路始发港徐闻港、古广信地区（封开、梧州）为核心的西江古驿道、高雷古驿道。东汉时期修建的、沟通岭南和中原的重要通道西京古道（东线）等，都是广东开辟的最早古驿道的代表。三国两晋时期，新增粤北南雄的乌迳古道和梅州蕉岭的松溪古道，加强了广东、江西、福建三省之间的联系。到了唐代主要开通了梅关古道和潮惠上路③两条古驿道，加强粤北地区与中原及粤东、福建之间的联系。其中梅关古道是张九龄上书唐玄宗，由其负责拓宽梅关古道，成为南北往来、公文传递、官车、商贾及海外贡使进京的要道；潮惠上路则是通过东江接龙川，再水陆转运，接梅江、韩江到达潮州，这一古驿道加强了广州与粤东、福建、江西之间的联系。宋代主要加强了广州与粤东、临安之间的联系，南宋绍兴二十九年（1159年），林宅主持对潮惠下路的大规模修整；

---

① 引自广东省住房和城乡建设厅，广东省文化厅. 广东省南粤古驿道保护与修复指引（2018年修编）。
② 五岭指的是大庾岭、骑田岭、都庞岭、萌渚岭、越城岭。
③ 上路走水路，下路以陆行为主。

绍熙年间，转运使黄枪兴建多座庵驿，至此潮惠下路取代潮惠上路成为粤东地区的主要驿道。元代，开通由肇庆转阳江到达雷州、海南、广西廉州的肇高雷廉（琼）路，主要是当时中央政权为了加强与粤西南的联系；开通韩江—汀江古道，加强潮州北部与福建汀州、江西兴隆等地的联系。明清时期新增南江口到信宜、高州的驿道。至此，南粤古驿道网络形成系统。

南粤的古驿道到底有多少？目前还没有相关的统计。调查显示，历史可考的南粤古驿道约有 171 条，串联起 1000 多个人文和自然节点，这些见证了南粤历史变迁的古驿道，有的杂草丛生，有的不复存在，大多数由于荒芜没落，如今逐渐淡出人们的视野。

按照广东省委省政府指导思想：试点先行，形成示范。本书的研究选取 8 条示范段古驿道作为研究对象，包括韶关市南雄梅关古道、韶关市乳源西京古道、潮州市饶平西片古道、汕头市樟林古港驿道、广州市从化钱岗古道、珠海市岐澳古道、江门市台山梅家大院—海口埠古驿道和云浮市郁南南江古水道 8 段共 106 千米古驿道及周边 5 千米范围内的发展区域。从地域空间分布上看，北部主推 2 条古驿道，西部主推 1 条古驿道，南部主推 2 条古驿道，东部主推 2 条古驿道，中部主推 1 条古驿道。空间布局上推动粤北、粤西、粤东地区在新时代背景下的发展，具有空间战略意义。

一、南雄梅关古道

梅关古道位于江西省大余县与广东省南雄市交界之处，距离大余县城 10 千米，距离南雄市 30 千米。梅关古道是古代连接长江、珠江两大水系最短的陆上交通要道，又是海上丝绸之路与陆上丝绸之路的连接线，曾在促进南北经济文化交流及古代中国海外贸易发展的进程中起到重要的作用。

（一）梅岭与梅关古道

梅岭为五岭之一的大庾岭的东段，故梅岭又称为大庾岭（陈正祥，1978）。大庾岭横亘广东、江西两省之间，全长 200 多千米，梅关则位于梅岭顶部，是古代中原通往岭南的第一座关隘，故又有"岭南第一关"之称。逾关而过的梅关古道，更是千年以来"南北之官轺，商贾之货物，与夫诸夷朝贡，皆取道于斯"的交通要冲。

梅岭相传是根据南迁越人首领梅绢的姓氏命名而来。战国时期，中原战乱不堪，大批越人迁往岭南，其中一支以梅绢为首的越人，翻山越岭来到大庾岭上，在梅岭一带安营扎寨，并在这一带迅速兴盛起来。因为梅绢是率队的拓荒者，后来又因破秦有功而被项王封为十万户侯，因此人们就把这一带称之为梅岭。梅岭在岭南经济文化发展史上起了重要作用。梅岭自越人开发后，成为中原人南迁的落脚点，中原文化逐步在梅岭生根开花，并向岭南地区传播开去。

有关梅岭的另一种说法是这一带多梅树，故称梅岭。梅岭的梅花树遍布岭南岭北，每到冬天梅花怒放，漫山遍野，成了梅花的世界，"庾岭寒梅"是我国历史上有名的四大探梅胜地之一。梅岭的梅花有两个特点：其一，据《南雄府志》记载："梅花微与江南异，花颇似桃而唇红，亦有纯红者。岭上累经增植，白者为多。"①其二，由于岭南岭北气候的明显差异，出现了南枝先开、北枝后放、界限分明的奇景。北宋著名文学家苏轼登梅岭赏梅赋诗云："梅花开尽百花开，过尽行人君不来。不趁青梅尝煮酒，要看细雨熟黄梅。"古往今来梅岭都是兵家必争之地，自古以来便是古战场，历史上许多英雄豪杰都在这里留有战迹。近代孙中山领导的北伐军二次入赣都经过梅关，这里也是革命战争年代红军多次战斗过的地方。陈毅带领部队在这一带坚持了三年游击战，并在此处写下了壮志凌云的《登大庾岭》《偷渡梅关》《梅岭三章》等诗篇，使梅岭的知名度更高。

（二）历史沿革

表2-1与表2-2记录了梅关古道的历史沿革、历史人物及大事记，由此可知，梅关古道始建于秦朝。

表 2-1　梅关古道历史沿革及大事记

时间	大事记
秦朝（公元前221—前206年）	秦在梅岭上筑横浦关，后来横浦关为战争所毁
唐开元四年（716年）	宰相张九龄奉诏主持开凿拓宽大庾岭路，即现梅关古道
宋嘉祐年间（1056—1063年）	修建梅关关楼，随后历代州、县均有修葺
明万历年间（1573—1620年）	南雄知府蒋杰在关楼上立匾题刻，北题"南粤雄关"，南书"岭南第一关"
清康熙年间（1662—1722年）	南雄府事张凤翔题"梅岭"二字，并立石碑于关楼北侧

表 2-2　梅关古道历史人物及大事记

历史人物	大事记
苏轼	苏轼北归途经梅岭，偶遇一在路旁卖茶水的老翁，有感作诗《赠岭上老人》
汤显祖	明代戏曲大家汤显祖被贬徐闻，赴任途经大庾岭，写下《秋发庾岭》，以抒感慨
六祖惠能	相传六祖惠能为躲避追杀曾逃至梅岭，追兵因怯于佛法未敢动取衣钵，后人在古道上修筑衣钵亭以作纪念
毛泽东	土地革命时期，毛泽东曾先后四次率领红军经过梅岭进入南雄从事革命活动
陈毅	陈毅曾带领红军在南雄坚持了三年游击战争，并写下《梅岭三章》等著名诗篇

---

① 转引自人民日报. 梅岭梅关赏寒梅（美丽中国·寻找最美乡村）[EB/OL]. http://www.people.com.cn/GB/24hour/n/2013/0220/c25408-20534784.html(2013-02-20)[2018-05-22].

1. 秦朝

秦始皇统一中国后，采取对北方筑长城以防御匈奴、对南方开关道的策略，积极开发岭南。公元前 213 年，秦在五岭开山道筑三关，即"横浦关、阳山关、湟鸡谷关"，打开了沟通南北的三条孔道。横浦关（古时大庾又称横浦）筑在梅岭顶上，因此梅关在秦时称"横浦关"也称秦关。《淮南子·人间训》记载，秦始皇统一六国后，又于公元前 214 年派尉屠难率五十万将士，分五路进军百越。其中一路就是沿赣江而上，经大庾突破梅岭山隘进入岭南地区，统一了祖国的南疆。为了加强对岭南的控制，遂于梅岭要塞设置"横浦关"，拨以重兵戍守。故有"一军守南野之界"之说（古时大庾一带属南野所辖），后来横浦关因战争原因被毁。

2. 汉朝

汉元鼎五年（公元前 112 年），因南越大臣吕嘉谋叛，汉武帝刘彻为了维护国家的统一，分三路出兵，征讨南越。其中楼船将军杨仆率领的一路"出豫章、下横浦"，也是从梅岭这座关隘进入南粤。平叛得胜后，留庾胜兄弟戍守梅岭，并在岭北筑城，名庾将军城。后人为纪念庾胜的战功，因他排行老大，故又称梅岭为大庾岭。

3. 三国、两晋、南北朝

秦汉以后，历经三国、两晋及南北朝，梅岭南北军事争斗仍甚频繁。东晋末年，卢循领导的农民起义军从广东分兵两路北伐，其中由徐道覆率领的一路兵马则破梅岭之险而入江西。南北朝时，梁始兴太守陈霸先于大宝元年（550 年），从大庾岭出兵参加平乱，屡立战功，尔后以陈代梁，是为陈武帝。至隋朝统一中国后，为保卫南疆安全，于开皇元年（581 年）在岭北设置大庾镇。唐中宗神龙元年（705 年）升大庾镇为县，是为大庾设置县治之始。中华人民共和国成立后，为便于使用简化字，1957 年经国务院公布，将"大庾"改称为"大余"。

4. 唐朝

唐朝，经济得到了空前的发展，商业交往愈加频繁，广州成了全国对外贸易的大都会和重要港口。但从中原经江西通往岭南的陆路，仍是秦汉时期开拓的"新道"。年久失修，"山道狭深，人苦峻极"，"故以载，则不容轨；以运，则负之以背"，商旅过往十分不便。岭南地区由于五岭的阻隔，交通不便，经济、文化远远落后于中原地区，被中原人鄙称为"蛮夷之地"。开元四年（716 年），暂时辞官返乡供养母亲的张九龄，看到家乡百姓翻越梅岭的艰难，决心开凿梅岭，以满足南北经济交流和对外贸易发展的需要，加强岭南岭北的贸易往来，改善百姓的生活。他不顾自己已离开官场，上奏唐玄宗，提出凿山修路，得到允许。开凿工程十分艰巨，荆棘丛生，山石嶙峋，留下了很多传说。据说在打通最后关口时，有一巨石挡道，白天凿夜里合，久久难成。当时张九龄夫人身怀六甲，夜里便以身躯阻挡巨石合拢，终于凿通，开通了梅岭古道。迄今当地仍有张夫人庙，纪念这位贤相夫人。同时，为了方便过往官员和商旅，还在驿道沿途修建了驿站、茶亭、客店、货栈等。在古道南山脚下古道上有座六祖庙和夫人庙，是后人为纪念张九龄"为官一任，造福一方"的功德和感戴张夫人戚宜芬支持丈夫的事业而建造的。

5. 宋嘉祐年间

从汉至唐，梅岭只有岭之称，而无关之名。宋嘉祐年间修建关楼后，南雄历代州、县均有修葺关楼，使梅岭关楼保存至今。梅关古道从梅岭向南北两边蜿蜒而下，北接江西章水，南连广东浈水，像一条纽带，把长江和珠江连接起来。

宋朝，由于江西地区经济的迅速发展，漕粮和茶盐运输量的增大，这条交通干线更受重视。宋淳化元年（990 年），为保证岭南经赣江而至汴京通道的畅通，加强对其政治控制，还在大庾设置了南安军，辖大庾、南康、上犹三县。以往，南赣人民多食淮盐，因路远价昂，盐质低劣，人民苦于淡食。梅岭释道开通后，广盐开始运入岭北。嘉祐八年（1063 年），权知南安军的蔡挺，提点江西刑狱，提举虔州盐政，为了加强管理，确保官方盐车的畅通和缉捕武装盗盐私贩的需要，遂于梅岭弊道的隘口上修建关楼一座，并立石表曰"梅关"。此关除军事防御之外，还作课征关税之所。同时，"以分江广之界"。蔡挺在修建梅关时，鉴于梅岭南北"驿道荒远，室庐稀疏，往来无所庇"的状况，遂与其弟广东转运使蔡抗相谋，双方商定以梅关为界，以砖石"分嶅岭之南北路"。并且"课民植松夹道，以休行者"。通过这次全面整修，深使"行人称便"。

6. 元朝

元期的梅关古道得到进一步的发展，尤其是京广驿道的形成为梅关古道经济贸的繁荣提供了契机。由于从南雄经梅关至南安的梅关古道中商旅繁多，早在唐朝时，政府便在沿途修建驿站，并且还在道旁建有供行人休息住宿的旅店，称为"铺"，每十里建一铺。明朝以后，这些沿途而建的店铺规模进一步扩大，除了提供商旅住宿之外，还有商业贸易与传递货物的功用。因此，这些店铺成为商旅必经之地，门庭若市，形成集商业贸易与住宿功能为一体的驿铺，并且政府在每个驿铺中设一名铺司，六名铺兵，管理和维护驿铺。梅关古道中共修建 9 个驿铺。

7. 明朝

梅关古道的重要作用，使历代官府都十分重视，不断对古道进行修建，工程较大。明朝大庾知县陈九锡倡修。在这次修路工程中，大庾人民的积极性很高，许多"义助夫役，争肩土石不取值"。工程历时半年，同时在岭顶筑石墙四堵，以遮骡马不堕坑堑。南雄知府郑述用石砌古道，并在道旁补植松梅。南雄知府蒋杰在关楼上立匾题刻，北面门额写"南粤雄关"，南面门额写"岭南第一关"。南雄的县名也与梅关有关，南雄乃"南粤雄关"，而雄关指的就是梅关。

8. 清朝

清道光末年（1850 年），南安知府汪甫又进行了一次大规模的维修。清周礼《重修梅岭路记》一文记载甚详。在关楼北侧，有一块高 2.4 米、宽 1.4 米的石碑，上刻"梅岭"两个楷书大字，每字约 6 平方尺[①]，字体刚劲有力，这块碑为清康熙年间南雄知州张凤翔所立。关楼两侧有一对联"梅止行人渴，关防暴客来"。

9. 小结

综上可知，梅关古道历代修缮情况如表 2-3 所示。

表 2-3　梅关古道历代修缮情况

朝代	主持者	概况	配套设施
秦汉时期	秦始皇派秦军开辟梅岭	在岭南五岭之一的梅岭山谷开辟山路，名为梅岭山路；并在梅岭顶上建造横浦关，派兵驻守	汉武帝时期，庾胜被派驻守横浦关，并在岭北建造庾将军城
唐开元四年（716 年）	张九龄率民众开辟新岭道	在距离横浦关偏东 7 里[②]的隘口上重新选址，开拓新的梅岭驿道，比秦时旧路缩短山路 15 里	古道上修建庾岭驿、横浦水马驿两个驿站，建造接岭桥
宋嘉祐八年（1063 年）	江西提刑蔡挺	修缮南安境内梅关驿道，在梅岭隘口上建造关楼，名为梅关	修建凉亭、植路松
宋嘉祐八年（1063 年）	广东转运使蔡抗	修缮南雄境内梅关驿道，路长 325 丈[③]，宽 1 丈	
元延祐三年（1316 年）	—		古道的北段南安府境内修建横浦桥
明永乐末年	南雄知府陈锡	修缮南雄境内梅关驿道	植路松
明成化十五年（1479 年）	南安知府张弼	修缮南安境内梅关驿道，全长 25 千米，路宽 1 丈	重修横浦桥
明成化十七年至十九年（1481—1483 年）	南雄知府江璞	修缮南雄境内梅关驿道，刻牌匾"岭南第一关"悬于梅关楼上	—
明天启四年（1624 年）	大余知县陈九锡	修缮南安境内梅关驿道 2300 丈，修补石阶，增修石墙	红梅铺以南建造"望梅阁"
清康熙年间（1662—1722 年）	南雄知州张凤翔	修葺梅关关楼，在关楼北门右侧立石碑上刻"梅岭"	
清道光三十年至咸丰元年（1850—1851 年）	南安知府汪甫	修缮梅岭顶上至南安府的 25 里路	重修接岭桥
清光绪九葵未年（1883 年）	闽汀李化	题"梅止行人渴，关防暴客来"悬于关楼南门之上	

---

① 1 平方尺=0.11111111111111 米²

② 1 里 = 0.5 千米

③ 1 丈≈3.333 米

（三）历史作用和科研价值

梅关古道的开通有助于推动南北经济发展、政治交往和文化交流，同时也推动了中原文化在岭南地区的传播，在历史中发挥了重要的作用：梅关古道是大运河的延伸，南北交流的通道；是中原南迁移民的通道，江西的大余、广东的南雄及珠玑巷都成为移民的聚居地；有利于中央政权对岭南地区的统治。

1. 打通南北交通

梅关古道开通之前，岭南素有"蛮夷之地"之称，南北交通极其不便。梅关古道开通后，南北交通大为改观，梅关古道成了连接南北交通的主要古道。历朝历代都对这条交通要道十分重视，仅是有文献记载的大规模修铺路面就有十多次。梅关古道的开通，很快成为五岭中最庞大的交通要道，北江也成为岭南通往中原和江南的水运干道，与江南、中原之间的水陆里程大为缩短，通行能力得以提高。梅关古道修通后才真正贯通南北交通大动脉，沿着大运河、长江、赣江、梅关古道和珠江，一直延伸到广州，形成了一条水陆联运的交通线。

2. 促进经济发展

在历代封建王朝兴亡更替中，梅关古道虽经历曲折和兴衰，但基本上是繁荣的。明清以后，经过多次大规模的扩修，"商贾如云，货物如雨，万足践履，冬无寒土"，更为盛极一时。据史料记载，梅关古道"长亭短亭任驻足，十里五里供停骖，蚁施鱼贯百货集，肩摩踵接行人担"[①]，这是描述当时百里梅关古道的繁荣景象。尤其是中外贸易交往的频繁，仅课征过关商税一项，就为历代封建王朝增添了一笔很大的财政收入。

3. 增进文化交流

梅关古道成为古代岭南通往中原最便捷的驿道，其另一重要的使用功能是北方移民的通道。北宋时期，北方战乱纷扰使得大量民众开始向南迁徙。南宋定都临安（今杭州）后，朝廷开始鼓励北方人民南迁。这些南迁移民辗转各地，有一部分移民通过梅关古道迁徙到岭南地区。这些移民迁徙到此之后，带来了北方先进的农业技术和中原文化，对该地区的农业、手工业和商业的发展产生促进作用，从而有了后期明清时期珠江三角洲的繁荣。中原文化和岭南文化交流频繁，加快了岭南的开发，对梅关古道周边区域及岭南地区产生较大的影响。无数骚人墨客也在此留下足迹，韶关也因地利成为五岭中南北经济文化交流之枢纽，沉积了深厚的文化底蕴。

---

① 转引自肖信生，严小光. 古丝绸之路的黄金通道[J]. 中国政协，2015(2)：74-75.

4. 加速货物流通

交通便利之后，顺着大路而来的货物琳琅满目，但最多的是香药。由此，梅关古道又被称为"香药之路"。据史料记载，因为唐朝强盛，"海外诸国纷纷贡唐和通商，稀世之珍溢于中国，不可胜用"。当时的主要通商口岸广州，也很快成为世界著名港市。那时，无论是海外来的贡品香药如龙脑香、沉香、磨香等，还是广东本地产的甲香等香料，往往都选择从广州出发，经过梅岭路下赣江入鄱阳湖，再顺着长江在扬州集散后，通过大运河转运到长安、洛阳等城和北方各地。明万历二十三年（1595 年），意大利传教士利玛窦在南雄传教后，越岭路北上京师时看到客商往来情形，写道："旅客骑马或乘轿越岭，商货用驮兽或挑夫运送，他们好像是不计其数，队伍每天不绝于途，黄金就这样被送来了。"①

5. 带来新的商业形式

由于梅关古道交通便利，南来北往的商旅与货物的运输都络绎不绝，南迁的移民在此安居之后，把中原城市中商业街巷的规制也传播到梅关古道沿线的区域。于是，在珠玑巷内逐渐出现沿街开办的商业街市，街市中开设各种店铺。中原移民在此开基建街，吸引众多的人来此建房经商。除商业街市之外，还形成了以行业作坊为主的街巷。这种街巷的特征是居民以家庭作坊的形式经营，一般是边制作商品边经营生意的模式。如腊巷，腊巷中的居民以制作腊味为业，尤以腊鸭、腊肉为最。铁炉巷是生产铁器农具的专业街巷。还有专门由移民居住区形成的街巷如洙泗巷、黄茅巷等。

6. 兴起新的村落与城镇

梅岭南北的府城也伴随着商业交往的频繁而日益发展。梅关古道作为移民迁徙的通道，历史上各个时期中都有移民在古道及周边区域定居。这些移民迁徙到此之后，一方面传播了中原先进的文化，并对梅关古道所在的山区进行农业开发并发展手工业；另一方面这些移民选择定居在这里，便开始营建民居，建设家园。其中从北部中原地区迁移过来的人在途经梅关古道时，大多分布在山区地带定居下来，这样避免了与原住民的占地冲突。随着梅关古道历次移民的迁徙，古道沿线开始逐渐出现村落，这些村落有聚族而居的，也有分散在山岭脚下而成的。如梅关村、梅岭村、石塘村、灵潭村、里东村、珠玑村、中站村、泰源村。由于梅关古道中村落不断增多，当地政府开始对这些兴起的村落进行行政区划的管理。

7. 岭南纳入国家版图

秦汉时期，岭南被纳入国家版图，梅关古道对于统一祖国的南疆，沟通南北

---

① 转引自徐斌，邓飞，邱泽路. 大庾岭：五岭之首的古道往事[J]. 环球人文地理，2013(5)：16-23.

经济、促进国际交往和传播先进技术文化等方面，发挥着极其重要的历史作用，是国家统一的象征。梅关古道有利于各朝政府对岭南地区的统治与管理，唐朝政府为加强对岭南地区的统治，也将此道作为官方驿道，并在其中设置驿站、配置戍卒。近代以来，梅关古道由原来的经济要道转变成为军事行走路线，梅关也成为军事对垒阵地。

8. 当世之意义

20世纪30年代随着粤汉铁路的开通，梅关古道完成了其作为南北主要交通要道的历史使命，失去了现实意义成为历史遗迹。

（1）文化旅游胜地

梅岭南北，经过历朝营建，不仅是沟通南北经济的交通要冲，每个历史时期的官吏在修建梅关古道的同时，还在道路的两旁不断地种植松树、梅树，并制定政策禁止砍伐，使得这条古道在发挥运输通道作用的同时也成为一条景观廊道，是一个驰名中外的风景胜地。梅岭以梅著称，"南枝落，北枝开"，自古称异。现如今，梅关古道成为人们寻古觅胜之地。一些影视作品以梅岭、梅关为外景进行创作和新闻纪录片的拍摄，如《梅岭星火》《从奴隶到将军》《客家人》《旅游指南》等，使得梅关、梅岭声名远扬。修复好梅关古道的文物古迹，对于研究我国古代的军事、交通、经济等方面的历史，仍有着重要的现实意义。

（2）寻根地

梅关古道中的珠玑巷是古代中原南迁移民的聚居发祥地，这条古巷内先后居住过159个姓氏的居民。南宋至元初的100多年间，经梅关古道后再沿浈江、北江，进入珠江三角洲两岸及周围地区的珠玑巷人后裔，因历史渊源、居住地域、文化特性，以及所操方言的特性而形成广府方言居民区，珠玑巷也就成为广府方言居民区的主要源头。珠玑巷不仅是南北经济交融的要冲，而且成了南北人流的集散之地，中原与岭南文化的传播、碰撞互融之地。因此，珠玑巷成为一个地域概念。历经千百年的沧桑，珠玑巷古朴风貌犹存，遂演绎成为"珠玑文化"。珠玑文化源于珠玑巷，随着全球各地珠玑人后裔千里跋涉，寻根溯源，形成移民寻根意识、寻根行为，致使珠玑文化成为一种超越珠玑地域，蕴含殊异特质的文化现象。

二、乳源西京古道

（一）乳源与西京古道

乳源地处广东省北部，而粤北是广东的重要门户。乳源县地属于山区，县内多山，地势西北高，东南略低。西北和中部偏北地区属高山地带，大桥镇的白牛坪是乳源县石灰岩高寒地区，海拔700米以上。从地理位置上讲，南北交通经过乳源境内是一条比较近直的线路。所以，现在的京珠高速公路，就是充分利用了经过乳源比较近直的优势。另外，乳源土地肥沃、气候宜人。

商周以来，岭南的越族及其先民，便与中原商周王朝，以及长江流域的吴国、越国、楚国有着频繁的经济文化往来。当时除东南面的通道外，粤北、粤西地区尤其是著名的"湘桂走廊"，自古以来就有陆路和水路的南北通道（许化鹏，2005）。考古发现，乳源在4000多年前的新石器时代晚期，今乳城镇侯公渡河头廖屋背夫山，地名叫横石山的地方已有人类居住。侯公渡泽桥山出土的夏商之际的文物，说明先民在经济文化方面已有很大发展。西周晚期至春秋战国的青铜器时代，散存的战国青铜剑、青铜矛等出土器物表明，从这一时期起，先民开始从蛮荒时代步入文明时代。乳源在春秋时期属百越，战国时期属楚国，秦朝属南海郡。汉武帝元鼎六年（公元前111年）始置曲江县。三国时，甘露元年（256年）属东吴始兴郡（治所在曲江）。唐朝属韶州（原始兴郡管辖范围曾一度改称广兴郡），南宋乾道三年（1167年）划曲江县西境乳源乡、崇信乡；乐昌县南境新兴乡设立乳源县，县治置于虞塘（今乳城镇侯公渡新林屋与罗屋一带）。元延祐六年（1319年）属江西行省广东道韶州路。明洪武元年（1368年）属广东布政司韶州府，县城始迁洲头津（即今乳城镇鹰峰中路）。清至民国，仍属韶州所辖县。明清之际，乳源地区经济文化和生产力高度发展，西京古道沿途的古桥、古亭、书院、古民居等大量的历史文化遗存，充分说明了当时乳源经济、文化、商贸往来的繁荣景况，乳源在西京古道发展中扮演着重要的角色。

（二）历史沿革

"长安回望绣成堆，山顶千门次第开；一骑红尘妃子笑，无人知是荔枝来。"世人所熟知并津津乐道的为杨贵妃送去新鲜荔枝的快马奔驰于哪条路？有专家指出：这条路就是"西京路"，即现在位于韶关乳源瑶族自治县境内的"西京古道"。为何取名"西京"？相关学者指出原因有二：一是"西京"指我国古都长安（今西安），历史上是秦、西汉、隋、唐等朝代的都城，也是古代中国政治、经济、文化的中心。故曰，西京古道为古代岭南的朝京、进贡通道。二是《乳源县志·桥路》所记"玄宗幸蜀南粤使臣或由此朝贡，肇此名"，此说可信。吴邦俊于《乳源县志·桥路》中记："西京路，旧传唐武德年间未必然也，唐太宗建京太原，岭南朝贡俱从大庾至。玄宗时，张相国开梅岭。西京之名何取焉？意者玄宗幸蜀南粤使臣或由此朝贡，肇此名耶。"[①]这就是说，唐都城为长安（西京），是岭南朝京、进贡的目的地，唐玄宗时尤盛（乳源瑶族自治县地方志编纂委员会，1997）。

1. 西京古道的由来

西京古道，古称"西京路"，自明朝至今的史志均有记载。秦始皇二十九年（公元前218年），50万大军远征南越，其中一支15万人的分队经从折岭南下，

---

① 转引自赖井洋. 韶关古道概述之一：西京古道[J]. 神州民俗（学术版），2012(3)：62-65.

踩踏出大路雏形。秦始皇三十三年（公元前 214 年），秦军驻军湘粤桂边界时开辟的折岭古道为西京古道雏形。东汉建武十五年（39 年），桂阳太守卫飒在这条古道的基础上，凿山通道，填洼铺石，开凿了一条从英德浛洸经乳源至湖南宜章而至当时京城长安的道路，这条大道就是"西京古道"，路出县城南门，经大富桥上腊岭，到小梅关后折而走北，翻越县境西北部的崇山峻岭，到湖南的宜章，北上长安。五代晋至北宋的西京，是指今河南省的洛阳市。古代乳源所谓的"西京古道"，是汉武帝时期岭南各地通往京城的必经之道。因历史悠久，堪称古时京城通往岭南地区的"高速公路"（表 2-4）。

表 2-4　西京古道历史沿革及大事记

时间	大事记
秦始皇三十三年 （公元前 214 年）	秦军驻军湘粤桂边界时开辟的折岭古道为西京古道雏形
东汉建武十五年 （39 年）	桂阳太守卫飒奏准朝廷主持开凿西京古道
东汉章帝时期 （76—88 年）	大司农郑弘主持开凿了一条穿过腊岭直到临武的山路
唐玄宗年间 （712—755 年）	因杨贵妃喜爱岭南荔枝，西京古道出现运送荔枝的马队
明嘉靖十二年 （1533 年）	刘浚等以石砌筑路面
明万历三十三年 （1605 年）	知县吴邦俊修茸从乳源县城至湖南宜章全程
清康熙元年 （1662 年）	知县裘秉钫修凿梯云岭
清乾隆四十六年 （1781 年）	当地乡民重修梯云岭路段，路面用石块铺筑，宽处达三四米
清末至民国年间 （1908—1949 年）	被其他更方便的路所取代，逐渐荒废、衰微
1970 年	乳源至坪石公路开通，西京古道废

随着时代变迁，现代公路取代了古代的石板路，西京古道路面大部分已在新的建设中被毁。现存的古驿道总长约 40 千米，目前乳源境内保存较好的古驿道主要有猴子岭段（2 千米）、五里桥段（2 千米）、梯云岭段（2 千米）、腊岭段（1 千米）、石门坳段（2.5 千米），遗存的路段已为数不多。

2. 西京古道线路

西京古道在地理空间上的原路线起点是广东英德浛洸经乳源县城至湖南宜章，继而北上西京的官道，全程 500 余里。而以乳源县城为起点至乐昌老坪石为终点的古驿道则长为 300 余里，清康熙二年（1663 年）《乳源县志》记："由邑治前而西南至于腊岭风门，折而走北以至梯云岭、白牛坪，梅辽武阳司抵于楚之宜章三百二十里"①，主线基本为南北走向。乳源县城北上湖南宜章，由县城西大富桥上腊

---

① 引自乳源瑶族自治县地方志编纂委员会. 乳源瑶族自治县志[M]. 广州：广东人民出版社，1997.

岭过风门关，途经龙溪（今南水水库）、均丰（今大桥镇）、白牛坪（今大桥镇）、出水岩（今乐昌市云岩镇）、梅花（今乐昌市梅花镇）、武阳司（今乐昌市老坪石）等地，计程 160 多千米。据清康熙《乳源县志》、清《韶州府志》等史料记载，乳源境内历史上的这条古道，是一条开辟较早、历来就是乳源县境内贯通南北的重要道路。《后汉书》《资治通鉴》等史籍记载，西汉建元六年（公元前 135 年），汉武帝刘彻平定南越后，把广东的龙眼、荔枝等岭南佳果列为贡品，每年定期要求岭南各地向朝廷进贡。东汉建武二年（26 年），桂阳太守卫飒开凿了一条从洸洸（今英德洸洸镇）经乳源至湖南宜章接上直达京城的道路。此后，向朝廷进贡龙眼、荔枝等生鲜贡品的驿马不停地传送，因路途遥远而又崎岖险峻，路途中又有恶虫猛兽频繁出没，许多人马或因疲乏至病，或遭毒虫猛兽侵害而身亡。东汉永元十五年（103 年），临武县令上奏朝廷，求朝廷免贡岭南龙眼、荔枝等物，言明"此二物升殿，未必延年益寿"，朝廷恩准，从此停止龙眼、荔枝等物进贡。

西京古道开凿以后，历代曾经多次重修，部分重修事实可见诸有关史料。其中清康熙二年的《乳源县志》记载：唐代曾经重修。明嘉靖十二年（1533 年）刘浚等以石砌筑路面；明万历三十三年（1605 年）知县吴邦俊修葺从乳源县城至湖南宜章全程。清康熙元年（1662 年）知县裘秉钫修凿梯云岭，乾隆四十六年（1781 年）当地乡民重修梯云岭路段，路面或用石块铺筑，或凿山石开成，宽处达三四米。

在历史的发展中，沿西京古道而衍生出一些岔道，这些岔道可视为西京古道的分支。乳源县城东有通往韶关的通咽路；而如《乳源县志》记载：自乳源"西至连州白花塘一百四十里"；清乾隆五年（1740 年）《重修梯云记》："上通荆楚，下接连阳"。许化鹏说："西京古道北行至大桥镇后，主要有 2 条支线：一是经乌鹊岭、新谷、西山岭头、茶园、沙坪（茶园、沙坪今属乐昌市辖）至湖南宜章县境。二是从猴子岭分道左行经云山脚、三元、核桃山、沙坪（今乐昌市辖）至宜章县境。"可见，以西京古道为轴形成了多支道的驿道网，而"韶关境内古道，经历代开辟，至清代，形成的驿道网总长达 2000 余里"。（韶关市地方志编纂委员会，2001）

3. 西京古道各段特点

西京古道路途险峻"层山叠嶂，若登梯然"。

（1）腊岭

腊岭，高四百余仞，"壁立峭拔""设险天成"，山顶有凿山开道凿成的过道，并筑有石室凉亭（今已毁），古称"风门关"，古人有"石磴崔嵬倚碧霄，中开一窦过行轺"之句。腊岭，在乳源县城西北面。明嘉靖《戴通志》载："腊岭，县西五里，壁立峭拔，郴州骑田岭为五岭之一，此其分支，夏寒如腊，故名。"腊岭又名"风门山"，清康熙《乳源县志》记载："风门山，县西十五里，两山夹峙，一迳中通，古西京路，夏日多风，故名。"^①腊岭是西京古道必经之处，清代著名史学家屈大均曰："腊岭，在乳源西境，壁立峭拔高四百余仞，周三十里，盖天所以分骑田之险者。大岭为骑田，而腊岭其小者也。初梅岭（南雄梅关）未辟，小岭为西京孔道。"清康熙二年的《乳源县志》也载："县西大富桥上腊岭谓之西京路，由腊岭过风门关下至燕口，相传唐武德间开。""小梅关，县西北二十里，旧传开元前西京通路。"^②腊岭是乳源县城西北之屏障，乳源古八景之一的"腊岭夏寒"原指此，山巅古有风门亭，亦称"风门穿"（今存遗址）。东面山脚有明代重修的大富桥，西面山中有小梅关。腊岭段古驿道线路现为县级文物保护单位。原线路向西延伸的部分路段已经被南水湖人工水库淹没；而线路目前存留下来的路段整体保存较好，无严重损坏情况。现存腊岭段古驿道向北接水泥风景道至梯云岭，向南接县道 X358 至石门坳段。古道线路宽度为 1.0—1.8 米，长度为 0.76 千米（图 2-1）。古道线路铺设类型为青石板路，以整块铺设或者大块、小块石板混合铺设。古驿道沿线有碑刻和小梅关亭两处遗存设施，保存情况较差。古道沿线有山体、南水湖，景观条件较好。

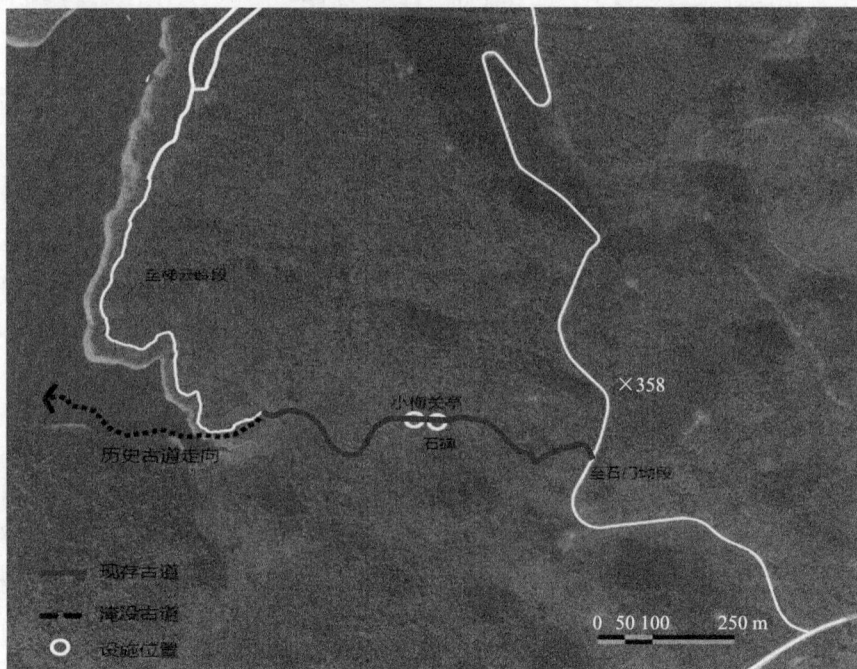

图 2-1　西京古道腊岭段现存古驿道范围

资料来源：2017 年《乳源县驿道文化线路保护利用规划——腊岭段》规划文本，乳源县住房和城乡规划建设局提供

---

① 转引自 2017 年《乳源县驿道文化线路保护利用规划——腊岭段》规划文本，乳源县住房和城乡规划建设局提供.
② 转引自 2017 年《乳源县驿道文化线路保护利用规划——腊岭段》规划文本，乳源县住房和城乡规划建设局提供.

（2）梯云岭

梯云岭段古驿道位于西京古道中部，南水湖北侧（图2-2）。梯云岭古人称为"万仞梯云之山""乳邑扼要之区"，并有"上出云霄，拾级而登如蹑梯"的记述。梯云岭自古以来堪称"扼要之区"，是目前岭南或珠江流域发现的古驿道中最具代表性的千年古驿道，散落于古道周边的文化遗存涵盖了从2000年前劈山开通的石级路面、明清时期重修的凉亭驿站等。西京古道越山涉河，加之粤北一带的山岭地貌，梯云岭自古有"梯上"和"梯下"之分。"梯上"指的是岭北，属于石灰岩高寒地区；"梯下"指的是岭南，属于丘陵和小平原。梯云岭既是乳源南北的分界岭，也

图2-2　梯云岭段遗址

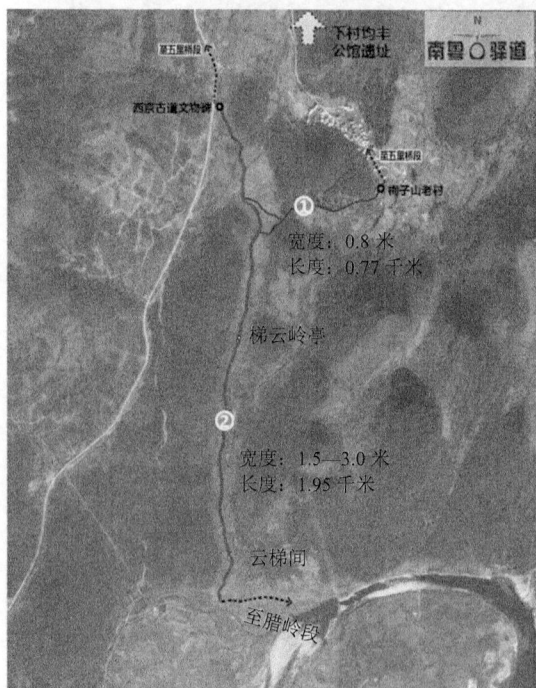

图2-3　西京古道梯云岭段现存古驿道范围

资料来源：2017年《乳源县驿道文化线路保护利用规划——梯云岭段》规划文本，乳源县住房和城乡规划建设局提供

是南北交通的咽喉要区。梯云岭段古驿道线路为省级文物保护单位，其向北可通过乡道Y258、省道S249与县道X325到达大桥镇五里桥段，向南通过乡道Y258、省道S249、县道X358等到达腊岭段古驿道。古驿道线路面宽度为0.8—3.0米，长度为2.72千米。0.8米宽的古驿道，位于古驿道主线东侧，连接梅子山老村与古驿道主线，向北可到达中村、下村、梅子山、五里桥。1.5—3.0米宽的古驿道，位于古驿道主线上，北起西京古道文物碑，途经梯云岭亭、云梯祠，南至南水湖北侧（图2-3）。该段古驿道向北可到达五里桥段，向南可到达梯下、坪尾、井面、石壁下村及腊

岭段古驿道。古驿道线路铺设类型分为青石板路段、云梯石级路段及水泥板路段。

青石板路段多为明清时期复修，古驿道沿线洼陷路段为曾经古驿道线路，线路长度为 2401 米；云梯石级路段为东汉时期最原始而至今保存最好的路段，线路长度为 265 米；水泥板路段是现代修建的道路，与古驿道风格存在偏差，线路长度为 61 米。古驿道沿线有众多遗存设施，其中梯云岭亭为县级文物保护单位，保存最为完好。其他设施，如石碑、云梯祠、芦竹石桥等保存相对较差。古驿道沿线多为农田、山体，景观条件较好。部分地段两侧茅草丛生，环境杂乱，沿线古驿道和设施部分被杂草覆盖。

（3）猴子岭

猴子岭当地人称为猴子额，即猴子的前额。猴子额更为险峻，山坡陡峭壁立。有碑记载："西北地最广而险，自县城逾腊岭过风门五十里许而上梯云之山，又四十里许至通济桥村，其望壁立直上，崎岖最难行者，则俗所乎猴子岭也，行者常苦其险且峻。"[1]西京古道又因乳源县境内地势高低悬殊，气温差极大，相隔数十里之内气候截然不同。尤其是冬天，猴子岭以上的白牛坪与梯云岭以下的龙南俨若两重天地。清康熙年间知县裘秉钫在新修县志序中写道："深源白牛坪，岭表奇峰插天如入云际，余两过其处，适遇大雪，冰凌深数尺许，行至梯下，无雨花片雪，若别一洞天。"西京古道虽然峻险，但自其开凿至今，历代重修，现今仍保留较完整的清代修筑的猴子岭段古驿道，约 2.5 千米的石筑路面。

4. 西京古道与韩文公

蓝关亭是西京古道途中的一座凉亭，位于大桥镇的白牛坪（地名叫"天顶壳"）的山坳中间。据《乳源县志》收录明朝韶州府太守赵霖吉的诗《蓝关》表明，蓝关亭在明朝以前就已经是一座很有名气的凉亭。凉亭几经兴毁，蓝关亭的建筑年月已不可考，其存留的条形石块筑成的墙框和石块地面，1986 年以后全部被人拆损殆尽，只留下亭遗址西边（今公路边）一口永不枯竭的天然水井。

唐元和十四年（819 年），韩愈 51 岁，在京城任刑部郎中，是年正月，唐宪宗迎凤翔法门寺护国真身塔内的佛骨入宫供奉三日，一时京城内的王公大臣们，掀起疯狂的迷信活动。在此情况下，韩愈上《论佛骨表》，触怒唐宪宗，被贬为潮州刺史。正月十四日，韩愈离开长安，农历三月二十五日到达潮州。离开长安时，正值寒冷季节，只见秦岭云封雾锁，蓝关大雪塞途，行马踌躇。韩愈见到侄孙韩湘，写下了《左迁至蓝关示侄孙湘》的诗句："一封朝奏九重天，夕贬潮州路八千。欲为圣明除弊事，肯将衰朽惜残年。云横秦岭家何在？雪拥蓝关马不前！知汝远来应有意，好收吾骨瘴江边。"韩愈三下广东，给人们留下了许多的传说，尤其是韩愈写下的《左迁至蓝关示侄孙湘》，在西京古道白牛坪沿途，清康熙至

---

① 转引自 2017 年《乳源县驿道文化线路保护利用规划——腊岭段》规划文本，乳源县住房和城乡规划建设局提供.

乾隆年间，曾一度兴起崇韩热潮。民间有不少关于韩愈过"蓝关"的传说，又把天顶壳对面的一座山命名为"文公山"，蓝关亭以南几百米处还筑有"韩文公墓"供人祭祀，白牛坪路段也被称为"文公路"，清朝建的猴子岭亭和白牛坪的凉亭也因崇韩分别命名为"心韩亭"和"仰止亭"。清乾隆十八年（1753 年）建心韩亭碑还叙述："爰考古迹，岭颠白牛坪有韩文公墓焉，公以忤上，贬粤岭者，再为连州牧，路经于斯。"清康熙《乳源县志》中摘录了部分有关蓝关亭与韩愈的诗文。其中，明朝韶州府太守赵霖吉的《蓝关》写道："昔年冒雪冲寒度，今日依然见斗山。应是圣明开瘴厉，故全贤达化愚顽。一鞭往迹迷茫里，千古芳踪咫尺间。衣被流风深仰止，不辞拙笔赋蓝关。"清顺治十八年（1661 年）乳源知县裘秉钫的《蓝关怀古》写道："萧萧匹马万层梯，过客伤心武水西。再贬岭南忠更着，一生肮脏道非迷。绵连岫岭云初暗，磊落岩泉雨后凄。欲洗磨崖搴薜荔，徘徊落叶数猿啼。"他还在白牛坪建韩文公祠以祭祀。清代嘉兴人俞正声的《过蓝关步庞瑰叟韵》写道："古今幽胜在青山，犹忆昌黎度此关。地以人传名不灭，松因月上鹤初还。千年仰止缘非浅，一日留题分岂悭。断草芳烟踪迹杳，仙风未许俗情攀。"[①]这些诗句既充满了作者对韩愈的崇敬之情，也反映了西京古道历史的悠久。表 2-5 简单梳理了西京古道历史人物及大事记。

表 2-5　西京古道历史人物及大事记

历史人物	大事记
韩愈	唐元和十四年，韩愈被贬潮州经西京古道蓝关
李自成	明末李自成兵败南撤，在西京古道乳源梅花的万古金城寨结寨
洪秀全	清咸丰年间，洪秀全率领的太平军由西京古道北上
朱德、陈毅	1928 年，朱德、陈毅经由西京古道进军湘南
邓小平	1930 年冬，邓小平率中国工农红军第七军由西京古道南下进入乳源梅花乡，在此指挥开展梅花战役

（三）历史地位和科研价值

西京古道是一条开凿较早的中原通往岭南的主要道路，在历史上发挥着重要的作用，既是治政之道，又是商贸往来之道，更是文化传播、交流之道。它连接着珠江与长江水系，承接海陆丝绸之路的交汇，较好地沟通了岭南地区与中原的经济文化交流，而且直接促进了岭南地区经济文化的发展，具有重要的研究价值。

1. 连接海陆丝绸之路的对接通道

古代中原和两湖江西到广州等岭南地区有两条古驿道，其一是翻越蔚岭的

---

① 转引自南粤古驿道网. 刘释之专栏：重走古驿道(八)——西京古道[EB/OL]. http://www.infonht.cn/ViewMessage.aspx?MessageId=3884(2017-07-05)[2018-05-22].

"西京古道"（关隘有蔚岭关等），其二是翻越大庾岭的"梅关古道"。所谓"西京古道"，就是一条岭南通往京城的道路，它的走向和今天的京珠高速公路几乎平行。资料表明，陆上丝绸之路始于西汉长安，海上丝绸之路始于西汉时岭南的徐闻、合浦，西京古道始于东汉，是在海陆丝绸之路开通后开辟的，又于唐、明、清三代重修，故一直起到沟通南北的作用，中原的丝绸一部分通过西京古道源源不断地运送到海边商船，再运往世界各地。从国外进口的商品及岭南的物产也经此路运往中原，西京古道让海陆丝绸之路及岭南文化与中原文化在此紧紧相连。

西京古道是有文字记载的海陆丝绸之路对接得最早的通道，西京古道的开凿沟通了中国与海外诸国的交流。岭南地区与其他地区相比，其突出特点是濒临海洋，番禺（今广州）与海外的联系十分紧密，海外贸易也十分发达，出洋的船只和航海的来舶频繁，各种宝货和山珍海味皆由此入，海上获利极巨，这就极大地促进了岭南乃至中国海外贸易的发展。伴随海外贸易的发展，海外诸国的使臣便由海路至广州，再经西京古道北上朝贡。

2. 连接中原文化与岭南文化的纽带

西京古道距今已有 2000 多年的历史，比南雄梅关古道还要早 690 年，是当时的古人颇有智慧地测算出最便捷的通往京城的道路。汉代西京古道的开通，并曾一度成为"上通三楚，下达百粤"的必由之路，沟通了中原与岭南地区的联系。中原文化的影响加速了岭南地区的开发和繁荣。秦汉以后，北方民族大迁徙，大量中原人南迁，把中原文化带到了南方，并与当地的原住民杂居、融合，更进一步加强和发展了岭南地区与中原的政治、经济、文化的有机联系，较早地为岭南地区传输中原文化。

西京古道在当时统治者的眼里，最大的价值是岭南佳果的运送，但从西京古道诞生之日起，这条险峻的道路上不乏南来北往的客商、进京赶考的文人、被贬的文人政客，还有由北迁徙而来的客家人等，它承载了最初的中原人南下的移民潮。中原人随着这条古道的开通把当时先进的生产技术和文化带入岭南，带动了粤北地区，乃至岭南地区的大发展。西京古道的开通也有助于对客家历史和文化的研究。

3. 推动岭南经济发展

伴随着西京古道的发展，出现了新的商业形式"圩场集市"。为适应西京古道沿途经济发展和人们商贸交流的需要，圩场集市悄然兴起。清代，龙溪有椰木桥圩，均丰有石角塘圩，白牛坪有三元圩。尤其是三元圩，它位于湘粤交界处，每逢圩日，广东、湖南两省周边的农民和商贾，云集在这里买卖交易，这个历史上的农贸市场，从清代到中华人民共和国成立初期，一直都是比较繁华的集市。

同时为方便过客歇宿出现了"邮铺公馆"、"邮亭"、商铺等。西京古道沿途设有五个公馆。这五个公馆一是龙溪公馆，在今龙南水库；二是均丰公馆，在今大桥镇石角塘村南约 1 千米的地方，今此地仍叫"公馆下"；三是白牛坪公馆，在今大桥镇白牛坪；四是梅花公馆，在今乐昌市梅花镇；五是武阳公馆，在今乐昌市老坪石。清康熙二十六年（1687 年）《乳源县志》记载："县西北旧有西京路，世久道湮，崎岖蒙蔽，行者畏之。""明万历三十六年（1608 年）六月李直指出境开宜章之路，西四十里至龙溪公馆，又三十里至均丰公馆，又三十里至白牛坪公馆，又四十里至梅花公馆，又十五里至武阳公馆，自武阳十五里出宜章县境。县以东铺兵有工食，其西北境公馆，俱邦俊（知县吴邦俊）给价。"①据记载，在西京古道的沿途曾发现过大量的古铜钱，从侧面反映了当时古道商贸往来的繁盛。如当时的"盐商"，宋代官府对盐实行专卖制度，粤盐比北方的淮盐质量好、价格低，当时在湖南、赣南一代多有人到广东贩盐。明末清初时实行海禁，粤盐更是抢手，因其利润较大，西京古道上当时出现"万担盐箩上山冈"的场景，大量挑盐的脚夫如潮似涌，艰险崎岖的西京古道上异常热闹。

4. 促进岭南文化发展

西京古道的开通推动了沿途文化教育的兴起，出现"学校书院"。清乾隆年间，仅大桥村（今大桥镇大桥村）就建有 3 间书院，这 3 间书院的名字叫"石溪书院"、"步蝉书院"和"观澜书院"，其中观澜书院至今仍保留完好。

观澜书院建于清乾隆五十八年（1793 年），距今 200 多年。书院坐落在大桥河畔，正门前方一览滔滔奔流的大桥河水，波涛后浪推前浪，波澜起伏，滚滚向前，故取名"观澜"。书院建筑共分四进：一进拱秀门，门楼筑成风火墙式，门上方用砖砌成菱形和方形墙棂，镂"拱秀门"三字，拱秀门后面是"紫微门"；二进观澜门，三进明德堂，四进资深堂；三个院墀。一进院墀地板铺鹅卵石，二进院墀镶石板。建筑布局为四进院落四合院式，砖木结构的悬山顶两层楼房，廊楼、戏楼栏杆用艺术木雕装饰，明德堂后的芸香院的楼廊栏杆雕有花草鸟雀和圆形篆刻"福、禄、寿"等字，篆体字采用偏旁变位法，构思巧妙。明德堂正面设隔扇与芸香院相隔，建筑美观大方，有较高的建筑技艺。悬挂在观澜门门楣上方的"观澜书院"木匾，立于书院落成的清乾隆五十八年（1793 年），匾长 1.8 米，宽 0.5 米，红色底，浮雕字，字金黄色，"观澜书院"四字为楷书，笔力雄浑凝重。书院落成时，一方文人遂上门拟有楹联，这些楹联寓意深刻。其中一直被后人沿用的有拱秀门联："拱南镇北营居正，秀水佳山绕户清。"紫微门联："紫气频来多瑞景，微霞悉去近名贤。"观澜门联："观察周圣人体段，澜前乐智士心肠。"明德堂联："明从日月今，美如去花荫，常凭书史长年酌；德配乾坤大，

---

① 引自乳源瑶族自治县地方志编纂委员会. 乳源瑶族自治县志[M]. 广州：广东人民出版社，1997.

任雅来云物，不宜斗牛志直捷。"资深堂联："心作君，志作帅，心志端方自有一善乐德；财为胆，人为城，财人茂盛何惊群邪侵临。"观澜书院是由大桥村许氏十四世列贡生许景发创建，具有明显的客家建筑特色。

5. 促进民居建筑发展

西京古道沿途村庄密集，古村、古民居仿佛仍历历在目，且基本上都是客家居民，属客家围屋布局。这些村庄的建筑特点是：①以姓氏为聚居点，一个姓氏为一个独立的村庄并建有祖堂或称祠堂（客家人又称"厅厦"）和大门小门。厅厦大门必定是一个同姓同族人居住在同一个村庄的轴心，而厅厦大门是这个村庄的公共活动场所，喜丧两事均在这里举行。②厅厦的正面墙上都设神龛（有的地方叫"太子殿"），神龛正中供奉观音佛像，左右两边安放历代门宗先祖的牌位。③村里居住户必须以厅厦大门这个轴心向左右两边延伸，并且要按地理风水要求规划进行建筑。④户与户之间同墙共檐，穿壁串梁。⑤多数村庄的大门前面都有宽阔的大门坪，坪外设有水塘。⑥每家每户的正厅都安放固定的八仙桌和大板櫈，并视这张八仙桌为一家的镇家之物，既庄严又神圣。八仙桌的桌面绝大多数用柏树作料，从砍树到请木工加工，到八仙桌的安放都要选日子，八仙桌安放好以后，不能随便移动。

西京古道沿途的古民居，现有的村庄历史最长的可以上溯到明朝前期，如大桥镇的大桥老屋村，最初立基于明宣德年间（1426—1435 年）；大桥镇的石角塘村，最初立基于明正统年间（1436—1449 年），距今 500 多年，这些古民居是今天研究西京古道和客家文化珍贵的实物资料，具有重要的科研价值。

6. 保留珍贵的文化遗存

西京古道及沿途的古文化遗存，是开发旅游、研究古驿道文化和客家历史文化不可多得的珍贵实物资料。文物是历史的见证，是进行科学研究的重要实物资料，它以自己的真实性和形象性，帮助人民认识自己的历史和创造力。充分利用文物古迹，研究古驿道文化和乳源客家源流及历史文化，丰富和发展旅游业的文化内涵，在全域旅游的新时代背景下具有十分重要的现实意义。西京古道及其沿途的古文化遗存，是一部重现历史，凝聚文明，反映先民生产、生活、风俗民情，记述先民勤劳勇敢、聪明智慧和无穷创造力的宝贵资料，如沿途保留东汉时期桂阳太守卫飒"凿山通道"开凿的梯云岭"云梯石级"，明清时期重修的青石板铺筑的路面和石筑凉亭、石拱桥、古碑刻、古民居、古书院等古文化遗存。南北朝时期（420—589 年），今桂头镇（古属曲江）出现了辅助南陈皇帝陈霸先开国的大将军侯安都，他是粤北地区最早有史书记载的历史名人。五代十国时期建立了云门寺，更是保留着"古道西风瘦马""长亭处，古道边，芳草碧连天"的古道风韵。

西京古道及沿途的古文化遗存应该得到充分的保护和科学的发掘，使其发挥出应有的作用。现在当地政府正着手保护和挖掘、活化和利用西京古道的文化遗产，让曾经繁华的古道在现代社会得到再次发展。

三、饶平西片古道

（一）饶平与西片古道

饶平置县于明成化十三年（1477 年）。相传南宋龙图阁学士王十朋曾游历于此，夜宿双流寺，闻鼓角声，起视四方，见山川奇秀，说此处将来必为城邑，遂题"天下大乱，此处无忧；天下饥荒，此处半收"的碑记，置县时以此寓意取县名"饶平"，盖"饶永不瘠，平永不乱"也。饶平位于广东省沿海经济带最东端，与福建省相邻，南瀕南海，居汕头—厦门经济特区之间，是广东沟通沪、浙、闽经济大动脉的"黄金通道"，自古有"岭南佳胜地，瀛洲古蓬莱"之美称。饶平的陶瓷产业、金银首饰业、剪纸艺术等历史悠久。

商周文化遗址"浮滨"文化遗存的发现，证明了 3000 多年前的商朝时期，饶平境内已有先民在此处聚居，繁衍生息。西周晚期至战国早期，饶平聚居着岭南越族，并与闽越族错杂而居，概属百越。饶平留存的古迹众多，如始建于晋代的海山隆福寺，南宋的白雀寺、普陀岩，明代的雷音禅寺、西岩寺、观海寺和金光寺及各种类型古楼寨；历史遗迹影响较大的有民族英雄戚继光等抗击倭寇斗争的重要战场大埕所城（号称"粤东第一城"）、旗头山炮台等遗址；郑成功抗清复明斗争的分水关史迹；辛亥革命的先声"黄冈丁未革命"史迹；朱德领导的南昌起义部队入饶的茂芝会议史迹等。

西片古道从上饶镇西片村到大埔县枫朗镇三溪村，全长 9 千米，其中西片村地界 4.5 千米，现存石路 3 千米，路宽 1.5 米，大部分为石阶式，其中最长部分为 365 阶，当地将其称之为"上天梯"。1927 年，朱德率领的南昌起义部队从三河坝沿西片古道由大埔到上饶茂芝全德学校，召开了著名的军事决策会议——茂芝会议。麒麟岭古驿道位于上饶镇茂芝，拥有茂芝会议旧址（全德学校）。西片古道沿线周边景点客家文化浓厚，有保存规模较好的客家古楼群。同时古道的红色文化底蕴也十分深厚。图 2-4 展示了西片古道的对外交通现状。

（二）历史沿革

西片古道建于明嘉靖年间（具体修建时间不详），盘山而建，纵横台阶式，由乱石砌筑而成，历史上为粤闽两省四县通衢之要道。古道盘西岩山而建，整体呈现"东南—西北"走向，经过县重点文物保护单位西岩寺、善福寺、宝塔寺、凉亭二处、伯爷泉一处及农民起义军张琏古兵寨遗址，历史上是"两省四县"商家民众往返的必经之道，古称"第一山"。

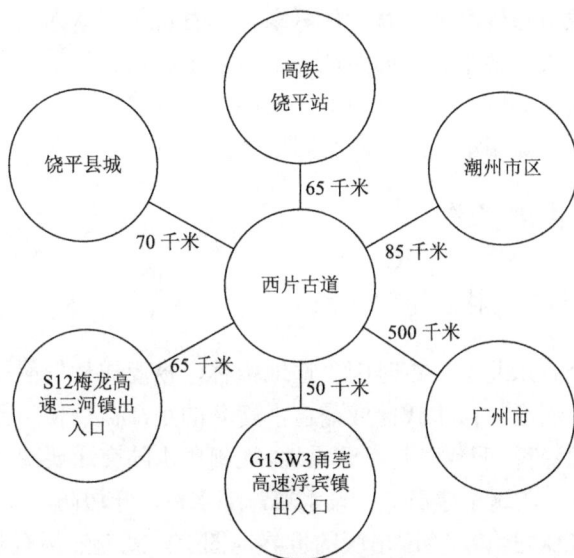

图 2-4　西片古道对外交通现状

（三）历史作用和科研价值

1. 沟通粤闽两省交通

西片古道在历史上是沟通粤闽两省四县通衢的要道，便于粤闽两地的经济互通和文化交流。

2. 促进南北文化交流

饶平地处粤东，界连闽南，扼守闽粤交通要道是中原人南移从东路入粤的第一个落足点，也是中原文化从东路传入粤东地区的文化要道。开通后中原文化由此开始传播至潮汕地区。

3. 为中国革命做出贡献

1927 年 8 月，起义军根据党中央的指示，于 8 月 5 日离开南昌，经赣南、闽西，直奔广东潮汕地区，其中朱德领导的南昌起义部队通过西片古道进入饶平，作为闽粤边区较早开辟的红色区域，为起义军进驻饶平和保存革命火种做出了重要的贡献。朱德召开茂芝会议，做出正确的战略决策，挽救南昌起义后唯一一支能保存建制部队的命运，为继续武装斗争播下了种子，保存了革命力量。

4. 大陆和台湾地区同根同源

明清时期饶平与台湾地区有紧密联系，已有饶平客家人迁台。清代饶平与台湾地区往来更频繁，饶平、台湾两地宗亲乡人及经济文化的联系从未中断，"持续迁台"是清代早期饶平、台湾两地互动的一种主要形式。饶平与台湾地区在血缘、文化等方面一脉相承，两岸同胞同根同源。

四、汕头樟林古港驿道

（一）樟林与樟林古港

樟林位于澄海东北部，古时因"遍地樟林，枞灌成林"而得名"樟林"。樟林在唐代是个海滨渔村；宋代盐业鼎盛，著名的小江盐场使司便设立于此，专管沿海各地渔盐业课税；明代时是海防重地，扼闽粤水陆交通要冲。明洪武三年（1370年）遭贼洗劫后，在这里建石城，设水寨，练水军，守边防。樟林作为一个小村，在清光绪元年（1875年）英国出版的世界地图上，就赫然标有它的名字。

据考古发掘，在宋代时樟林已出现村落，有居住人口，在樟林附近山上，至今尚留存着一些宋代的坟墓。潮州前八贤之一的张夔（1068—1157年）是距樟林西面5千米的隆眼城人，宋徽宗政和八年（1118年）中进士，其墓地就在莲花山后。元代，有居民分散居住于樟林附近的山边。明朝初期，村民集居在石壁头山边。由于受到海潮冲击，加上盗寇的侵毁，生活在石壁头（是受海潮冲击而形成悬崖峭壁，现在当地有人称它为"跌死鬼"）山边一带的居民于明嘉靖三十五年（1556年）移聚南涯新埔，仍沿用樟林村名称，筑阳寨，属饶平县苏湾都，樟林人从此过着"耕山捕海"的生活，明代后期迅速发展。明樟林居民集资建寨以自保，樟林寨城经四年建成，后来樟林社区面貌的雏形基本形成。清雍正七年（1729年）樟林改称为镇，设在本埠的东陇河泊所也改为樟林巡检司。巡检司在明清时期常设于关隘要地，巡检官是县令之属官，其职责是为辖区训练警备兵、巡逻和逮捕盗贼等。

樟林古港位于古代澄海县东北部（今汕头市澄海区东里镇辖区）。北与饶平、潮安接壤；西与闽西南、赣东南为咫尺之邻；东北通南海，畅达五洲重洋。在1886年英国出版的世界地图上樟林曾经与天津、南京、厦门等口岸并列，在汕头港开埠之前，国际邮件上写有"中国樟林"即可送达。

（二）历史沿革

1. 樟林古港由来

一百多年前，潮州、澄海、饶平、南澳四县（市）在樟林交汇，这里地势海阔江宽，是个"河海交汇"之处。表 2-6 展示了樟林古港历史沿革及大事记。宋代就已是潮州东部的盐业中心。明万历年间（1573—1620 年）近海渔业大有发展，明万历二十五年（1597 年）建庙宇，分为东西南北四社。明天启三年（1623 年）樟林创建商埠，这一时期樟林还不是真正意义上的对外贸易的港口。因在明末清初的几十年间，闽粤沿海地区是郑成功驱逐荷兰侵略者、收复台湾的前进基地，之后郑成功在台湾竖起抗清大旗，闽粤沿海战火不断，清政府除了加紧对以台湾为基地的郑成功军队进行军事进攻，还实行严厉的海禁政策，强迫沿海地区居民内迁。在如此战乱的环境中，进行海上贸易是不可能的。

表 2-6 樟林古港历史沿革及大事记

时间	大事记
宋朝	开始出现村落
明洪武三年（1370 年）	水军寨建石城、训练水军，初步形成渔港
明天启三年（1623 年）	创建商埠
清康熙年间（1662—1722 年）	解除海禁，樟林古港独步兴盛
清乾隆、嘉庆年间（1736—1820 年）	达到全盛期，历时 100 余年形成"八街六社"格局，号称粤东"通洋总汇"
清咸丰十年（1860 年）	汕头港的兴起及樟林古港河道的淤塞，樟林古港的地位逐步为汕头港所代替

樟林古港兴起是在清康熙二十三年（1684 年）以后，当时清朝统治已较为巩固，台湾的抗清基地被清政府征服，自明朝以来的海上倭寇也基本被消灭。在这种情况下，清政府解除海禁，允许民间对外贸易，沿海各省商贾渔船，来往得更加频繁。清初在"东西南北四社"的基础上再创建塘西、新陇二社，合称六社，故此处海运贸易逐渐活跃，樟林古港也随之逐渐兴盛起来，这里迅速成为"渔鲜盈市"的埠头，樟林民众十分重视对港口的保护。雍正元年至乾隆五十六年（1723—1791 年）大约 70 年的时间，是樟林古港早期的黄金时代。至乾隆、嘉庆年间达到全盛期，形成"八街六社"格局，号称粤东"通洋总汇"。清代康熙、乾隆年间，樟林是广东较大港口之一，是潮州红头船航泊的基地，其繁荣时间跨越了雍正、乾隆、嘉庆、道光四代皇帝，历经 100 余年。航线北通福建、台湾、上海、山东、天津，南达广州、琼州以至越南、暹罗、马来西亚、婆罗洲、印度尼西亚等地。当时由于商贸发展、船舶往来频繁，使樟林古港迅速趋于繁荣，樟林古港逐步发展为粤东地区早期移民海外的主要港口，樟林的先辈，移居海外的也日益增多。

1824 年，樟林古港开始逐渐淤塞，一些体积较大的福建船已不能直接进入樟林古港和东陇河，只得转用小船从柘林古港驳运。第一次鸦片战争之后，清政府被迫开通广州、福州、厦门、宁波、上海为五口通商口岸。之后，樟林港的作用逐渐减弱，咸丰八年（1858 年）《天津条约》签订，又规定汉口、九江、南京、镇江、营口、烟台、台南、淡水、潮州等为通商口岸（后去掉潮州，另开汕头为商埠）。至此，汕头便成为中国南方重要的通商口岸，汕头港逐渐取代樟林古港，樟林遂转为内地埠市。

2. 樟林古港与海上丝绸之路

清嘉庆二十四年（1819 年）樟林建的风伯庙碑文记载："建庙者何?祈风也；建于澄海樟林者何？澄滨大海，民业于海，樟林尤河海交会之墟，闽商浙客，巨航高桅，扬帆挂席，出入往来之地也。"碑文显示樟林古港是一个河海交汇的港口。由于当时的航海条件还相当落后，樟林古港又是一个河海交汇的河港，没有宽阔的海湾，也没有深水码头，正好适应当时的航海条件和运输规模。另樟林古港在地理位置上同福建南部的厦门港距离很近，故厦门港有部分外贸物资要经过樟林古港转运。所以樟林古港成为闽商浙客往来之处，巨航高桅，扬帆挂席，贸易繁荣。

樟林古港的兴起，也是由当时的经济发展状况和社会环境所决定的。康熙中后期，我国同日本、朝鲜及东南亚等国家的贸易频繁，货物种类繁多。从中国外运的货物有生丝、绸缎、瓷器、糖等，运进的货物有金银、海味、大米等。特别是中国同暹罗的贸易更兴旺，每年从上海、宁波、泉州、厦门和潮州等地开出的货船有五六十艘之多。康熙曾下诏礼部，同暹罗使臣议定，每年运米 30 万石到福建、广东和宁波三处，可免征税，以后又制定了奖励贸易的办法。因此，暹罗的商人来闽、粤等省从事贸易也很多。樟林古港在这个时期也得到了发展。

清代乾隆、嘉庆时期是樟林古港的黄金时代。据《晏海矟论》记载："嘉庆十四年（1809 年）六月初三，海盗烧劫樟林港准备北上商船六十余号。船各装糖包（每船三千至四千包，连船计值数万两）……"[①]可见当时来往樟林古港的船只规模之巨大，贸易之兴盛。樟林古港航线北通福建、台湾、杭州、宁波、上海、山东、天津；南达广州、雷州、琼州，以至越南、暹罗、马来西亚、婆罗洲和印度尼西亚等。即所谓"上溯津门，下通琼趾（津门：天津的旧称。趾：即交趾，今天的越南）"。运载的货物多为糖（主要销江浙、北方和日本）、陶瓷、蚕丝、土布、砖瓦、烟草、干果（主要销南洋各国）；运回的货物主要有棉花、布帛、生丝、锦缎，并从南洋运来大米及象牙、犀角、黄金、苏木、燕窝、海参等。这一时期，中国正是依托这条海上丝绸之路而走向世界的，广东与内陆广袤的经济腹地和全球化的贸易网络紧紧交织在一起。随着海运贸易的逐渐繁荣，樟林古港逐渐兴盛。

从设关情况可看出樟林古港的繁荣。康熙年间，清政府设立粤海关，粤海关在潮汕设立税馆共 18 处，澄海占 5 处，其中樟林和东陇各占 1 处，设在樟林的叫

---

① 转引自张新民. 蔗糖贸易成就潮商[J]. 潮商，2011(2): 86-87.

樟林口。税馆的任务是查验进出口货物，按规定征税。当时澄海所收的税额接近全省的 1/5。由此可以看出，当时澄海在广东的海运贸易中的重要性，而樟林古港则是澄海海运贸易的主要港口。对樟林古港贸易的管理也随之发生变化。原先，樟林古港与南洋的贸易是由广州十三行管理的，到了乾隆二十五年（1760 年），由于对外贸易的发展，这种管理机构已经不再适应贸易发展的需要，所以设立了福潮行，樟林古港的贸易归由福潮行管理。

3. 樟林古港与红头船

红头船被誉为海内外经济文化交流的桥梁，也是各地华侨同祖国联系的纽带。因此在潮汕地区，谈及樟林古港就不得不提红头船。基于樟林从事海运贸易的主要交通工具是红头船。红头船的兴衰与樟林古港的兴衰相始终。从某种程度上可以说，红头船的兴起和衰落是樟林古港崛起和衰落的见证和缩影。

广东商船大桅杆上部及船头均油红漆，故有"红头船"之称。红头船是一种高桅大型木帆船，有单桅、双桅和三桅，船的长度有 20—40 米，大小不一，小的每艘载重几十吨，大的每艘载重上百吨乃至两百多吨，它选用南洋出产的坚实名贵木材制造而成。红头船的管理严密，有明确的分工，设有船长、舵公和押班等。每艘船都有船主，他们大多是富商巨贾。由于船腹刷成白色，船头漆得鲜红，并画了两只鱼眼睛在船头两侧，人们便把它称为红头船。

红头船的出现与樟林古港的海外贸易有很大关系，樟林北社"和春号"洋船有对联云："和之璧，隋之珠，璧合珠联歌满载；春自南，秋自北，南来北至庆荣归。"据说昔时有"洋船之乡"美称的樟林月窟乡，曾经拥有红头船 18 艘，由此可以看出当时樟林古港海运之旺盛、贸易之繁荣。康熙年间，清廷放开海禁，商民集资造船出海，第一艘红头船出海就从樟林古港驶出，随后众多红头船队从这里出发，浩浩荡荡，扬帆远征，成为樟林古港的一大特色，樟林古港因此被誉为红头船之乡。

红头船是樟林古港通向繁荣的"金桥"，源于雍正皇帝的"御批"。黄光武在《雍正潮州海盗、广东海防与红头船》一文中指出，雍正皇帝一登基就说："海禁宜严，余无多策。"对东南沿海苏、浙、闽、粤四个省的出海船只，钦定了严格的管理制度。即出海船只含渔船，必须油以江苏（黑）、浙江（白）、福建（青）、广东（红）的颜色作标志，并实行船户联保，以杜绝海寇伪混侵扰。但钦规实行不久，江浙及广府一带似乎就被人们淡忘了，唯独粤东却不敢违规，持之以恒，后来倒是成为远洋船只的一种光荣标志——樟林古港的红头船，经雍正、乾隆、嘉庆、道光四代皇帝，历时百余载不断发展壮大。据不完全统计，至咸丰年间其远洋的红头船队多达一百多支，每支船队十至几十艘不等。时至今日，人们提到红头船，仍会联想到当年樟林古港码头上，千千万万华侨先辈漂洋过海，到世界各地谋生的情景。樟林古港旧址是红头船的启航圣地，目前汕头市有关部门已将其列为重点保护对象。1971—1972 年，在樟林古港遗址附近的南洲和和洲河床先后出土两艘双桅红头船。其中一艘长 39 米，宽 13 米，5 层。另一艘长为 28 米，船舷旁刻有"广东省潮州府领口双桅一百四十五号蔡万利商船"。据考证，这两艘船系清代樟林古港远航船只。

这里曾是清代的"海上门户"，潮汕先民都从这里漂洋过海到东南亚诸国侨居和通商。据史料记载，清乾隆、嘉庆、道光、咸丰四代皇帝 100 多年间，从樟林古港乘坐红头船漂泊到暹罗的潮汕人有 150 万人之多。每年都有几百人次的华侨到樟林古港寻根，这里也成为海外侨胞回汕头的必到之地。海外侨胞有的还定做了按比例制成的红头船模型带回家，让红头船的故事和精神代代相传。在东里镇西洋村，每年的社日，村里的老人还会用纸糊出一艘红头船，向乡亲们讲述村史和红头船精神。

4. 樟林古港与新兴街

新兴街是樟林古港继"六社八街"又增建三街之后，最终建设且保存至今的仅有的一街。

清乾隆七年（1742 年），澄海县知县杨天德发布告示招商民在樟林河沟两旁荒地建店铺 102 间。乾隆五十六年（1791 年）又批准商民之申请，增建店铺 12 间，前后共新建店铺 114 间。这些店铺组成了长发街和古新街，初步形成新埠市的规模。这个时期还先后建设了广盛街、顺兴街、洽兴街、永兴街、仙桥街、仙园街，连同嘉庆年间所建的元通街，合称"九街"。这些街道的店铺凡是日常生活和生产的各种用品，应有尽有。仅仙桥街后期就拥有店铺和作坊 60 间左右，长发街在当时也十分繁盛，故有"金仙桥，银长发"的美称。这些店铺各营其业：有海产、豆行、米行、布行、药材行、茶行、洋行、当铺、日杂、百货、染织、糖房、火砻、打铁、打石、渔网、竹篾、屠宰、侨批汇兑等，应有尽有。故有"天顶神仙府、地上樟林街"的歌谣流传至今。

为了服务行业，早期在仙桥街修建了一批栈房，供来往客人居住，现在残址尚存。在樟林河尾仙桥街蔡厝内，有建于乾隆年间的"藏资楼"，是从澄海程洋冈迁来樟林居住的红头船富商蔡彦的栈房和寓所，是栈房住屋两用的建筑。

随着海运贸易不断发展，清嘉庆七年（1802 年）又兴建了栈房式的街道"新兴街"，沿港的新兴街相应建起大型货栈，因此又名"货栈街"。新兴街全长187.3 米，东西街口各有书写街名的石牌坊。东西两石牌坊"新兴街"三字，字体各不相同。东面石牌坊向街处，有"紫气东来"四字，气势雄伟。新兴街口东南面有一高大建筑物，建筑物的大门匾上书"永定楼"三个大字。"永定楼"（即观海楼），占地约 800 米^2，是货仓和航标两用的实用建筑。据称，当年楼上挂着红色的航灯，红头船进入南澳海面即可见到。永定楼是樟林古港早期的独立货栈，遗址尚存，匾额"永定楼"三字仍可辨认。

新兴街入口处，是一座小石牌坊，牌坊匾额书"新兴街"街名。新兴街共有两层楼的货栈 54 间，每间宽 5 米、深 16 米，最深 21 米。全部货栈的楼房都以巨楹厚板为料，可以堆载大量货物。街中部稍向北面处建有一码头，便于起卸货物，可直接进出货栈。码头衔接处设石门水闸，用于防洪制潮，码头东侧建有"娘祠""福德祠"。街中有一栈房，门前匾额有"安平栈"三字，该栈一砖一瓦，一楹一柱，保留完美，门前匾额上"安平栈"三个大字十分清楚，栈内有一碑记，说明兴建年代及资金等情况，其余结构布局，保留原状，进之如闻古港涛声，古风犹存。

整条新兴街的旧址至今还基本完好。上文所说的樟林六社，连同新兴街合称"七社"。"七社九街"的建成，标志着樟林已经成为一个初具规模的埠市。

樟林古港新兴街至今已有 200 多年历史，历史上潮汕先民漂洋过海出国谋生必经此地，此处曾经商贾云集，货栈成行繁华一时。历经两个世纪的变迁，新兴街繁华不再，但历史遗迹犹存。现如今时事变迁，新兴街依然保存完整，独具特色的清代建筑群古韵犹存，其文化历史价值正日益受到潮汕文化界的关注。近些年前来寻踪访迹的专家、学者及侨胞、游人频频出入，老街再度热闹起来。著名汉学家饶宗颐曾说，新兴街是潮汕人飘洋过海出国谋生的历史见证，将会吸引成千上万的人前来寻根认祖。如今，新兴街的文化历史价值目前已引起当地政府部门的高度重视，将其列入开发建设樟林古港旅游景区的一部分予以规划实施。

5. 樟林古港与南盛里

在樟林众多的宅第中，位于出海口冲积地上的南盛里最为著名，南盛里是由樟林籍新加坡富商蓝金生于 1900 年用 17 年的时间投资兴建的占地近 6 公顷，计有大小房屋 70 座共 617 间的巨型建筑群落，它以"锡庆堂"大祠堂为主体，周围井然有序地分布着一座座的"四点金"和"下山虎"，其中有由八座"下山虎"相连组成的"八落巷"（林凯龙，2011）。

南盛里因四面环水形似布袋又名"布袋围"。在中国文化中，布袋和葫芦一样，以其"大肚能容"而被认为是藏风聚气的宝物，民间有崇拜葫芦及"布袋和尚"的习俗。南盛里不但位于四面环水的"布袋"里，它的主体建筑"锡庆堂"还被设计成四面围合的"布袋围"形状。因此，它成为一代富商巨贾的聚居地。它还是当代散文大家秦牧的故里。

（三）历史作用和科研价值

樟林古港占有自然和人文双重基因，在明代中后期已开始崛起，至清康熙、乾隆时已发展成为粤东对外贸易的"通洋总汇"、海外移民的重要基地、潮汕最早的侨乡和中外文化交汇点，为潮汕地区乃至东南沿海一带的对外拓展、对内繁荣经济做出重大的历史贡献。

1. 海上丝绸之路起源地之一

海上丝绸之路是连接世界文明的海上大动脉，是沟通东西方商贸与文化往来的重要桥梁，也是一条和平与发展、友好与包容、开放与繁荣的文明之路。中国海上丝绸之路有三个重要起源地，也是三个地标，它们分别是南宋时期的福建泉州港、元明时期的漳州月港，以及清朝中叶的樟林古港。古代粤东，境内多为丘陵地带，蜿蜒绵亘，崎岖曲折，陆路非常闭塞，但海路却通畅无阻，可谓四通八达。樟林古港在清代时成为粤东地区的大港口，正是依托这条海上丝绸之路，将广东与内地广袤的经济腹地和全球化的贸易网络紧紧交织在一起，在历史上为东南沿海，特别是潮汕地区的对外移民拓商，对内繁荣经济做出了巨大的贡献。

2. "通洋总汇"之地

樟林古港作为中西贸易的交汇地带，在中国向近代社会转型的过程中，起到了重要作用，是潮汕地区对外贸易的主要港口，有"通洋总汇"美誉。距今 150 多年以前，樟林古港已是一个持续 200 多年的对外贸易大港。当年红头船事业的发展，使樟林古港日益繁荣昌盛，外地客商纷纷前来。樟林埠，被喻为"通洋总汇之地"，作为与世界交流的窗口，在经济史上曾经是粤东地区对外贸易的重要门户。即便是在 1775 年清政府实行闭关锁国，只留广州一个口岸通商的情况下，樟林古港仍然发挥特殊的作用，当时清政府在福建留下缺口，允许厦门与西班牙进行贸易，其间三四亿两白银通过近海口岸运到中国。自乾隆始，粤海关在澄海设樟林口、东陇口、卡路口、南关口等五处税口，每年征收的总金额，占广东全省税收的 1/5。这就不奇怪为什么在 19 世纪中叶英国出版的地图上标上了樟林的名字。足见其"通洋总汇"的地位已是如此举足轻重，从广东出发，沿海上丝绸之路前行，中国由此走向了世界。

3. 潮商文化

虽然樟林古港如今已没有了海，但是精神上的海洋仍然存在于很多潮汕人的心中。艰苦奋斗、诚实守信的红头船精神，一直鼓舞着潮汕后辈的子子孙孙。尽管利润颇丰，出海一次，所获利润大约相当于一艘船的造价，但风浪无情，又有海盗猖獗，多少船只有去无回。这间接地培养了潮汕人向海而生、坚毅无畏、勇于开拓的性格。

4. 海外移民与中西文化交流

樟林古港是东南沿海的移民口岸之一，是潮汕地区先民早期移民海外的主要港口，迄今也是全国著名的侨乡。随着商贸活动的频繁往返，樟林古港成为古粤东乃至闽西南、赣东南各地移民出国和文化融合的一个重要基地与口岸。历代以来，究竟出去多少人，虽未能一一统计，但有一些人物是值得永远铭记的，如暹罗吞武里王朝大帝郑信的父亲——澄海华富村的郑镛、潮州铁铺的陈式将军、隆都陈慈黉和著名侨领蚁光炎等政要豪贾，都是从樟林古港乘红头船过番的。泰国朱拉隆功大学研究成果表明：清代潮汕的先侨多半是从樟林古港出去的。到目前为止，潮汕人分布于世界 100 多个国家。所谓"海内一个潮汕，海外一个潮汕"，这一现象正是樟林古港对外移民拓殖功绩的见证。现泰国樟东联谊会会徽图案，就是一艘即将扬帆远征的红头船，这是千千万万侨胞寻"根"心态的真实写照。红头船在泰国对外关系史上曾经扮演重要角色，樟林古港在历史上曾是沟通中泰两地贸易的重要港口，是 18 世纪中国移民到泰国谋生的重要出发口岸。

人群的迁徙移民必然带来文化的交汇与融合，传统文化内容如传统艺术、民俗精华、名人逸事等，它们和有形文物相互依存、相互烘托，共同反映着樟林古港的历史文化积淀，共同构成其珍贵的历史文化遗产。樟林古港发展所带来的文化交汇与融合具有几个独特的特点。

（1）民风民俗体现中外文化融合的基因

樟林人把潮汕元宵节"吊灯"和"游火帝爷"两项传统的民间活动结合起来形成新的"二月灯会"，在灯会期间樟林民众可以通过相对自由的方式，表达自己的情绪。如在"游火帝爷"期间，樟林古港有一条不成文的乡规民约，任何人都可以把乡里不光彩的事，绘画在灯厨上，只要属实，又没有写上真实姓名，谁也干涉不了。通过"民主"的方式，在乡里"鞭恶扬善"的风俗，是开明的侨胞从海外带来并大力倡议的，实行数百余年。

（2）神崇拜具有"三味"色彩

樟林神崇拜具有"三味"色彩，这"三味"指的是"潮味"、"海味"和"侨味"。在古代神文化和民俗的基础，神崇拜的改造与嬗变在一定程度上反映了某一区域人文环境对它的影响。一直以来樟林的神崇拜和潮汕各地农村一样，都是封建社会一定人文现象的产物，如关帝爷君、玄天上帝、南极大帝等。但有一个有趣的现象，如妈祖这位"海上保护神"，自从福建的湄洲被迎进樟林古港后，就浸透了"潮味"，表现为樟林姓林的族人立即与之攀亲，说她是"自己人"称她为"姑母"。另外还有"亥爷得饭妈祖福"民谚广泛流传至今。

（3）建筑物具有"中西合璧"特点

建于清嘉庆七年（1802 年）的新兴街，街长 187.3 米，其建筑既实用又美观，是潮汕人聪明智慧的完美结晶，堪称开启粤东建筑史上"中西合璧"风格之先河。新兴街是樟林古港最繁荣时期的一个历史缩影，记录了 19 世纪初樟林古港的经济、政治、人文和民俗风情等情况，印证了古港的历史地位；它是潮汕人对外拓展、对内繁荣经济的忠实历史见证。潮汕民居"驷马拖车"和"四点金"配合组成，其装饰中西合璧，非常讲究，如门楼、窗权、地板等，一律精选来自西洋的优质瓷砖，按精心设计的图案粘贴，而屋脊、屋檐，则延聘潮汕名师，饰以花、鸟、虫、鱼、草、木、禽、兽等各种木雕、通雕、坎瓷、洋瓷，中西合璧，令人叹为观止。

5. 文化旅游开发

曾经繁华热闹的樟林古港，红头船也早已不再漂洋过海，古老港口如何焕发出年轻的风采，目前樟林古港已开发为汕头一处大型的潮俗文化旅游景点，但仍略显不足。澄海还有众多的华侨迹地、古旧民居、丰富的侨批资源（可建成"侨批馆"）、名胜景点和著名侨领、文化名人故居，如慈黉故居、郑埔故里、"杜国庠故在"和蚁光炎、蚁美厚故居等，都应该保护并逐步开发和利用。樟林古港的概念其实十分宏大（即本书研究所提出的文化遗产廊道的概念），所涉及的不仅仅是港口，还包括四周辐射的古建筑，包括周边伴随古港兴起的古村、古城等，它们分散在各个角落。

樟林古港的发展是潮汕人漂洋过海、出国谋生的历史见证，如何吸引成千上万的人前来寻根访祖；如何开发澄海的华侨历史资源，令其发挥更大的社会效益；如何从文化遗产的角度，活化利用樟林古港；如何让民间资本注入文化遗产的保护事业中来；如何实现"樟林古港+"和"旅游+"，"双+"并行，将樟林古港最重要、最独特的一面展现出来；如何让中国文化沿着海上丝绸之路走向世界，实现中国梦，这正是需要思考的问题。

五、从化钱岗古道

（一）从化与钱岗古道

从化区地处广东省中部，广州市东北面，是珠江三角洲到粤北山区的过渡带，属广州市县级区。区境东面与龙门县、增城区接壤，南面跟广州郊区毗邻，西面和清远市、花都区交界，北面同佛冈县、新丰县相连。《广州府志》记载，元明之际，从化地处广州以北，西接清远，东达龙门、增城，具备出色的商贸条件。流溪河南北向越境而过，为从化提供了良好的航运基础。钱岗古道这条支线，就是清代广州府与从化县之间传递公文的一条驿道。钱岗古道所在地太平镇坐落于广州北郊，是从化的南大门。太平镇区位优势得天独厚，北回归线从镇腹划过，四季如春的亚热带雨林气候，水量丰沛的流溪河倚镇流过，是广州市重要的饮用水源和城市后花园。太平镇人文荟萃，宋代的钱岗古村落、防御使钟公祠，明代的广裕宗祠、五岳殿、邓氏宗祠及洪圣高庙，清代的钟楼古村落、太平当楼，像一颗颗璀璨的明珠镶嵌在岭南大地上，熠熠生辉，如历史的画卷呈现了"宋遗风、明建设、清修复"的古建筑风貌,是探究岭南文化和弘扬中华文明的好去处之一。

(二)钱岗古村与钱岗古道

1. 钱岗古村概况

钱岗古村位于广州市从化区太平镇西南部,西与文阁村接壤,东与颜村接壤,离太平镇中心约 5 千米。钱岗古道所在的钱岗古村,始建于宋代,距今已有 800 多年历史,比从化建县还早 200 多年,所以历来有"未有从化,先有钱岗"一说。钱岗古村自然条件优越,三面环山,四周被高山包围的低丘岗地,地势变化不大,相对比较平坦。

钱岗古村的选址位于从化太平场沙溪峒三面环山的谷地中,沙溪峒在钱岗古村所处的平坦地带外分别向东南、西北延伸,将村庄包围其中。沙溪河源于沙溪峒,顺应山势淙淙而下,绕古村南面而过。河道曲折平缓,两岸水草丰茂秀美,土地肥沃。山北高起的溪松围山成为全村落的靠山,村的东南、西北方向夹山如龙,左右拱卫;沙溪河流经古村落之南,呈蜿蜒环抱之势,犹如玉带缠腰。由于古村基本位于沙溪峒怀抱之中,只有西南开敞,因此形成了靠山面水,聚敛地气之势(高飞,2015)。村围处蜿蜒流淌的小河与几个水塘相连,自然地形成了钱岗古村的"护村河"。先人们修建护城河,一为防盗,二为发生火灾时可就地取水灭火,一举两得(陈果和禤文帅,2010)。钱岗古村已被列入具有重要保护价值的《中国传统村落名录》和广东省重点文物保护对象。

钱岗古村占地面积 300 亩[①],共有 900 多座房屋,从东到西约有 1300 米,从南到北约 1000 米,政南巷是贯穿旧村南北的中心巷,主村道外绕整个村庄。原钱岗地域是七个小山丘,名叫七星岗。最先在这里建屋住的有谭、陈、冼、钱四姓人家。到元朝时陆秀夫的第五代传人陆从兴举家从韶关南雄县珠玑巷迁居到此,在土名冼家边(虬墈氹)建屋居住。后钱姓的人家迁走了,陆姓的人家才迁到钱姓人家的地方,即在现在的格田村冼家边格田居住,他们在这里开垦农田建造屋宇,繁衍后代。现在钱岗已没有谭、陈、冼、钱四姓的人家居住。村内居民多为"宋末三杰"之一、名臣陆秀夫的后代,秉承"诗书开越,忠孝传家"的教谕,民风高尚。村内少数人姓沈和姓叶,古村现已少有人居住。钱岗古村村巷交错纵横,至今还保留着宋、明遗风的建筑。

2. 钱岗古村建筑特色

(1)明代遗存的独特的寨城格局

钱岗古村的建筑特色体现了安全防卫功能,它是一个防御式的堡垒。钱岗古

---

① 1 亩≈666.67 米[2]

村在东西南北四向均建有牌坊、内有四向的门楼，门楼旁均设有更房，均为明清代古建筑，东南西北四个门楼分别是"启延门""震明门""镇华门""迎龙门"（陈果和褟文帅，2010）。每个门楼都有坚固的大门，每晚定时关闭。门楼之间用古老的青砖围墙连接起来，形成一个完整的村落，同时也营造出一个守望相助的城堡。村内的小巷纵横交错，犹如迷宫。钱岗古村池塘和外墙环环相卫，四设的更屋日夜守望，阡陌交错路路断头，村庄布有处处隐藏机关的防御体系。

据钱岗古村村志记载，钱岗古村现有格局初建于明朝永乐二年（1404年），最初兴建的是广裕宗祠及其周边民宅。其整体格局完善于明嘉靖年间，其后虽有两次重修，但对格局没有很大的影响。嘉靖年间，朝野混乱，吏贪将弱，南方诸省连年大旱，民不聊生，农民起义此起彼伏，盗贼如毛。而钱岗古村在嘉靖三十二年（1553年）大修。在此历史背景下，加强村落的防御性应是大修的重要原因之一，因而这一时期修筑了许多防卫工事：挖护村河，东、南、西、北均设门楼和吊桥，北向及西向以高墙加固防卫。这次大修形成的特殊寨城格局被保留至今（郭谦和林冬娜，2005）。

整个钱岗古村的布局是较为随意的四面朝向，巷子多且深，迂回曲折。与惯用麻石铺路的广府民居不同，钱岗古村中阡陌无一例外由鹅卵石铺就。村中唯一有方向的中心巷，是贯穿南北的政南巷。而钱岗古村的主村道则不开入村内，始终外绕着整个村庄。

（2）丰富多变的巷道空间

钱岗古村巷道整体采用梳式布局，四向皆有出口，基本保留明初之风貌。村中以一条主巷贯穿南北。钱岗古村有命名的村巷有12条，无名的小巷无从计数。东北区域巷道较为齐整，其余则纵横交错，蜿蜒曲折，令初来乍到者有进入迷宫之感。古村先民从北方迁移而来，因此古村的布局采用了北方村落常用的丁字街巷手法，同时也融合了岭南传统村落的梳式布局，南北风格奇妙地统一在一起，错综复杂的道路兜兜转转，外人入村如同进入了一个大迷宫。如此构局，一旦有外敌侵入，一时间很难找得到方向，村民在对敌作战上自然就占据了地理上的优势。"有多少房舍，就有多少条路"的传闻，可谓是钱岗古村的真实写照。

古村巷道空间富于变化，主巷宽度2.5米，局部放大到4米，空间有收有放。巷道宽敞处宽高比达0.9，空间宽敞舒适，狭窄处宽高比仅0.25，两边屋舍搪口相接，空间狭长而封闭，但大多在1.0—1.5米。村中多数巷道全天都处于建筑阴影之中，且朝向夏季主导风向，形成冷巷，炎夏在村中行走，依然凉风习习。巷中满铺大小不一的鹅卵石，排水沟渠沿巷布置，转折交接之处有青石板条跨于渠上。两边屋舍以大卵石砌成墙基以防潮气，朝巷道墙面多不开窗，只有或质朴或精致的门楼点缀其上。

钱岗古村的街巷大致可以分为3个等级：村子外围的交通性道路，据实地测量，宽度为 4—6 米，为一级道路，普通碎石铺装；房屋之间横横纵纵的生活巷道、直通民居内部的胡同，宽度为 2.5—4 米，为二级道路，鹅卵石铺装；而胡同内部宽度仅有 0.8 米，为三级道路，只容得一个人侧身通过（刘小冬等，2016）。

（3）古朴大方的民居建筑

钱岗古村有大小屋舍千余间，村中绝大部分是明清时期的青砖瓦房，民居多以青砖和黄泥砌成，还有为数不多的用稻壳和泥石筑成的房屋，典型的岭南建筑用材（如麻石）和建筑形式（如镬耳）在钱岗古村甚为鲜见。当年村中经济宽裕的村民自己修建了部分砖瓦房，因此偶尔还会有泥砖屋和红砖屋突兀地出现在青砖瓦房间。民居的墙体和砌筑也是各不相同的，有夯土墙、土坯墙和砖墙（吴莆田，2004）。有些贫苦的村民会采用北方夯筑的办法，先架起木板，填入泥石稻壳，再用人力一层层地夯起泥墙。由于南方雨水多，泥房受积水冲泡很容易倒塌，村民还用大石和以石灰，堆砌成一米多高的防护墙，保护泥屋。

古村民居平面以典型的三间两廊一照壁形式为主，中轴对称，主次有序，层次分明。这种平面结构形式充分反映中国封建社会儒家宗法制度、血缘体系及农业生产方式对建筑的影响。民居中间厅堂是家人祭祖、家庭娱乐、会客等活动的主要场所，直接朝天井开敞，通透光亮，厅堂两侧为卧室，仅从屋面玻璃孔采光，较黑暗，故有明厅暗房之说。厢房前为厨房和其他次要房间，中间围合天井。为避暑、防风、防雨，天井尺度很小，一般不超过 4 米×3 米，既可采光、通风，又无暴晒之忧，很是凉爽。民居外墙基本无窗，封闭内向（郭谦和林冬娜，2005）。住家多在天井中打一小井，供生活所需。天井前设照壁连接两侧房间，大门多开在一侧。这样的平面紧凑且组合灵活。村中民居均为砖木结构的平房，屋顶多以悬山搁檩为主，部分为硬山搁檩。民居装饰古朴大方，装饰重点为大门、照壁、檐下、山花和屋脊，以灰塑为主，少有木饰。工匠技艺精湛，卷草舒花，灰底白画，塑得很是精致清雅。

3. 钱岗古村相关传说

（1）古村地形传说

钱岗古村布局随意的设计也源于一个古老的传说。传说在钱岗古村建村之初，村中老者请先生来看风水。先生从东走到西，又从南走到北，用罗盘开了几十条线，最后确定钱岗古村属于莲藕形，居屋只能随意而建，否则就住不长久。于是村民都按照自己的意愿建屋，周边有空地就随意延伸出去。

村落初具规模之后，先生又建议四周再建围墙，每个方向建一座门楼让村民出入，像藕田那样让藕节自由地在田中延伸。经过数百年的发展，围墙内的地全都建满了屋，但是大家却都认为一旦离开了用青砖墙围起来的"藕田"，就像是离开"主茎"。于是村民想尽一切办法，宁可一间房从中间砌起一堵墙，多开一个门，兄弟各住半间将就着，也不愿意搬到围墙外住。

20 世纪 60 年代和 70 年代，很多围墙开始被拆除，直至 80 年代后，农村实行土地承包责任制，生产队统一规划建房地，村民才开始大规模外迁。

（2）文昌阁传说

钱岗古村的西南面，原来建有一座文昌阁，坐落在"三洲潭"上，传说"三洲潭"曾经是沙溪河道，后来河道改了，才留下这么一条烂河滩。滩中水潭深不见底，潭底住着一条蛟龙。每年夏天，蛟龙都会跑出来作祟，河水泛滥，淹没农田，冲毁房屋，扰得村民不得安生。后来，村中族老请来一位高明的先生，先生查看了地形之后，指点族老先把深潭填平，然后在上面建一座塔，这样既可以把蛟龙镇住，又可以截住财运，使其聚于钱岗古村，福佑全村兴旺发达。

于是族老发动全族人捐资建塔，取名为文昌阁。不久，村民开始在文昌阁北面建市墟做生意，逐步形成文阁墟，文阁墟在抗日战争时期前后最为兴旺，中间建起两排村坊让邻近的村民摆卖东西，每逢赶墟的日子，前来凑热闹的人多达一二千人。

（3）社公潭传说

据说在一百多年前，沙溪河水流经古村南面的震明门时，会形成一片宽阔的水域。由于当年沙溪河经常暴发山洪祸扰百姓，村民在震明门右面靠近水边的岩石上立了一个"社公神坛"，逢年过节妇女们会到神坛前上香、烧元宝蜡烛，祈求"社公"保佑风调雨顺。于是那片水潭也被称为"社公潭"。

传说每当夜深人静的时候，溪水冲击南面社公潭下面的岩石，就会发出"钱岗、钱岗"清脆悦耳的声音。不过在 60 年前，沙溪河沿岸暴发了一次特大的山洪，洪水冲开了现在东向桥下一大片果园和良田。从此以后，由于河水改道，社公潭前很难再听到悦耳水声了。

（三）历史沿革

1. 钱岗古道由来

钱岗古村于宋代建立。据孟春吉《恒祯房宗谱》的记载，钱岗古村最早的居民，是南宋左丞相陆秀夫的后裔。陆秀夫，字君实，楚州盐城（今江苏盐城）人，生于南宋端平三年（1236 年），卒于祥兴二年（1279 年）。他生活在只统治着中国半壁疆土的南宋末期，宋末三任小皇帝不是做了亡国君，便是做了终日漂泊海上的亡命者。无力回天之际，左丞相陆秀夫只得在崖山背负幼帝纵身投入碧波万顷的大海。

中国历史上的宋朝，随着这悲情一跳而宣告灭亡。然而陆氏家族的劫难却只是开始。为了斩草除根，元朝开始对陆氏家族展开追杀。当时陆秀夫的第四子陆礼成正奉父之命镇守梅岭，惊闻父亲以身殉国的噩耗，悲痛不已，审时度势之后，深知大宋气数已尽，只得带着妻儿族人，蛰居于民间。

为逃避元兵的追剿，陆礼成逃至广东省南雄县珠玑巷侨居。至其第五代，玄孙陆从兴一路辗转，由南雄珠玑巷迁到古番禺宁乐乡（今从化太平镇钱岗古村），陆从兴见到这里山清水秀，粮余粟足，便决定定居至此。后不断"开疆拓野，子孙瓜瓞绵绵，学道流芳"，逐渐形成了钱岗古村。

陆从兴之后传至第六代、第七代时，陆广平、陆及忠、陆原英、陆凤鸾、陆及善等人同心协力，于明永乐四年（1406年）始建广裕宋祠（简称广裕祠）。钱岗古村虽然房舍建筑布局随意，但都以广裕祠为中心，如同藕田的"主茎"向四周蔓延一般，而陆氏族人也是繁衍兴旺，世代宗支繁盛，文武人才辈出，后人遍布各地，甚至远居海外，在新加坡、泰国、美国、加拿大等国家和地区均有后人定居繁衍。

据《明代驿站考》记载，由广州府至从化境内有一条过境的古驿道，经湴湖驿（今广东广州市东北福如）、李石岐驿（今广东从化区境）通往清远县境内官庄驿（今广东清远县东高桥）、横石矶水马驿（今广东清远县东北旧横石），是当时主要的交通道路。《从化县志》（清康熙）、《广州府志》（清光绪）记载，清代时从化有两条陆路古驿道及一条水路古驿道，其中，经从化县城、佛子岭铺到白土铺（清远县）的线路与《明代驿站考》大致相近，钱岗古道是陆上古驿道的一条支线。

清光绪年间，从化境内通邮主要依靠驿站，1904年从化始设邮政代办所，古驿道功能和作用逐渐萎缩。而后随着城市建设和历史变迁，原有古驿道绝大部分都被近现代道路系统取代，历史上的驿站和驿铺绝大部分也不复存在。因此，古驿道通过的古代村落和很多集镇也随之败落、萧条。现今，陆路古驿道仅存的段落目前分布比较零散，主要集中在沙溪水库的三坑口和上清幽村。在太平镇水南村到红石村的山上有一块指路石，三坑口附近有一段长约50米的古驿道遗存，但是破败严重，处于荒废状态。

2. 钱岗古道线路

从化区重点打造的钱岗古道约有14千米的示范段，位于从化太平场沙溪峒，距离太平镇镇区约7千米，距离从化区人民政府驻地街口街道12千米，起点在文阁墟，终点是上清幽村（图2-5）。钱岗古道作为广东省首个古驿道示范段试点项目，将为南粤古驿道建设树立建设标准和示范效果。

钱岗古道穿山绕河，沿途风光秀丽，三面环山、一水（沙溪）蜿蜒，钱岗古道沿线人文景点众多，分布有古村落、古建筑、古遗址等众多历史文化资源，沿有钱岗古村、广裕祠、颜村陆氏大宗祠、陆炜故居、三坑口指路石、灵秀坊牌坊、陆氏宗祠、文阁墟等重要古遗迹节点，涵盖古村、古墟、古祠等历史元素，还有钱岗古村的陆氏家族文化，具有深厚的历史积淀（李晓婷，2017）。

图 2-5　钱岗古道路线图

资料来源：深圳城市规划. 钱岗古道示范段详细规划[EB/OL]. http://www.upssz.net.cn/newsinfo_803_1298.html

　　如今，钱岗古道留存段落仅约 50 米，破败较为严重。钱岗古道主要通过国道 G105 线与大广高速、派街高速等与外部交通网络衔接。目前，钱岗古道周边村落的道路已硬底化，但钱岗古道与周边景区尚无公共交通接驳。钱岗古道主要以堆砌石块沿溪流方向砌筑而成。临水路基宽 0.2 米左右，位于路面以下，汛期被溪水淹没；另一面路基宽 0.3—1.5 米，视路面所在地面平缓程度而定；道路宽 0.7 米左右，采用石块不规则铺设。

　　现在钱岗古道沿线共发现三处古道遗存，分布于钱岗古村、三坑口和上清幽村，总长 700 多米，其中以钱岗古村段保留得较为完好，其他段落局部残损，处于荒废状态。全线有国家级重点文物保护单位 1 处（广裕祠）；市级文物保护单位 1 处（颜村陆氏大宗祠）；区级文物保护单位 3 处（陆炜故居、陆氏宗祠和灵秀坊牌坊）；传统风貌建筑 9 处。

　　钱岗古道上的引导指示碑刻遗产是珍贵的历史空间定位系统，粤语俗称为指路石、问路石。钱岗古村里被发现的指路石位于三溪交流之处的大树下，竖有一块高约 1 米、宽约 0.5 米的石碑。石碑上生满青苔，依稀可见三行字"右太平墟，上往街口，左往派潭"。石碑外表破旧，刻字内也长满青苔，附近杂草淤泥混杂。但将杂草清除后，由石头铺成的道路仍可清晰辨认。以前此处是多条古驿道的交汇处，一条是往太平镇，一条通往上下清幽村、至街口，一条是去派潭，这对寻找埋没的古驿道具有指引价值（许瑞生，2016）。

（四）历史地位和科研价值

1. 促进岭南文化的发展

钱岗古道是北江古驿道中"南雄—广州"古驿道的组成部分，在较长的历史时期内作为邮驿、交通、商贸的重要载体，在岭南历史文化发展过程中起着重要的作用。

2. 拥有极高的历史文物价值

钱岗古村拥有气势恢宏的灵秀坊牌坊、历史悠久的广裕祠、精雕细琢的江城图等古朴的景观，村中还保存着大量融合了南北文化的建筑、呈藕节状分布的广府民居群。身临其中，可深切品味到宋、明、清乃至民国时期的建筑风格，并可触摸到北人南迁的历史遗痕（陈果和禤文帅，2010）。

钱岗古村内的广裕祠，于 2003 年荣获"联合国教科文组织亚太地区文化遗产保护杰出项目奖"第一名。同时，广裕祠也被列为全国重点文物保护单位、广东省文物保护单位及广州市爱国主义教育基地，在中国古村落群中具有极高的历史文物价值。广裕祠与北京故宫是同年修建的，至今已有 600 多年历史。广裕祠虽然是明清时期的建筑，但也保留了宋代的建筑构造设计手法，是南北建筑风格互相借鉴的一座典型古建文物。广裕祠完整地保留了从宋代以来每次大修的记录，这些记录和痕迹都翔实地展示了各历史阶段的信息（郭旖旎，2014）。

钱岗古村西门更楼的封檐板上，有一幅被誉为"珠江三角洲的清明上河图"的风俗木雕《珠江江城图》。这一段长 860 厘米、宽 28 厘米、厚 3.5 厘米的檐板以浮雕、镂空雕的形式，描绘了清代中后期广州珠江北岸 20 余千米的城乡风光风情：珠江行船、城楼商馆、村庄市井、城墙、民居、桥梁、码头，河边下棋、钓鱼的老汉，戴高帽子的洋人，郊外的牧羊人、砍柴人，历历在目，再现了当时的外贸中心——广州的繁华。画中，旧时羊城胜迹珠江炮台、越秀山上镇海楼、天字码头均有呈现。据这里现存的《重修围墙棚厅碑记》所写，该木雕图应是道光初年所立，描绘的是鸦片战争前广州城的繁华景象，极具历史价值和艺术价值。由于常年的风吹雨淋，这块工艺精湛、价值极高的封檐板已经濒临腐烂，由广州博物馆拆下收馆永久保存，作为从化是岭南文化重要发祥地的有力依据。

3. 耕读并重的移民文化

钱岗古道是从化民间古道的重要文化遗存，是联系从化官道和流溪河古水道的重要支线，它镌刻着陆氏先辈"诗书开越，忠孝传家"的忠烈风骨，也见证了陆氏后人举家南迁、定居于此的历史。在明建文元年（1399 年），子孙陆聚平回乡祭祖，奏请建立宗祠，获皇帝赐匾"陆氏大宗祠"及大门外四言对联"诗书开越，忠孝传家"。有这样的历史渊源，耕读并重的文化也就成为陆氏后人极端尊崇的文化，并在古村的规划建设中留下明显的烙印。如钱岗古村南门名为震明门，震明之义，是以儒家之道教育子孙，明宗明义，明德明理，明经明史。门楼之阁，升放棺材，是寄托子孙辛勤耕读、升官发财之意。而耕读文化的最集中体现是村落南向村面的私塾一条街，街上设兰集堂和明进书院等书院建筑。一个村落中有如此多而集中的书院建筑，而且书院都集中在古村落中朝向最佳、最为显著的位置，这在南方古村落中极少见，充分体现了移民宗族世家的劝学传统，即希望子孙"读可荣身"（郭谦和林冬娜，2005）。

钱岗古村里现存还有 4 座书院，分别是兰集堂、明进书院、古书院、敬所书院。教书先生自己设馆，向来自各家各户的学童收取"束修"（学费）。村内文化氛围浓厚，村民牢记陆秀夫"诗书开越，忠孝传家"的教诲，培养了很多人才（刘小冬等，2016）。直至今日，每逢清明、重阳节日，村中族人都会集中在祠堂进行春秋祭祖。村中耆老告诉记者，族中之人，无论长幼，都知道自己是陆秀夫的后人，均牢记着"忠孝传家"的祖训，默默将先祖的气节传承。

4. 文化旅游开发

钱岗古道是广州市周边最近的、最有历史文化内涵的古驿道，是户外运动的绝佳场所。其交通可达性好，人文基础好，周边旅游资源丰富，古驿道示范段建设及活化利用前景良好。

从化区可将钱岗古道的开发利用工作与沿线扶贫工作的开展结合起来，在古驿道旅游中结合特色农产品及乡村旅游体验等，开发周边古村落的风景资源和接待能力，发展周边地区经济。从化区可以钱岗古村为核心，将钱岗古道打造为古村文化画卷、山水养生绿谷、运动休闲走廊，尽可能连接既有的文化资源和自然景点，利用现有乡道、村道和步道，便于骑行和远足，与定向大赛活动有机结合，并且做好钱岗古道重要节点的活化利用，不断挖掘古驿道背后的历史文化，将古驿道、驿站的文化历史重新发掘，把大城市的人气、资金、技术带回历史原点。突显古驿道开发利用的价值，发扬岭南文化。未来的钱岗古道，将成为集古村文化、山水养生和运动休闲为一体的示范保护区和旅游观光胜地。

六、珠海岐澳古道

（一）岐澳古道

岐澳古道起于中山石岐，止于澳门关闸，宽约 2 米，全长为 70 千米，修筑于清咸丰十年（1860 年），是清朝香山（今中山市）地方官府主导修筑、官民共享的官道，也是连接香山与澳门的交通要道。

在明朝中叶，澳门已是诸夷贸易之所，商船往来频密，是海上丝绸之路的一个重要港口。香山人及江口两侧的乡民，需要一条通往澳门的道路，因此形成了岐澳古道这条进入澳门的古驿道。清朝初年，岐澳古道已是官商两用的大驿道。

岐澳古道分为东干大道和南干大道，其中南干大道是主要通道，也是商贩百姓来往进行货物运送和交流的主要通道。根据《香山县志续编》和《五桂山镇志》记载，南干大道位于县城南面，从南门口经桂峰茶亭、双合山、石鼓垯村、平迳顶到良都与谷都交界处转东入石莹桥、大南坑、平湖沙岗、前山寨直通澳门。

清朝末期，很多失地农民或城中的贫民，从石岐将瓜果蔬菜等挑到澳门关闸，再挑回石岐紧缺的火柴、煤油等以换取生计，慢慢地就走出了这条小路。根据《中山侨刊》相关资料，南干大道是在原来民间挑担货品去澳门走出来的小道的基础上修缮拓宽的，可谓近代香山到澳门的"茶马古道"。南干大道的拓宽，也与民族英雄林则徐禁烟有关。清道光年间，林则徐以钦差大臣的身份到广东禁烟。为了制止多国不法商人同流合污，林则徐经过岐澳古道到达澳门，表达了禁烟的决心。因此，岐澳古道是当年林则徐赴澳门视察的必经之路。

辛亥革命后，珠江三角洲的民众，特别是位于珠江口西部的中山、四邑（新会、开平、台山、恩平）等地的百姓，大多利用岐澳古道到澳门进行贸易活动，或经澳门前往香港和海外地区，这条古道又成了"南粤移民"的古道（范哲，2015）。

1927 年，中山人郑芷湘、郑礼卿、吴梅一等发起修筑以东干道为主体从县城石岐直通澳门的"岐关车路"。最后第五期岐关西路工程舍弃岐澳古道的传统走向，自县城石岐镇南下至东林山华佗庙、沙岗、北台，再由北台经湖州、深湾、三乡马迳到萧家村，接通岐关东路。1936 年，岐关车路全线通车，岐澳古道和长南迳古道完成其历史使命，逐渐退出道路交通的舞台，消失于人们的视野。

20 世纪 90 年代初修筑的城桂公路五桂山境内段，同岐澳古道大体重合。岐澳古道现今只保存了石鼓村梅花坑到南桥村石莹桥共约 5 千米的路段。该路段隐藏于深山之中。虽多为残垣断壁，但仍能依稀看到往日的繁华景象。

今横贯中山、珠海、澳门三地的岐澳古道在珠海段又被称为古鹤古道。古鹤古道为岐澳古道的南段，经过今珠海南溪村、长沙圩、翠微村、前山、拱北等地，直至澳门。其中，岐澳古道的最后一千米拱北莲花径延伸到繁华的市井街区。

（二）长南迳古道

图 2-6　长南迳古道摩崖石刻

岐澳古道支线长南迳古道位于珠海市香洲区凤凰山森林公园内，普陀寺北侧，南接香洲中心城区，北联唐家湾镇，开凿年代不详，于清雍正三年（1725 年）重修（古道沿途一摩崖石壁上刻"雍正三年孟秋穀旦佘非凡重修长南迳"，图 2-6），是古时上栅、官塘等村民往来于前山、澳门的主要通道。据说，长南迳古道早在康熙年间就已经形成，后来随着中山石岐、珠海会同等地到澳门做生意的人越来越多，因此在雍正年间，由当地的商贾集资重修了这条古驿道。2013 年 7 月，长南迳古道遗迹已被列入珠海市香洲区不可移动文物名录，正式挂牌保护。

长南迳古道为山地型古驿道，由石板、石块铺设而成。古驿道整体呈南北走向，由唐家湾镇官塘社区至前山镇东坑村，南北穿越凤凰山，皆为羊肠小道，路宽约 1 米，险要之处劈山凿石成路，遇到陡坡便铺垫石板成梯级（图 2-7）。古驿道南北全长约 5 千米，实际遗留路段从普陀寺至凤凰山隧道北口约 3 千米，现存断断续续的石铺路仅约 600 米，其他均为裸露的黄泥山路，古驿道损毁情况严重。目前，长南迳古道尚处于未开发状态，古驿道崎岖难走，大多台阶已淹没在杂草之中。常有周边市民、驴友自发前往徒步、登山休闲。

长南迳古道桥下有两块功名碑，碑身皆长约 130 厘米，宽约 30 厘米。由于碑身镶嵌于桥底，常年受流水冲刷，字迹早已模糊。其中一块碑文能依

图 2-7　长南迳古道遗址

稀识别出"嘉庆丙子年考取第一名岁贡"字样。"第一名岁贡"即相当于当时科举秀才第一名，"嘉庆丙子年"，即 1816 年清代嘉庆年间。由于目前在广东省《明清档案辑录》，以及珠海中山名人记录中都没有关于嘉庆丙子年"岁贡"的详细

记录，该功名碑将填补广东省明清贤才记录中关于"岁贡"记载的空白。

（三）佘氏家族与长南迳古道

元朝最后十年，北方农民起义频发，烽烟不断，南方以福建泉州为中心长达十年之久的"波斯戍兵之乱"，也影响了广州一带百姓的生活。元至正十九年（1359 年），原籍顺德县马岗乡的佘翠峯，因避战乱，率族人辗转南下，一路颠簸，最后选择在远离政治权力中心、远离战火硝烟的香山县官塘村落脚。自时泰公始，佘氏一族便在凤凰山下的官塘村繁衍生息，至今已 660 余年。

到佘非凡一代，正值康乾盛世，佘氏和邱氏、洪氏、冯氏、卓氏，成为官塘五大宗族。佘非凡任职香山县县宪，常住县城石岐，由于他乐善好施，勤政廉洁，在县城和家乡官塘有很高的声望。佘非凡自卸任后便返回官塘居住，对几个子女非常疼爱。二女儿成年后嫁到东坑，与官塘隔着一座凤凰山，来往要经过凤凰山上的长南迳古道。彼时的长南迳古道，年久失修，杂草疯长，行人通行不便，但一直无人牵头进行修整。在亲情的驱动下，豪气干云的佘非凡振臂一呼，做出一个颇具勇气的决定：出资重修长南迳古道。该决定得到乡民的赞同与支持，一时应者如云。但是当路修至东坑地界时，因土地问题遭到东坑村民的抵制。佘非凡亲自前往东坑协商修路一事，动之以情，晓之以理，言明修路对东坑的好处，今后到下栅趁墟（赶集）也方便，终于打动东坑村民，使其无条件让地，答允佘非凡修路。靠着本地乡民手提肩扛运送材料，执斧握锄劈石开路，遇水架桥，砌筑石板，长南迳古道逐渐显露出往日清晰的走向。清雍正三年（1725 年）农历七月，长南迳古道重修告成。这在当时是一件影响非常大的事，值得隆重庆祝。在一个秋高气爽的好日子，古人所称的"穀旦"，人们聚在凤凰山主峰的西南坡一块石壁前，郑重地刻下"雍正三年孟秋穀旦佘非凡重修长南迳"几个楷体大字。

（四）历史地位和科研价值

1. 促进凤凰山北部地区的经济发展

长南迳古道自清末重修后，便成为唐家湾一带村民前往翠微、前山、澳门的重要通道，不仅方便周边民众的出行，更为繁荣凤凰山北部地区的乡村经济做出重要的贡献。

2. 近代中西交往的历史见证

自晚清以来，中国社会进入一个由传统向近代转变的重要时期。地处华南沿海又毗邻伶仃洋的香山地区成为广东经济文化最发达、开风气之先的区域。大量的人群、商品经由岐澳古道流向澳门甚至海外，新的思想观念与文化也经由岐澳古道进入香山，由此不仅孕育了具有鲜明特点的香山买办，还出现了勇于走向世界的海外移民与近代留学生群体，岐澳古道正是他们走出国门走向世界的见证。因此，岐澳古道不仅是民众来往澳门的通道，更是香山地区甚至更广阔的珠江三角洲地区的民众走出国门，放眼看世界的一条途径。因此，岐澳古道既是清代广东政府治理香山、管理海防、管辖澳门的重要通道，也承载了沟通中西文明的意义和价值。

3. 交通要道

岐澳古道作为中山通往澳门的交通纽带和中西文化交流的重要载体，可谓当年的"中山丝绸之路"。岐澳古道是研究清代香山北部地区与澳门之间交通发展史的重要实物资料，对于研究古代和近代内地与澳门的贸易文化往来，古代中山与澳门的政治、经济、文化关系，有十分重要的意义。

4. 粤澳文化的重要见证

澳门自古以来是香山的一部分，澳门 50 万居民中有 1/4 祖籍源于香山，香山与澳门，可谓文化同源，历史同根，源远流长。岐澳古道是澳门与内地血脉相连的重要见证，是粤澳文化上不可分割的重要见证。

5. 见证抗日战争历史

1936 年岐关车路通车后，岐澳古道很快没落。少了旅人的古道，在抗日战争烽火中迎来了特殊的行人。一群群衣着简陋、面带饥色的年轻人，身背简陋的武器，穿行于古道间，利用复杂的地形，神出鬼没、袭扰打击侵占中山的日伪军。中国共产党领导的这支抗日武装，不断战斗，不断壮大。1944 年初，在离云迳寺不足 1 千米的东侧槟榔山村之古氏宗祠，珠江纵队成立。岐澳古道为抗日战争做出了特殊的贡献，也见证了共产党领导的人民武装，为中华民族的独立解放而立下的丰功伟绩。

6. 文化旅游开发

岐澳古道的休闲旅游开发对推动粤澳合作有积极意义。可将岐澳古道的旅游开发上升为粤澳合作项目，由中山市政府、珠海市政府和澳门特别行政区政府合作，开发成具有特色的旅游线路，并且定期邀请澳门青少年来此举办各种活动，通过寻访古迹、回顾历史，外化于形，内化于心，增强价值观念的趋同和文化认同，为粤澳文化交流合作做出新贡献。

七、台山梅家大院—海口埠古驿道

（一）台山与梅家大院—海口埠古驿道

台山是南粤古驿道文化线路上具有代表性的海港型节点。古驿道历史遗存丰富、文化底蕴深厚，沿线自然、人文景观丰富。梅家大院—海口埠古驿道位于台山市，主要节点为梅家大院和海口埠。

1. 梅家大院概况

梅家大院（即汀江圩华侨近代建筑群）位于广东省台山市端芬镇大同河畔，于 1931 年由当地华侨及侨眷侨属创建，已被列入广东省文物保护单位，享有一定的知名度。梅家大院占地面积 80 亩，104 幢二至三层带骑楼的楼房，呈长方形排列，鳞次栉比，整齐划一，中间有 40 亩专供商贩摆卖商品的市场空地，俨如一座小方城，由于当地梅姓股东占了一半以上，故有"梅家大院"之称。其规模宏大，气势壮观，装饰精微，构思巧妙，散发出中国传统文化的精神、气质、神韵。

梅家大院靠近省道腰广线（台海公路），水陆交通便利，距台山市行政中心台城 25 分钟车程，距广东西部沿海高速公路广海入口仅 8 分钟车程，往广州只需 1 小时 30 分钟。梅家大院现有常住人口 300 多人，除少数业主的至亲仍居住在此外，其他为业主托管户。整个院落结构保存较完整，但因为缺乏统一的旅游规划统筹，使得区域内杂乱无序，当地人乱搭乱建的现象较为严重。

深圳世界之窗、世界收藏家协会、西班牙国家电视台、亚洲电视等单位和新闻媒体曾对梅家大院及当地的风土人情产生浓厚兴趣，纷纷前往考察、采访报道。《临时大总统》等电影，广东省电视台、西班牙国家电视台一些反映华侨之乡情况的电视剧也在此地进行外景拍摄。2010 年 12 月上映的贺岁片《让子弹飞》即以这里为主要拍摄地。电影《让子弹飞》的走红，令其主拍摄地——梅家大院吸引了人们的眼光，如今每天到这里游览观光的珠三角地区的游客都有 100 多人。

2. 海口埠概况

海口埠位于台山市端芬镇，西北距端芬镇政府驻地山底圩（又称端芬圩）4 千米，距台山市政府驻地台城 27 千米。埠，字典上的解释为停船的码头，靠近水的地方。过去，因为水运的便利，海口埠极为繁荣热闹。这里，曾是台山地区乃至五邑地区人民漂洋出海的中转站。

海口埠由一条竖街和一条横街组成，呈 T 字形，建有主街维新街、西隆街、东兴街，还有海傍街和市场街，其中，尤以西隆街最为兴旺，这条短短 500 米长的街道，就有万丰银行、钜信银号、永茂银号等 6 家银号，有"银行街"之称。因为经济较繁荣，来自台山各地，乃至五邑地区的民众集中在此经商、生活。横街仅有百米长，在横街的尽头，可以看到河道，那就是当年华侨踏上船只漂洋出海的码头。现在，只是一片荒地，留下的只有码头的遗址。河道长满水浮莲，滩涂地也长满了杂草。目前，绝大多数的居民已经移居海外。

街道两旁大部分是两层楼高的骑楼，沿着笔直的街道，骑楼连成长长的走廊。骑楼的楼体呈灰色，外墙显得有点斑驳。然而，骑楼墙壁上雕刻着形式各异的灰雕装饰图案。现在，在骑楼上住的人不多。海口埠主街道路面是用花岗岩石板砌成的，经过岁月的洗礼，街道路面已破烂不堪、凹凸不平。因为名镇名村的建设，2017年，海口埠的村道铺设了水泥路面，有的民居也修葺了一番。目前，海口埠的居民很多都是从广西来到台山种植水稻，有的骑楼出租，也有部分骑楼已经转卖。台山本地人基本上没有人住在这里。海口埠的骑楼尽管略显衰败，但是基本上都保存完好。

随着台山经济社会的发展，经济中心转移，海口埠也逐渐成为一个普通宁静的小村落。不时有往返台城至斗山的公交车和其他车辆经过。街道显得很寥落，除一些杂货铺和茶楼营业外，街上行人稀少。

（二）历史沿革

1. 梅家大院历史沿革

梅家大院原名为汀江圩，汀江圩因濒临汀江而得名。过去，顺汀江而下，越过广海湾，便进入南海，从南海可以直通港澳，乃至横渡太平洋，远至美国。在汀江圩创建之前，这里有一座大同圩，每逢农历的一日、三日、六日、八日开圩之日，就会熙熙攘攘，繁忙热闹。大同圩上有一户姓阮的大户人家，凭借自己的势力，逐渐排挤其他商户，最终操控了整座集市的管理及商务活动，被排挤的商户无奈之下只好迁出。外迁商户迫于生计需要另建集市。梅姓是当地大姓，众望所归之下，梅氏人义不容辞地担当起了修建新集市的重任。不久，梅氏乡亲捐出了大同圩旁的20亩田地作为集市用地，并于1930年上报台山县政府，请求立项。梅家大院于1931年由梅、王、曹、江等十多个姓氏的当地商户创建。

梅家大院位于台山市端芬镇六乡村委会、大同河北岸，毗邻大同市。1932年10月11日，梅家大院正式开张营业。大院占地面积22 790米²，中间广场5960米²，初时由104幢二至三层的柱廊骑楼组成，现存87幢。单体建筑平面呈长方形，宽4.4米、深28.8米。首层前座为店铺，后座为厨房，二楼以上为住房，利用小天井采光。硬山顶，青砖墙。正立面形式多样，带有西方文艺复兴、巴洛克和古典主义的烙印，而女儿墙的构图丰富多彩，充分体现了中国传统文化与西洋文化交融的显著特征。

由于始建之初，其规划设计是业主将各自旅居国的风情和建筑特色融入于中华建筑艺术之中，因而梅家大院的建筑物既表现出欧美国家的建筑风格，又体现了中国传统的建筑艺术；虽然每幢骑楼规划整齐，但外形却各异，既领先于当时圩镇的建筑潮流，又在一定程度上反映当年侨乡人民的思想和生活水平；整个大院的每幢建筑物经过了 80 多年的风雨侵蚀，但原貌保留仍较为完整。骑楼式楼房成为梅家大院的最大亮点。如楼房的屋顶是中国传统的硬山顶、砖墙瓦顶，但"门面"及窗户、阳台等却是希腊、罗马、西班牙等国的建筑风格，墙上还有西方建筑中经常采用的山花装饰，有的呈三角形、长方形，有的呈圆孔形、曲线形，有的还有各种灰塑图案，十分精美，巍峨壮丽，极具建筑艺术价值。大院中间宽阔的空地和周围百余座整齐划一的骑楼相结合，形成一个半封闭的建筑空间。站在广场上环望四周，可见高大的罗马柱廊、浑圆的拱券、精致的巴洛克山花，还有那五颜六色的窗玻璃。

　　梅家大院不仅在外形上貌似欧洲的集市广场，在管理上，也实行西方国家的股份制管理方式。梅家大院共有 104 股，其中梅氏家族共出资 52 股，占了总股本的一半，为第一大股东，因此当地民众又把汀江圩称为"梅家大院"。随着时间的推移，梅家大院的名声，渐渐盖过了汀江圩的本名。

　　早在修建之时，梅家大院便成立了"筹建汀江圩市场董事会"，建成后，董事会对梅家大院的经营活动进行了详细的规范，大到经营决策、经营范围，小到摊贩位置，都有规定。当时规定，104 户商铺为固定经营，其余的流动摊贩不得进入圩内的广场，只能在广场周围的街道边做买卖；煤油、石灰、鲜活牲畜等也不能进入梅家大院。

　　建成后的梅家大院，很快便成为繁华之地，当年这里人烟稠密、万商云集。河上船只往来穿梭，岸边商家叫卖声此起彼伏。梅家大院里，华洋杂货、茶楼饭店、金银首饰、五金日用，各类商品样样齐全，一时风光无限。1935 年，海内外乡亲再捐建汀江桥。从此，汀江圩（桥）、大同圩（桥）、西廓圩（桥）构成端芬镇一里三圩三桥的繁盛景象，谱写了台山近代圩镇建设新篇章。1940 年 1 月 8 日，日军空袭梅家大院和附近的大同圩，炸死 4 人、伤 11 人，部分市场被炸毁。此后又是连续几年的饥荒岁月，梅家大院逐渐走向萧条。慢慢地，原来的楼主几乎全都迁居国外。

2. 海口埠历史沿革

（1）清朝

　　海口埠建于清朝咸丰三年（1853 年）。初立时，由端芬镇附近的梅、黎、吴、李、关、阮、黄、江、陈、何等姓氏家族联合筹建，命名"十户圩"。因地处大同河与端芬河汇合出海口处，河面宽阔，河床很深，当地人习惯称"河"为"海"，故改名"海口埠"。逢农历一日、三日、六日、八日为圩期。

　　鸦片战争以后，台山在 1851—1908 年频发水灾、台风和旱灾，还暴发 4 次瘟疫。1856—1867 年，五邑地区发生了长达 12 年之久的土客械斗，端芬镇在这场冲突中死伤无数，于是不少人流亡海外寻求生计。而在当时，很多华侨会选择从广海湾、海口埠出发，大部分为"契约华工""赊单华工"，也就是俗称的"猪仔"华工。很多侨眷就是在这里送走他们的亲人。

（2）民国时期

海口埠的兴隆时期是在日军飞机轰炸以前，当时，全埠洋楼林立，金铺、银号、杂货铺、洋货店、药材铺、茶楼、酒店、杉行、水果店等，购销十分兴旺。上游的梅家大院、大同圩、山底圩都来海口埠提货。圩期密集，每逢圩日，熙熙攘攘，货如轮转，是端芬镇最繁华的圩集之一。海口埠发达的商贸经济文化是独具特色的台山侨乡文化的又一生动体现。

1931年冬，海口桥建成，长64.7米、宽12米，架通南北两岸，成为台海公路的交通咽喉，大大促进了海口埠商贸经济的发展。海口埠最繁华之时有近千人在此，120多间商号店铺在此云集，囊括各行各业，每一间店铺里都是熙熙攘攘，人流不断。当年海口埠维新街有店铺18间，西隆街有44间，东兴街有42间，市场街有16间，海傍街有6间，共126间，各行各业，一应俱全，尤以西隆街最为兴旺，有美新苏杭、宝源行药行、万丰银行、厚和押、钜信银号、宝荣银号和米机、永茂银号和杉行等，仅银号就有6家，有"银行街"之称。而现在，这些银号、商铺多数已没有了，至今仍能看到的还有三五家，如永茂银号、龙凤礼油粮海味、宝源行药行、万元号等，万元号当年是这里很有名的酿酒行。

20世纪二三十年代，海口埠逢周一、周六集大圩，周三、周日集小圩。来自端芬、广海、斗山等地的商家群众均到此购物。因为经济效益好，很多华侨也渐渐回来投资。在街道两旁建起了许多骑楼，都作商铺。如新利隆、鸿安昌、尝丰、永安堂等，还有副食杂货、典当铺等，都是很出名的商铺。香港的大船能来到这里，即便是在大同圩、梅家大院的商家，也是从这里进货的。

在抗日战争时期，海口埠码头遭遇飞机轰炸，只剩一个土坡和一棵大树。海口埠曾两次遭日军飞机轰炸：1939年10月31日，日本侵略军出动3架飞机对海口埠进行首次轰炸，投弹15枚，炸死3人、伤11人，炸塌文武庙、恩主祠及厚和押等店铺14间，海口桥靠南岸有两个桥墩的桥面被炸毁。1939年12月27日，7架日军飞机第二次轰炸海口埠，投弹6枚，在山底圩（与海口埠距离较近）投弹7枚，共炸死5人、炸伤7人，炸毁店铺29间，海口埠由繁荣转向萧条。因为日军袭击，许多美丽的骑楼被炸毁。而不少村民也相继出国，整个村子变得越来越安静。

（3）中华人民共和国成立后

1953年实行"三大改造"（即改造农业、手工业和资本主义工商业），全行业公私合营，海口埠的个体经济受到重大打击；1956年取消圩期，农村活跃的集市经济交流被迫中断。1966年，大同河海口埠河段为了防洪排涝的需要，裁弯取直，开凿了一条长730米、宽60米的新河，原河段填土筑堤成了"内湖"。后来，台海公路改道，经大同桥往广海，海口埠昔日的繁荣景象终于成为历史。如今，海口埠开业的商店只有 3 间副食店、3 间饮食店，每天早上 6—8 点有早市。

在台山，有侨圩的地方都会有教堂，在海口埠，同样有海口礼拜堂，据资料记载，海口礼拜堂是 1923 年由华侨教友捐建，初设有嘉德小学，中华人民共和国成立初期停办，1959 年停办宗教活动，1989 年重新恢复宗教活动，海口礼拜堂至今仍在开放使用。

目前，绝大多数的村民已经移居海外，如今海口埠人口仅 200 多人，在海外的华侨比村里的人还多。笔者在海口埠现场看到，与昔日的繁华景象相比，如今这里已经冷清不少，不过，近年来，许多来自省外的大耕户、鱼塘主进驻村里。他们从村民手中买下老房子，渐渐成为海口埠的一员。当年客商云集、川流不息的河道，现在只有一两艘渔船在此划过。当年的码头位置，也都早就不见了旧址，取而代之的是一条长长的堤坝，用于防洪。河道两岸长满了水草，蜿蜒伸向上游的汀江圩、大同圩、西廓圩。

（三）历史地位和科研价值

1. 梅家大院历史地位和科研价值

（1）华侨建筑的典型代表

梅家大院是目前全国保存得较完好，且具有一定规模的华侨建筑的典型代表，因而在历史、文化、建筑艺术等方面都具有较大的研究价值。它既是华侨建筑的典型代表和"第一侨乡"的重点标志之一，也是江门市宝贵的历史文化遗产。

此外，梅家大院拥有充满异国风情的建筑，希腊式的圆柱、精美繁复的拱券、西班牙式的阳台、罗马式的拱门，以及巴洛克式的山花，虽然细节不尽相同，但每一栋楼的立面造型几乎全是这样的西洋风格。因此，梅家大院具有较高的历史价值和欣赏价值，极具开发潜力。

（2）休闲旅游开发

梅家大院具备开发成旅游景区的良好条件。一是交通方便。梅家大院靠近省道腰广线（台海公路），水陆交通便利，靠近广东西部沿海高速公路广海入口。二是面积大，建筑物多。院内骑楼便于兴办多个侨乡历史文化专题场馆和旅游商业配套设施。三是容易征集租用。梅家大院业主绝大多数已移居海外，大部分房屋空置；大同圩新市场建成后，院内原来的商铺因失去经商价值而租金低廉；原来一些政府部门的用房和供销社的门店也因陆续迁出而空置。随时可租用的房屋约有 40 间。四是自然景观优美。梅家大院坐落在大同河畔，河岸绿树婆娑，河中"一里三桥"风光秀丽；坐游艇沿大同河上溯，可至塘底地区，途中绿水青山掩映，民间传说美丽动人，田园特色风情尽现；沿河下行，是广阔的广海平原，尽展鱼米之乡的富饶。

2. 海口埠历史地位和科研价值

（1）水上交通枢纽

海口埠被称为"海上丝绸之路重点节点""广府人出海第一港"，这里曾是台山乃至五邑地区民众漂洋出海的中转站、台山的水上交通枢纽之一，见证了百年前老一代华侨漂洋过海的艰苦奋斗史。当年台山先人从这里出海，揭开中国华侨史新的一页。

海口埠以埠闻名，其地处大同河与端芬河交汇处，水上交通十分便利。当年，不仅粤西有水东船运载廉江牛、水东油、阳江猪和杉木前来贸易，来自香港、澳门、广州等地的渡船也经常在此停泊。此外，台山华侨也多经此地出洋，是台山人眼中的出海第一港口。

当年，海傍街一带是码头区，但没有像样的码头基础设施，无论是载货的船只，还是电船（小轮船），都是船靠岸后，便把一块较宽、较结实的木板搭在岸上，旅客从木板上走过来，货运工人挑（或抬）着货物也从木板上岸。等到新的旅客上了船，新的货物装上船，便又开走了。客商云集，川流不息，一片繁忙景象。

（2）催生了发达的银信业

海口埠作为五邑先侨出海谋生的重要口岸，自然催生了发达的银信业。在五邑地区，人们把侨汇和书信通俗地统称为"书信银两"，简称银信。银信的内容一般涉及汇款的分配和使用、家庭经济状况、家族生意、家乡治安、国家大事、国际形势、移民政策及孩子的教育、婚姻、出洋等问题。

当年海口埠银信业最为兴旺的是西隆街，西隆街也有"银行街"之称。竖街边上有一间天佐药局，也有银号的功能。当时在竖街边上，天佐药局和另一家益元药局兼具银号的功能，信用度很好，出洋谋生的人只要交点手续费，药局便给他们盖章，作为担保。香港那边的承办公司一看是这两间药局的印章，就接收了前来谋生的人。可以说，这些机构有给华侨提供信用认证的功能。

"银信"是海上丝绸之路的重要文物，要古为今用，很多做人道理、历史故事、中华传统美德都包含在"银信"里面，而且"银信"传送过程中的一些古银号、古码头也保留了下来，这些历史符号都是非常宝贵的资源。

（3）侨乡文化的见证

海口埠是侨乡文化的窗口，在这里可以窥见宗教的传播、商贸的兴盛、文化的交流。这条水道是侨乡文化的精神脊梁，是侨乡文化的缩影。最早漂洋过海到各地谋生的端芬人，都是在海口埠码头搭乘驳船到广海湾换乘大船出发。可以说，海口埠见证了华侨漂洋过海的艰苦奋斗史。

（4）文化资源丰富且颇具特色

海口埠的文化资源丰富且颇具特色，主要表现在传统文化、建筑文化和宗教文化上。可将码头地区塑造成以侨乡文化、银信文化、商贸文化为主题，集文化体验、商业休闲和古水路观光等功能于一体的古水路示范段。

传统文化方面，庙祠碉楼众多。海口埠虽是"弹丸之地"，但立埠后却建起了不少富有中国传统信仰文化的庙宇、宗祠，如维新街有观音庙、义勇祠，其背后有太岁庙（又称百岁公庙，当地人叫万安祠）、鲁班庙、碉楼；海傍街有龙王庙、龙母庙、碉楼；北郊还有梅氏二世祖彦明梅公祖祠。除了彦明梅公祖祠外，其他所有庙宇、祠堂，或在抗日战争时期被日军的飞机炸毁了，或在"文化大革命"中遭到破坏，早已荡然无存。现在的海口埠文化楼就是在恩主祠、文武庙、北帝庙的废墟上建起来的。

建筑文化方面，中西合璧洋楼。在 20 世纪二三十年代，海口埠也像台城、斗山镇圩一样，在华侨的大力资助下，建起了许多中西合璧的骑楼店铺。这些被称为洋楼的建筑物，主要集中在西隆街、维新街和东兴街，且大多保存完好，其中的厚和押、钜信银号、永茂银号、基督教堂等洋式建筑，对研究这一时期遍布台山侨乡的西洋建筑文化同样具有重要的意义。

宗教文化方面，基督教传入。海口埠也是基督教传入台山侨乡的主要"节点"。1923 年，由华侨教友捐资在维新街兴建了海口礼拜堂，建筑面积为 288 米^2，初设有嘉德小学，这是一座两层中西合璧建筑，正面的 4 根柱子挺拔、庄重，把教堂衬托得巍峨、肃穆，是台山乡村洋教堂建筑中的精品。难得的是，历经 80 多年的沧桑之后，这座教堂的整体建筑依然保护完好且仍在使用，目前是海口埠周围村落信徒们进行日常宗教活动的场所。海口礼拜堂是基督教传入台山侨乡的重要物证。

八、郁南南江古水道

南江自古以来便作为重要的水路交通联系郁南与广州，是郁南海上丝绸之路、融合汉越文化的通道，是领略古百越文化的重要地。

郁南南江古水道（兰寨—大湾古码头）位于云浮市郁南县，从郁南南江口码头一路南下，途经兰寨古码头直至大湾古码头，途经南江口、古蓬村、兰寨村、连滩镇、大湾镇，全长 28.5 千米，是广东省重点打造的 8 条示范段古驿道中唯一的古水道。南江古水道是古代海上丝绸之路的重要连接通道，有着悠久的历史积淀和深厚的文化底蕴，是领略古百越文化的首选之地。

（一）郁南与南江古水道

云浮市郁南县位于广东省西部，地处西江中游南岸，东与云安区，南与罗定市，西与广西梧州市的苍梧县、岑溪市境接壤，北与肇庆市的封开县、德庆县隔江相望，是一个"八分山地一分田，半分河道半分村"的粤西山区县。郁南县属亚热带季风气候区，县内雨量丰富，河流众多。西江的主要支流南江在郁南县境内有 112 千米。历史上郁南水路交通比较方便、发达，是南江文化的主要发祥地。

郁南县南江文化历史源远流长，群众文化有着深厚的基础。全长 28.5 千米的南江古水道，自古以来便作为重要水路交通要道，连接着郁南与广州，是古代郁南海上丝绸之路、融合汉越文化的通道。都城、连滩、大湾、建城等古镇蕴藏着丰富的文物资源，很多尚未开发利用，很多古村落、古民居、古建筑的自然环境和人文环境仍基本保存完好，民族特点和特色明显。

南江（图 2-8）发源于信宜鸡笼山，自南向北，流经信宜、罗定、云浮、郁南，在南江口镇注入西江。南江不仅是一个地理概念，更是一个文化概念，同时，南江流域也是岭南文化的发祥地之一，南江本身不仅是陆上与海上丝绸之路的重要对接通道，其相关流域也是广府文化与八桂文化的交接地带，更是古百越文化保存较完整的地区之一，是一条具有悠久历史、底蕴丰厚的南江文化带，留下了极其丰富的国学文化。

图 2-8　南江

清代学者曾将南江列为广东"四江"之一，范端昂在《粤中见闻录》中称"西江水源最长，北江次之，东江又次之，南江独短"。屈大均的《新语水语》中也有"西江道吞南北，南北双江总作两"的说法。主持编审《广东历史地图》的著名历史地理学家、中山大学教授司徒尚纪也指出：从古代至 1949 年以前，官版地

图一直以南江为标准称谓，1949 年以后的地图则以罗定江为标注。在郁南等地，民间至今仍惯称之为南江。

（二）历史沿革

南江，古称泷水，曾被称为蛮荒之地，自古以来便多灾多难。唐代诗人宋之问诗中描述它"地偏多育蛊，风恶好相鲸"，令人生畏。其上游水流湍急，乱石纵横，惊涛拍岸，以泷喉的奇险最为著名。有详尽的记述为："泷喉初度，乱石在西，水奔东流义为乱石所阻，复奔西流，若中者再，其西崖巨石对峙，泉悬其间，一落数丈，东奔成潭，风起水涌，雪花喷薄，洵奇险也，然舟疾如矢，刹那已度。"[①]船过泷喉，必须由称为滩师的船工来掌篙指挥。

1. 唐朝

唐朝前后，因受海洋文化的影响，南江流域沿岸的经济、文化发展迅猛，水路交通与海洋对接，相继出现了大量水运码头，现在建城、南江口、河口、大湾等镇仍有遗迹存在。

2. 明朝

明万历以后，南江放开胸怀，迎来一批又一批拓荒者，翁源人、英德人、东莞人、增城人、新会人、新安人、高明人、惠州人都在南江"缘山立寨耕守"，南江成为岭南历史上第一个军事管制特区，众多的外来移民，共同创造了南江的繁荣。

明朝抗倭名将张元勋（1533—1590 年），浙江太平县（今浙江温岭）人，多次率兵击退倭寇。其因抗倭有功升至广东总兵。百姓为纪念他的丰功伟绩，特建张公庙来祭拜。

3. 清朝

清道光二十五年（1845 年）九月十一日，南江发生特大洪水，举人黎耀宗在他的《泷州大水行》中写道："江城烟火三千家，多半临水种鱼虾"，整个州城都几乎淹没在水中。光绪三十三年（1907 年）秋天发生的一场洪水，倒塌房屋六七千间，死亡近千人，城墙崩塌，上海《申报》连续跟踪报道，此事还惊动了朝廷。

至乾隆年间，"自西徙来入其境，耒耜遍野，烟火弥望，农桑被亩，鸡犬之声相闻"，到处是"买犊荷锄，嬉游而歌"的田园景色[②]。

鸦片战争以后，资本主义国家入侵中国，破产的南江人民，为了生存，成群结

---

① 转引自综合. 南江，不该被遗忘[J]. 珠江水运，2014 (22)：38-39.
② 转引自陈大远. 广东历史上第一个直隶州(下)——两广总督、罗定直隶州和泷水"瑶乱"[N]. 云浮日报，2008-11-02.

队地走出南江口，穿州过省，甚至越洋而远走他方。南江人的足迹遍布了全世界。

林召棠（1786—1872 年），吴阳（今广东吴川）霞街村人，祖籍福建莆田，为九牧长房端州刺史苇公第 34 代孙。林召棠曾在连滩兰寨村读过书，并常到村中南江河边的小凉亭苦读，与当地林氏家族结下了深厚的情谊。他聪敏好学，17 岁中秀才，28 岁中拔贡，31 岁中举人，37 岁（1823 年）中状元，是封建时代开科取士，广东九位文状元之一。授职翰林院修撰，充任国史馆纂修官，又任陕甘乡试正主考官。后因感官场污浊，托病辞归故里，终身从事教育，受聘肇庆府端溪书院主讲 15 年。林召棠为人尚气节，淡仕宦，爱廉洁，重工农，怜贫苦。他常教儿孙看重农人，曾自撰《治家格言》中有"日食饭当思耕田人之苦，日着衣当思织布人之劳"等名句。

4. 民国时期

民国初年，连年的兵荒马乱与天灾降临南江。"山上不长草，黄坭往下倒"，人多田少，十年九旱，大批人外出"走三行"，南江成了无人不知的穷山恶水之地。

抗日战争时期，珠江三角洲地区战火纷飞，大批珠江三角洲的难民沿着珠江乘船而上，从南江口涌入，移居郁南，其中不乏大商人，他们在郁南东山再起，商铺依然沿用原来在广州时的名称，一时间商贾云集，对外贸易活动十分频繁。有不少妇女因为战火而被迫嫁在南江，南江亦因此与珠江三角洲地区结成姻亲。

5. 中华人民共和国成立后

中华人民共和国成立后，民众重整南江，将南江分级开发，综合利用。经过精心装点的南江，从此变得平和宁静。

（三）历史作用和科研价值

1. 作为交通要道

南江古水道曾是古代楚人南下的重要通道，也是此后中原汉人南迁岭南，以及中原地区通往南海乃至海南岛的一条交通要道。南江流域沿岸拥有大量的水运码头及大量与航运有关的庙宇。

2. 推动商品贸易发展

南江古水道的地缘优势得天独厚。南江古水道所辐射范围构成岭南对外贸易的重要区域。通过这条古道，大量海外商品源源不断地输入内地，同时，又把丝绸、陶瓷等中原商品输送到雷州半岛、海南岛，乃至东南亚、南亚和中东地区。

在很长一段时间内，南江古水道在海上丝绸之路的贸易货源供给中发挥着不可替代的作用。

直至今日，南江流域仍然是大西南连接珠江三角洲地区的重要通道，更是珠江三角洲地区与东盟联系的桥梁。据统计，云浮市与全球 100 多个国家与地区保持着密切贸易往来。

3. 促进文化交流

全长 28.5 千米的南江古水道，联系着郁南与广州的文化交流，是融合汉越文化的通道，汉越的文化交流与传播在这里不间断地进行着。南江相关流域也是广府文化与八桂文化的交接地带。

南江文化带包括有全国重点文物保护单位——大湾古民居建筑群，有"清朝古堡"之称的光二大屋等蕴含时代特色，刻画财富聚集烙印的古建筑艺术瑰宝。更有广东郁南河口磨刀山遗址与南江旧石器地点群、南江文化"活化石"禾楼舞、连滩山歌、张公庙会等非物质文化遗产，传承着南江流域的人文历史。

4. 当世之意义

南江古水道具有巨大的旅游吸引力。南江古水道沿线有极具南江文化特色的全国重点文物保护单位——大湾古民居建筑群和省级文物保护单位兰寨村古建筑群，有位居 2014 年度全国十大考古新发现之首的广东郁南河口磨刀山遗址与南江旧石器地点群，有"清朝古堡"之称的光二大屋，有始建于明万历六年的张公庙等历史人文景观。

南江古水道开发能推动云浮经济社会发展。云浮市是南江文化的发源地，长期以来，南江流域在云浮市对外交往史上发挥着独特的作用。南江文化作为云浮市倾力打造的三大文化品牌之一，正在日益焕发青春的光彩。在国家"一带一路"倡议的大背景下，深入挖掘南江文化，擦亮古道文化名片，对推动云浮经济社会发展具有重要意义。

第二节　南粤古驿道的分类和特点

广东的地理特征和历史发展决定了南粤古驿道与国内其他古驿道相比具有明显的自身特点。

一、南粤古驿道的分类

依据南粤古驿道所在区域自然环境特点分为山地型古驿道、平原型古驿道、滨水型古驿道、村镇型古驿道和古水道型古驿道五种类型。

（一）山地型古驿道

山地型古驿道以南雄梅关古道、饶平西片古道、珠海岐澳古道、乳源西京古道为代表。山地型古驿道根据地势缓峻，分为平缓型和盘山型。平缓型古驿道修建在地势较平缓的地段，部分路段修建在山谷之间（图 2-9）。路面宽一般 0.6—4 米，路基以路面两侧外边界向外各延伸约 0.5 米，一般至少有一侧是被植被自然覆盖的边坡。盘山型古驿道修建在地势较陡峭的地段，路面材质多为片石、条石台阶。路面宽一般 0.6—1.5 米，路基在远离山谷一侧以路面单侧外边向外延伸约0.5 米，一般位于山谷一侧，设有约 1 米宽排洪沟。

图 2-9　山地型古驿道示意图

资料来源：广东省住房和城乡建设厅，广东省文化厅.广东省南粤古驿道保护与修复指引（2018 年修编）

（二）平原型古驿道

平原型古驿道修建于平原地区，串联村镇，路面宽一般约 1 米，路基与路面齐平，两侧为农田，现多作为田埂路使用（图 2-10）。

图 2-10　平原型古驿道示意图

资料来源：广东省住房和城乡建设厅，广东省文化厅.广东省南粤古驿道保护与修复指引（2018 年修编）

（三）滨水型古驿道

滨水型古驿道以从化钱岗古道为代表。滨水型古驿道修建于濒临溪水的山谷，多处山地泄洪区域。路面宽一般约 0.7 米，路基靠溪水一侧以路面外边界向外延伸约 0.2 米，另一侧 0.3—1.5 米，路面汛期可被淹没（图 2-11）。

图 2-11　滨水型古驿道示意图
资料来源：广东省住房和城乡建设厅，广东省文化厅. 广东省南粤古驿道保护与修复指引（2018 年修编）

（四）村镇型古驿道

村镇型古驿道以樟林古港驿道和台山梅家大院—海口埠古驿道为代表。村镇型古驿道大多为村镇的主要街道，路面宽一般 3—4 米，部分路段在路面两侧设有宽约 0.3 米的明沟（图 2-12）。

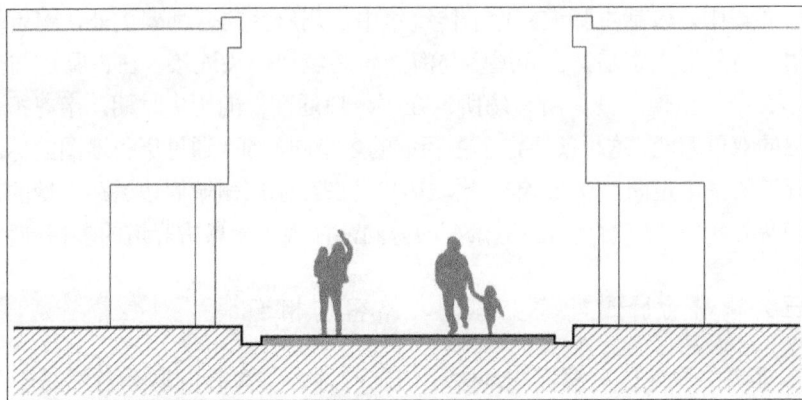

图 2-12　村镇型古驿道示意图
资料来源：广东省住房和城乡建设厅，广东省文化厅. 广东省南粤古驿道保护与修复指引（2018 年修编）

（五）古水道型古驿道

古水道型古驿道以郁南南江古水道为代表。古水道分为干线水道和支线水道。干线水道为串联省域层面历史上交通节点的水道，主要包括珠江水系与北江水系；支线水道为串联历史上城镇交通节点的水道。

二、南粤古驿道的特点

（一）南粤古驿道遗存少、散、远

古代驿站经过一段长时间的发展通常会聚集旅馆住宿、商业、文化、邮政等多种功能，是人员往来、物资运输、文化交流、信息传递的命脉，部分历史上存在的驿站已发展为城市城镇。有些在古代就渐渐壮大，发展为城镇，如三水西南驿发展为三水镇、三水县，有些则在近现代伴随着工业化、城市化进程发展为现代化城市。部分古驿道已被现代公路取代或切割。无论古代还是现代，无论古驿道还是现代公路，都会尽量按照取直避曲、取缓避陡的原则修建，共同的修筑原则使历代道路走势趋同，后面的路可能直接覆盖在原有基础上，这从广州北京路的古道遗址可见一斑。因此，许多古驿道被覆盖、切割、取代，留下来的古驿道数量少、分布散、距离中心城市远，甚至处于大山之中。

（二）南粤古驿道的多指向

美国著名汉学家施坚雅在分析 19 世纪中国城市化的特征中指出："由于使用人力和畜力，因而运输费用昂贵，加上路途遥远，所以一个地区和另一地区的中心城市之间的事务联系被减少到最低限度。"[1]正因为成本这一原因，资源在一定程度上是向地区中心集中，包括古驿道。除了传统集中于州府并向帝都聚焦外，南粤偏于一隅，且由于对外海上贸易，古驿道多与海上贸易港口码头连接。在古驿道与海防防御系统结合中，出现了寨、所等场所。在"一口通商"的历史时期，南粤担负着财税与防卫的双重职能，这样就决定了古驿道的多指向特征。通过历史地图的标注可以了解古驿道的基本走向，1895 年广州城历史地图显示广州城周边道路入城的方向是在东门和两处北门，府治是古驿道聚汇的方向，体现了南粤古驿道的多指向特征。

（三）南粤古驿道与海上丝绸之路密切相连

广东远离中原地区，海洋腹地大于内陆腹地，与海外的联系自然易于与内陆

① 转引自许瑞生. 线性遗产空间的再利用——以中国大运河京津冀段和南粤古驿道为例[J]. 中国文化遗产，2016(5)：76-78.

的联系，南粤古驿道的重要特点之一就是与出海口连接。广东天然水系发达，水网纵横，水路运输条件好，加上古代生产技术落后，凿山开路难度大，陆路运输效率和舒适性均不如水路，因此广东的古代交通以水路为主，陆路为辅。秦始皇开凿灵渠才能派兵顺水入粤，即是明证。从唐代开始南粤古驿道以广州为中心，因京城的位置而以北向古驿道为主，明代主要古驿道有7条，最多时水驿站有109处。根据运输工具不同分为"马驿"和"水驿"，如英德有"浈阳水驿"和"清溪马驿"。岭南为西江、北江和东江流域盆地，利用自然河流水路运输发挥重要作用，水驿是驿道制度中重要的区域特征，潮阳现在仍保存着唐代已经开通的"后溪古渡口"。唐宋时期，主驿道从广州往西经三水西南驿、崧台驿逆西江而上至梧州，往北溯北江、浈江出五岭，往东循东江、梅江转韩江经潮州入闽南。从元明时期开始，中央政权为了巩固统治才下决心在陆上开辟新的驿道干线。即使走陆上驿道，在水网密集的南粤大地也很难避免采用水陆交替、水陆联运的方式进行运输。

广东传统出海口的古码头包含了大量历史文化价值，丰富的海外交流历史奠定了良好的文化遗产利用基础。广州黄埔古港、汕头西堤码头和台山海口埠码头均是广东通往海外的记忆遗址。在外销贸易开始下滑的时期，出外谋生的广东人形成了特殊的华侨文化，他们从古驿道出发，转抵出海口。从海外寄回血汗钱使家族能够在战乱和饥荒中生存下来，银信和侨批就是民间的史书。昔日的出洋地可以变为今人的纪念地，与古驿道、古水道连接形成有历史记忆价值的"侨批之旅"徒步径。因此，南粤古驿道天然具有亲水的特点，这是区别于内陆省份古驿道的最显著特点。

（四）南粤古驿道见证祖国统一

从南粤古驿道历史演变中可以发现古驿道自古以来在维护中国历史版图完整性上具有重要意义，"车同轨"主要是体现在古驿道上的，是国家统一的重要见证；古驿道的产生有利于各民族的相互移居，同时带来了经济文化的交融，构成了岭南文化开放、兼容的特点，也是各族人民团结一致的见证。如元代粤西地区古驿道的开辟不仅大大缩短了西出广东的路程，而且促使高雷地区进入大开发时期。元代粤西古驿道驿站的建设强有力地巩固了对祖国南陲的统治，对粤西海外贸易的发展影响深远。

加强南粤古驿道相关制度研究，重视古驿道相关文献、游记、碑记的整理，在适当的地方建立能生动展示地方文化、历史渊源的古驿道博物馆，彰显中华人民共和国统一的信念，具有当世之意义。

（五）南粤古驿道体现广东重商文化

经济、政治、社会文化、地理多种因素的交互作用形成了粤商的诸多文化特点，广东历来的重商文化在南粤古驿道的发展历程中也得到充分体现。目前保存下来的穿越村镇的许多古驿道就是传统的商业街，江门良溪古驿道就是这种模式。近桥靠水可以最大限度利用交通通达性降低交易成本，杨宽先生分析宋代商业社会的氛围后指出："这种沿河近桥的街市，北宋已经形成，到南宋有了进一步发展。"[①]广东沿古驿道、古水道发展"铺街"的商业化和城市化结合空间历史轨迹明显，许多古镇仍保存了这种"铺街"的模式。粤商由广府商帮、潮汕商帮、客家商帮等众多地域性商帮组成，这些地域性商帮的产生与古驿道的产生有着千丝万缕的关系。

随着人类逐步走向海洋文明和国际市场的逐步形成，产生了发展海外贸易的迫切要求，粤商凭借靠近海洋的优势，伴随着与出海口相连的古驿道走向世界，海商成为粤商的最主要代表。海上丝绸之路从这里起步，外域的文明通过岭南人输往内陆，使黄土地上的人们见识到奇特的海洋文明。

（六）南粤古驿道与市镇商业发展

古代商业市镇的起源与驿道交通有着极为密切的关系，南粤古驿道与广东历史上"路"与"镇"的产生具有很大的关系。古驿道的开辟，设置了驿站，就形成了一定消费规模，就需要有与之相配套的一系列商业活动，这是商业市镇兴起的主要原因。

有些镇虽不是直接从驿站发展而来，但却与驿道交通有密切关系。如佛山的兴起是驿道交通线路改变的直接产物。与佛山地理位置相类似的还有扶胥，因处于广州至潮州、福州的东驿道上，也是广州海外贸易海上丝绸之路的始发点，西江、东江、北江三江之汇合点，故扶胥又名"三江口"。由于驿道驿站是国家主要物资运输、官员往来、信息传递的重要命脉，历代统治者均大力加强对古驿道沿线的治安建设，以确保驿道交通的畅通，这也对驿道驿站发展为镇起促进作用。镇的产生与商人利用驿道系统也有关系。古代中国驿道驿站设置的首要目的是确保信息传递及过往官员公差的安全，但也常被商业所利用。

古代广东大多数主要的镇的产生沿着轨迹发展：首先开辟了驿道和设置了驿站，然后是围绕着驿道系统开始了一系列的商业活动，商业活动达到一定规模的就出现了税收的必要和管理衙门，派驻了军队，甚至筑起了城墙，于是镇也就产生了。有些镇甚至还逐渐由商业活动中心向政治、经济、文化、军事中心发展，成为新生县一级政权的所在地，由此带动起古驿道沿线经济社会的发展，也印证了"路通财通"这句俗语。

---

① 引自杨宽. 中国古代都城制度史研究[M]. 上海：上海人民出版社，2016.

第三章 南粤古驿道文化遗产廊道
资源普查与评价

第一节 南粤古驿道文化遗产廊道资源
普查与评价体系

一、资源普查与评价标准

对南粤古驿道文化遗产廊道进行资源普查，即对南粤古驿道内的各种资源及其相关因素进行综合调查。其主要目的是要取得南粤古驿道比较全面系统的总量资料。在国家标准《旅游资源分类、调查与评价》（GB/T 18972—2017）上结合南粤古驿道文化遗产廊道资源的情况对资源调查的内容进行了相应调整。

（一）总体要求

保证调查成果质量，强调整个调查过程的科学性、客观性、准确性，并尽量做到内容简洁和量化。充分利用与南粤古驿道资源有关的各种资料和研究成果，完成统计、填表和编写调查文件等工作。调查方式以收集、分析、转化、利用这些资料和研究成果为主，并对每个资源单体进行现场调查核实，包括访问、实地考察、记录、绘图、摄影，必要时进行采样和室内分析。

（二）资料收集

南粤古驿道文化遗产廊道的资源普查建立在对与南粤古驿道文化遗产廊道资源单体及其赋存环境有关的各类文字描述资料、各类图形资料、各种照片和影像资料等资料的收集上，包括地方志书、乡土教材、规划与专题报告、反映环境与资源的专题地图等。

（三）程序与方法

1. 调查对象

对广东省重点打造的 8 条示范段古驿道进行全面调查，分别是南雄梅关古道、乳源西京古道、饶平西片古道、樟林古港驿道、从化钱岗古道、珠海岐澳古道、台山梅家大院—海口埠古驿道和郁南南江古水道。

2. 调查内容

南粤古驿道资源的个性，包括性质、形态、结构、组成成分的外在表现和内在因素，以及生成过程、演化历史、人事影响等主要环境因素。具体如下：

（1）外观形态与结构类

资源的整体状况、形态和突出点；代表形象部分的细节变化；整体色彩和色彩变化、奇异华美现象，装饰艺术特色等；组成整体各部分的搭配关系和安排情况，构成单体主体部分的构造细节、构景要素等。

（2）内在性质类

资源的特质，如功能特性、历史文化内涵与格调、科学价值、艺术价值、经济背景、实际用途等。

（3）组成成分类

构成资源单体的组成物质、建筑材料、原料等。

（4）成因机制与演化过程类

表现资源发生、演化过程、演变的时序数值；生成和运行方式，如形成机制、形成年龄和初建时代、废弃时代、发现或制造时间、盛衰变化、历史演变、现代运动过程、生长情况、存在方式、展示演示及活动内容、开放时间等。

（5）规模与体量类

表现资源的空间数值，如占地面积、建筑面积、体积、容积等；个性数值，如长度、宽度、高度、深度、直径、周长、进深、面宽、海拔、高差、产值、数量、生长期等。

（6）环境背景类

资源周围的境况，包括所处具体位置及外部环境，如目前与其共存并成为单体不可分离的自然要素和人文要素，如气候、水文、生物、文物、民族等；影响单体存在与发展的外在条件，如特殊功能、重要战事、主要矿物质等；资源的旅游价值和社会地位、级别、知名度等。

（7）关联事物类

与资源形成、演化、存在有密切关系的典型的历史人物与事件等。

二、南粤古驿道文化遗产廊道本体资源评价体系构建

在国家标准《旅游资源分类、调查与评价》（GB/T 18972—2017）上结合南粤古驿道文化遗产廊道本体资源的情况对相应指标进行了调整。

（一）总体要求

按照国家标准的旅游资源分类体系对南粤古驿道文化遗产廊道本体资源进行评价。采用打分评价方法，评价主要由本书调查组完成。

（二）评价体系构成

南粤古驿道文化遗产廊道本体资源评价体系设评价项目和评价因子两个档次。

评价项目分别为廊道资源条件、区位社会条件、廊道生态环境条件。其中：廊道资源条件项目中含廊道连通性、廊道保存完整性、资源级别构成、观赏游憩价值和历史文化价值 5 项评价因子；区位社会条件项目中含区位优势和经济发展水平 2 项评价因子；廊道生态环境条件项目中含生态环境质量 1 项评价因子。

（三）计分方法

评价项目和评价因子用量值表示。廊道资源条件、区位社会条件和廊道生态环境条件总分值为 100 分，其中：廊道资源条件为 70 分，分配如下：廊道连通性 20 分、廊道保存完整性 20 分、资源级别构成 10 分、观赏游憩价值 10 分、历史文化价值 10 分。区位社会条件为 15 分，其中：区位优势 10 分、经济发展水平 5 分。廊道生态环境条件为 15 分，其中生态环境质量 15 分。每一评价因子分为 4 个档次，其因子分值相应分为 4 档。

（四）资源评价赋分标准

南粤古驿道文化遗产廊道本体资源评价赋分标准见表 3-1。

表 3-1　南粤古驿道文化遗产廊道本体资源评价赋分标准

评价项目	评价因子	评价依据	赋分
廊道资源条件 （70 分）	廊道连通性 （20 分）	廊道基底连续性很好	20—16
		廊道基底连续性良好	15—11
		廊道基底连续性一般	10—6
		廊道基底连续性较差	5—1

续表

评价项目	评价因子	评价依据	赋分
廊道资源条件 （70分）	廊道保存完整性 （20分）	廊道保存完好	20—16
		廊道轻微残损	15—11
		廊道严重残损	10—6
		廊道被覆盖	5—1
	资源级别构成 （10分）	拥有国家级资源	10—9
		拥有省级资源	8—6
廊道资源条件 （70分）	资源级别构成 （10分）	拥有地市级资源	5—3
		拥有县市级资源	2—1
	观赏游憩价值 （10分）	具有极高的观赏和游憩价值	10—9
		具有很高的观赏和游憩价值	8—6
		具有较高的观赏和游憩价值	5—3
		具有一般的观赏和游憩价值	2—1
	历史文化价值 （10分）	具有世界意义的历史文化价值	10—9
		具有全国意义的历史文化价值	8—6
		具有省级意义的历史文化价值	5—3
		具有地区意义的历史文化价值	2—1
区位社会条件 （15分）	区位优势 （10分）	区位交通条件很好	10—9
		区位交通条件良好	8—6
		区位交通条件一般	5—3
		区位交通条件较差	2—1
	经济发展水平 （5分）	经济发展水平很高	5
		经济发展水平较高	4
		经济发展水平一般	3—2
		经济发展水平较差	1
廊道生态环境条件 （15分）	生态环境质量 （15分）	生态环境质量很好	15—13
		生态环境质量良好	12—9
		生态环境质量一般	8—4
		生态环境质量较差	3—1

（五）计分与等级划分

根据对南粤古驿道文化遗产廊道本体资源的评价，得出该文化遗产廊道本体资源共有综合因子评价赋分值。

依据南粤古驿道文化遗产廊道本体资源评价总分，将南粤古驿道文化遗产廊道本体资源分为五级，从高到低为：

得分值域≥90分，为五级文化遗产廊道本体资源。

得分值域为75—89分，为四级文化遗产廊道本体资源。

得分值域为60—74分，为三级文化遗产廊道本体资源。

得分值域为 45—59 分，为二级文化遗产廊道本体资源。

得分值域为 30—44 分，为一级文化遗产廊道本体资源。

此外还有：

得分≤29 分，为未获等级文化遗产廊道本体资源。

其中：

五级文化遗产廊道本体资源为"特品级文化遗产廊道本体资源"；

四级、三级文化遗产廊道本体资源为"优良级文化遗产廊道本体资源"；

二级、一级文化遗产廊道本体资源为"普通级文化遗产廊道本体资源"。

三、南粤古驿道文化遗产廊道周边资源评价体系构建

在国家标准《旅游资源分类、调查与评价》（GB/T 18972—2017）上结合南粤古驿道文化遗产廊道周边资源的情况对相应指标进行了调整。

（一）总体要求

按照国家标准的旅游资源分类体系对南粤古驿道文化遗产廊道周边资源进行评价。采用打分评价方法，评价主要由本书调查组完成。

（二）评价体系构成

南粤古驿道文化遗产廊道周边资源评价体系设评价项目和评价因子两个档次。

评价项目分别为资源要素价值、资源影响力、资源可用度。其中：资源要素价值项目中含观赏游憩价值、历史文化科学艺术价值、奇特度和完整性 4 项评价因子；资源影响力项目中含知名度和影响力、美誉度 2 项评价因子；资源可用度项目中含传承度和旅游开发条件 2 项评价因子。

（三）计分方法

评价项目和评价因子用量值表示。资源要素价值、资源影响力和资源可用度总分值为 100 分，其中：资源要素价值为 60 分，分配如下：观赏游憩价值 20 分、历史文化科学艺术价值 20 分、奇特度 10 分、完整性 10 分。资源影响力为 20 分，其中：知名度和影响力 10 分、美誉度 10 分。资源可用度为 20 分，其中：传承度 10 分、旅游开发条件 10 分。每一评价因子分为 4 个档次，其因子分值相应分为 4 档。

（四）资源评价赋分标准

南粤古驿道文化遗产廊道周边资源评价赋分标准见表 3-2。

表 3-2　南粤古驿道文化遗产廊道周边资源评价赋分标准

评价项目	评价因子	评价依据	赋分
资源要素价值 （60分）	观赏游憩价值 （20分）	全部或其中一项具有极高的观赏价值和游憩价值	20—16
		全部或其中一项具有很高的观赏价值和游憩价值	15—11
	观赏游憩价值 （20分）	全部或其中一项具有较高的观赏价值和游憩价值	10—6
		全部或其中一项具有一般的观赏价值和游憩价值	5—1
	历史文化科学艺术价值 （20分）	同时或其中一项具有世界意义的历史价值、文化价值、科学价值、艺术价值	20—16
		同时或其中一项具有全国意义的历史价值、文化价值、科学价值、艺术价值	15—11
		同时或其中一项具有省级意义的历史价值、文化价值、科学价值、艺术价值	10—6
		历史价值、文化价值、科学价值，或艺术价值具有地区意义	5—1
	奇特度 （10分）	景观异常奇特，或此类现象在其他地区罕见	10—9
		景观奇特，或此类现象在其他地区很少见	8—6
		景观突出，或此类现象在其他地区少见	5—3
		景观比较突出，或此类现象在其他地区较少见	2—1
	完整性 （10分）	保存完好，资源的内容和类型丰富完整	10—9
		轻微残损，资源的内容和类型丰富	8—6
		中度残损，资源内部和类型受到一定程度的损害	5—3
		严重残损，资源内部和类型受到高度损害	2—1
资源影响力 （20分）	知名度和影响力 （10分）	在世界范围内知名，或构成世界承认的品牌	10—9
		在全国范围内知名，或构成全国性的品牌	8—6
		在本省范围内知名，或构成省内的品牌	5—3
		在本地区范围内知名，或构成本地区品牌	2—1
	美誉度 （10分）	具有极高的美誉度	10—9
		具有很高的美誉度	8—6
		具有较高的美誉度	5—3
		具有一般的美誉度	2—1
资源可用度 （20分）	传承度 （10分）	具有极高的传承度	10—9
		具有很高的传承度	8—6
		具有较高的传承度	5—3
		具有一般的传承度	2—1
	旅游开发条件 （10分）	旅游景观组合丰富，旅游客源市场发达	10—9
		旅游景观组合多样，旅游客源市场较发达	8—6
		旅游景观组合一般，旅游客源市场一般	5—3
		旅游景观组合单调，旅游客源市场较差	2—1

（五）计分与等级划分

根据对南粤古驿道文化遗产廊道周边资源的评价，得出该文化遗产廊道周边资源共有综合因子评价赋分值。

依据南粤古驿道文化遗产廊道周边资源评价总分，将南粤古驿道文化遗产廊道周边资源分为五级，从高级到低级为：

得分值域≥90分，为五级文化遗产廊道周边资源。

得分值域为75－89分，为四级文化遗产廊道周边资源。

得分值域为60－74分，为三级文化遗产廊道周边资源。

得分值域为45－59分，为二级文化遗产廊道周边资源。

得分值域为30－44分，为一级文化遗产廊道周边资源。

此外还有：

得分≤29分，为未获等级文化遗产廊道周边资源。

其中：

五级文化遗产廊道周边资源为"特品级文化遗产廊道周边资源"；

四级、三级文化遗产廊道周边资源为"优良级文化遗产廊道周边资源"；

二级、一级文化遗产廊道周边资源为"普通级文化遗产廊道周边资源"。

第二节 南粤古驿道文化遗产廊道资源普查与评价

一、南雄梅关古道文化遗产廊道资源普查与评价

（一）本体资源普查与评价

1. 本体资源概况

（1）本体资源类型

根据国家标准《旅游资源分类、调查和评价》（GB/T 19872—2017），南雄梅关古道文化遗产廊道本体资源涉及4个主类9个亚类和12个基本类型，共23个资源单体（表3-3）。

表3-3 南雄梅关古道文化遗产廊道本体资源普查分类表

大类	主类	亚类	基本类型	资源单体名称	资源单体数量/个	资源数占比/%
自然资源	地文景观	地质地貌过程形迹	岩石洞与岩穴	钟鼓岩	1	4.35
人文资源	遗址遗迹	社会经济文化活动遗址遗迹	交通遗迹	梅关关楼、接岭桥	2	8.70
	建筑与设施	综合人文旅游地	宗教与祭祀活动场所	衣钵亭、六祖寺、大雄禅寺	14	60.86
			动物与植物展示地	梅岭梅花		
		单体活动场馆	展示演示场馆	珠玑巷博物馆		

续表

大类	主类	亚类	基本类型	资源单体名称	资源单体数量/个	资源数占比/%
人文资源	建筑与设施	景观建筑与附属型建筑	佛塔	贵妃塔	14	60.86
		居住地与社区	传统与乡土建筑	里东古戏台、两江亭、庾将军祠		
			特色街巷	珠玑巷		
			名人故居与历史纪念建筑	张九龄纪念广场、元帅岭、胡妃纪念馆、张昌故居		
	人文活动	人事记录	人物	张九龄、惠能、苏东坡、陈毅	6	26.09
		艺术	文学艺术作品	珠玑巷人南迁传说		
		现代节庆	文化节	南雄姓氏文化旅游节		
数量统计/个	4	9	12	23		

（2）本体资源类型评价

①资源分布不均衡，人文资源占主导

南雄梅关古道文化遗产廊道本体资源主要集中于人文资源，人文资源单体数量达 22 个。南雄梅关古道文化遗产廊道体本人文资源分布于遗址遗迹、建筑与设施和人文活动 3 个主类，其中遗址遗迹资源单体 2 个，建筑与设施资源单体 14 个，人文活动资源单体 6 个。

南雄梅关古道文化遗产廊道本体自然资源只有 1 个，即钟鼓岩。对照国家旅游资源分类标准，钟鼓岩属于"地文景观"主类。钟鼓岩原称翠屏山，是一座石灰石熔岩。唐贞观六年（632 年）道人在钟鼓岩内创建洞真古观。岩洞内现存唐代至民国石刻 20 多题。卢沟桥事变后，陈毅等曾在此岩进行国共合作抗日会谈。

②建筑与设施类资源单体数量突出

南雄梅关古道文化遗产廊道本体资源主要集中在建筑与设施类资源，其资源单体数占古道本体资源单体总数的 60.86%。建筑与设施类资源主要涉及综合人文旅游地、单体活动场馆、景观建筑与附属型建筑和居住地与社区 4 个基本类型。其中，特色街巷珠玑巷为建筑与设施主类资源中最为著名的资源，为国家 4A 级旅游景区，全国三大寻根地之一，被誉为"中华文化驿站，天下广府根源"。景区内有不同朝代的古楼、古塔、古榕和古建筑遗址等文物古迹和观光景点。它是供人们参观游览、寻根问祖、祭祀、开展科学研究、了解百家姓文化和教育的基地。

2. 本体资源等级评价

南雄梅关古道文化遗产廊道本体资源评价见表 3-4。

表 3-4　南雄梅关古道文化遗产廊道本体资源评价

评价项目	评价因子	评价依据	赋分
廊道资源条件 （70 分）	廊道连通性 （20 分）	廊道基底连续性很好	18
	廊道保存完整性 （20 分）	廊道保存完好	18
	资源级别构成 （10 分）	拥有国家级资源	9
	观赏游憩价值 （10 分）	具有极高的观赏和游憩价值	9
	历史文化价值 （10 分）	具有全国意义的历史文化价值	7
区位社会条件 （15 分）	区位优势 （10 分）	区位交通条件良好	8
	经济发展水平 （5 分）	经济发展水平一般	3
廊道生态环境条件 （15 分）	生态环境质量 （15 分）	生态环境质量很好	13
总分			85

通过对南雄梅关古道文化遗产廊道本体资源进行评价，南雄梅关古道文化遗产廊道本体资源评价总分为 85 分，可知其本体资源的等级为四级。调查结果表明，南雄梅关古道是目前全国保存最完好的古驿道之一，广东境内现存的南雄梅关古道遗址长度约 1200 米，从梅关关楼一路南下至珠玑巷。南雄梅关古道文化遗产廊道本体资源品级较高，科考价值和观赏价值大，拥有珠玑巷、里东古戏台等国家级、省级著名资源。南雄梅关古道曾在促进南北经济文化交流及古代中国海外贸易发展的进程中起到重要作用，古道沿线仍保存着一些交通历史遗址，如梅关关楼、接岭桥等，历史文化价值较高。

南雄梅关古道文化遗产廊道区位交通条件良好，现有赣韶高速、国道 G323 线和乡道 Y028 线等交通线路与古道衔接，韶关火车站、南雄火车站、南雄汽车站、珠玑客运站等均有往江西大余方向的长途汽车或公交车可通达景区。南雄梅关古道沿线旅游资源丰富，组合良好，生态环境优良，已被开发成为国家 4A 级旅游景区、广东省红色旅游示范基地及广东省文化旅游融合发展示范区。通过对古道的修复、改造和形象包装，南雄梅关古道可以被开发成岭南乃至全国古道旅游的代表性景点。

（二）周边资源普查与评价

1. 周边资源概况

（1）周边资源类型

根据国家标准《旅游资源分类、调查和评价》（GB/T 19872—2017），南雄梅关古道文化遗产廊道周边资源共涉及 5 个主类 7 个亚类和 10 个基本类型，共

27个资源单体（表 3-5）。自然资源与人文资源均有分布，资源组合度较好，其中部分人文资源品质较为优良（表 3-5）。

表3-5 南雄梅关古道文化遗产廊道周边资源普查分类表

大类	主类	亚类	基本类型	资源单体名称	资源单体数量/个	资源数占比/%
自然资源	生物景观	树木	林地	帽子峰森林公园、香草世界森林公园	2	7.41
人文资源	遗址遗迹	社会经济文化活动遗址遗迹	历史事件发生地	油山游击战争革命旧址、中共广东省委机关办公旧址瑶坑	2	7.41
	建筑与设施	综合人文旅游地	园林游憩区域	两岸花博生态园	9	33.33
			动物与植物展示地	坪田古银杏群		
			景观建筑与附属型建筑	佛塔	三影塔		
		居住地与社区	特色社区	乌迳镇新田古村落、水口镇篛过古村落、南亩鱼鲜村、溪塘古村落、百顺镇黄屋城		
			名人故居与历史纪念建筑	水口战役纪念公园		
	旅游商品	地方旅游商品	菜品饮食	梅岭鹅王、酸笋焖鸭、乡村鱼、酿豆腐、南雄三宝、菜包糍、饺哩糍、铜勺饼、牛干脯	13	48.15
			农林畜产品与制品	南雄黄烟、坪田白果、油山香菇、青梅酒		
	人文活动	民间习俗	民间演艺	香火龙	1	3.70
数量统计/个	5	7	10	27		

（2）周边资源类型评价

①自然资源质量良好，但数量和种类较少

对照国家旅游资源分类标准，南雄梅关古道文化遗产廊道周边区域的自然资源分布于生物景观主类，资源单体数量只有 2 个，仅占总资源数 7.41%。南雄梅关古道文化遗产廊道周边的生态资源得到了很好的保护，帽子峰森林公园、香草世界森林公园内的山林、植被基本未受环境污染，生态环境品质高，气候条件优越，具有良好的开发基础。

②人文资源单体数量比例大

在南雄梅关古道文化遗产廊道周边区域的 27 个资源单体中，人文资源单体达 25 个，占 92.59%。人文资源与自然资源单体数量之比高达 12.5∶1。人文资源涵盖遗址遗迹、建筑与设施、旅游商品和人文活动 4 个主类。其中，以旅游商品资源单体数为最多，达 13 个，占资源单体总数的 48.15%。建筑与设施资源单体数量为 9 个；遗址遗迹资源单体数量为 2 个；人文活动资源单体数量为 1 个。南雄梅关古道文化遗产廊道周边人文资源丰富，资源组合结构良好、特色突出，是南雄开发休闲度假旅游、乡村旅游的重要保障。

③地方旅游商品亚类的单体数量突出

地方旅游商品亚类有资源单体 13 个，这一亚类的资源单体数量就占去了人文资源单体总数的 52%。其中，菜品饮食基本类型有资源单体 9 个，说明南雄梅关古道文化遗产廊道周边区域美食资源丰富，独具特色，具有继续投入开发的价值。而其他 6 个亚类的资源单体数量较少，仅在 1—6 个。

2. 周边资源等级评价

（1）周边资源等级评定

通过对南雄梅关古道文化遗产廊道周边资源进行评价，得出南雄梅关古道文化遗产廊道周边资源的等级情况，如表 3-6 和表 3-7 所示。其中，五级特品级资源 0 项、四级与三级优良级资源分别为 1 项与 4 项、二级与一级普通级资源分别为 10 项与 12 项。

表 3-6　南雄梅关古道文化遗产廊道周边资源定量评价表

资源单体名称	评价项目								总得分	资源等级评定
	资源要素评价				资源影响力		资源可用度			
	观赏游憩价值	历史文化科学艺术价值	奇特度	完整性	知名度和影响力	美誉度	传承度	旅游开发条件		
香火龙	15	14	8	7	8	8	7	8	75	四
水口战役纪念公园	10	12	7	7	6	7	8	7	64	三
油山游击战争革命旧址	9	11	7	7	7	7	8	6	62	三
中共广东省委机关办公旧址瑶坑	10	10	7	7	6	7	7	7	61	三
帽子峰森林公园	12	8	6	8	5	7	7	7	60	三
三影塔	10	9	7	6	6	7	6	6	57	二
坪田古银杏群	9	5	6	8	5	6	7	7	53	二
乌迳镇新田古村落	11	7	6	6	4	6	6	6	52	二
香草世界森林公园	11	6	4	8	4	6	7	5	51	二
两岸花博生态园	9	6	5	8	4	6	7	5	50	二
百顺镇黄屋城	11	6	6	7	3	6	5	6	50	二
溪塘古村落	9	7	6	6	3	6	4	6	47	二
水口镇篛过古村落	10	6	6	6	4	4	5	5	46	二
南亩鱼鲜村	10	6	5	6	3	6	4	6	46	二
南雄三宝	5	3	4	7	5	6	8	7	45	二

续表

资源单体名称	评价项目								总得分	资源等级评定
	资源要素评价				资源影响力		资源可用度			
	观赏游憩价值	历史文化科学艺术价值	奇特度	完整性	知名度和影响力	美誉度	传承度	旅游开发条件		
梅岭鹅王	5	2	2	6	5	7	7	6	40	一
酸笋焖鸭	4	2	2	6	4	7	7	6	38	一
南雄黄烟	2	2	3	7	5	5	8	5	37	一
乡村鱼	3	2	2	6	4	6	7	6	36	一
酿豆腐	2	2	1	6	5	7	7	6	36	一
菜包糍	4	2	3	6	4	5	7	5	36	一
青梅酒	3	2	2	6	5	5	7	6	36	一
饺哩糍	3	2	2	6	4	5	7	6	35	一
坪田白果	4	1	3	6	4	5	8	4	35	一
铜勺饼	3	2	3	6	4	4	7	5	34	一
牛干脯	2	1	2	6	4	4	7	5	31	一
油山香菇	3	1	2	6	4	4	7	4	31	一

表 3-7　南雄梅关古道文化遗产廊道周边资源等级情况

资源等级	资源得分	资源单体数量/个	资源单体名称
五级资源	≥90	0	无
四级资源	75－89	1	香火龙
三级资源	60－74	4	水口战役纪念公园、油山游击战争革命旧址、中共广东省委机关办公旧址瑶坑、帽子峰森林公园
二级资源	45－59	10	三影塔、坪田古银杏群、乌迳镇新田古村落、香草世界森林公园、两岸花博生态园、百顺镇黄屋城、溪塘古村落、水口镇篛过古村落、南亩鱼鲜村、南雄三宝
一级资源	30－44	12	梅岭鹅王、酸笋焖鸭、南雄黄烟、乡村鱼、酿豆腐、菜包糍、青梅酒、饺哩糍、坪田白果、铜勺饼、牛干脯、油山香菇

（2）周边资源总体评价

①资源总体品质较低

由表 3-7 可见，南雄梅关古道文化遗产廊道周边现有四级资源 1 项，三级资源 4 项，二级资源 10 项，一级资源 12 项。在所有参与评价、分析的资源单体中，四级资源所占比例是 3.70%，三级资源所占比例是 14.82%，二级资源所占比例是 37.04%，一级资源占 44.44%。根据资源所占的比例可以看出（图 3-1），优良级文化遗产廊道周边资源仅占 18.52%，普通级文化遗产廊道周边资源占 81%。

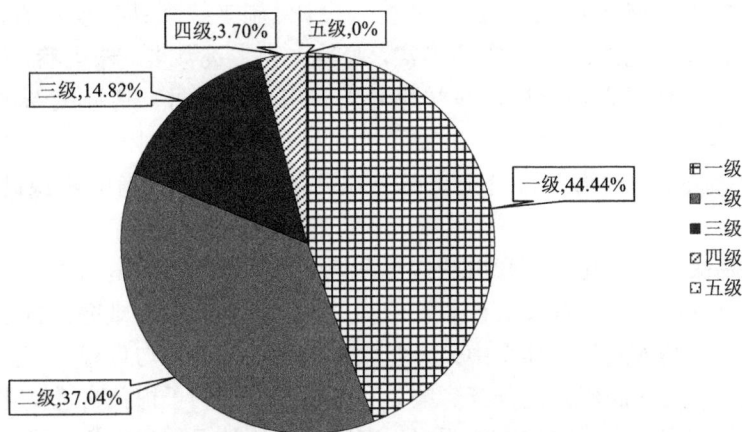

图 3-1　南雄梅关古道文化遗产廊道周边资源等级结构图

从等级评价来看，南雄梅关古道文化遗产廊道周边资源各项得分平均状况相对比较不均衡，只有传承度指标的得分比较理想，说明南雄梅关古道文化遗产廊道周边缺乏大体量高品质的旅游资源，缺乏高吸引力的旅游品牌。

②地方特色美食众多

南雄梅关古道文化遗产廊道周边区域的美食富于地方风味，这些特色美食深受游客喜爱，其中，国道 G323 沿线有多家以"梅岭鹅王"为特色的农家餐馆。

③资源的精品化程度较低

南雄梅关古道文化遗产廊道周边区域虽然拥有丰富的旅游资源和深厚的文化内涵，但其资源的产品化和精品化程度较低，开发建设进度滞后，且以开发传统意义上的旅游产品为主，缺乏迎合游客的旅游偏好，顺应旅游业发展趋势的新型旅游产品。目前南雄梅关古道文化遗产廊道周边区域还有很多优质的旅游资源尚未得到保护和开发，景点开发建设不完善。

④各资源之间联系不密切

南雄梅关古道文化遗产廊道周边区域各景点之间的交通联系较弱，梅关古道景区与其他旅游景点景区的公共交通接驳尚未完善。

⑤配套设施尚待完善

梅关古道景区游客接待设施不足，景区内只有数家农家客栈，缺乏固定的餐饮设施和固定的旅游商品购买场所，只有两三家临时搭建的摊位建筑。

（三）文化遗产廊道价值评价

1. 遗产保护价值

南雄梅关古道文化遗产廊道的遗产价值主要体现在古道所携带的信息记

录了其真实的发展历史，古道建设的规划设计、施工技术具有较高的科学价值。南雄梅关古道文化遗产廊道资源丰富，尤其文物古迹甚多。珠玑巷、梅关古道、千年三影塔、坪田古银杏群，享誉海内外。南亩鱼鲜村、乌迳镇新田古村落、溪塘古村落、百顺镇黄屋城、水口镇篛过古村落，先后被列为"广东省古村落"，人文价值颇高。构建梅关古道文化遗产廊道方能对梅关古道的资源进行更好的保护。

南雄梅关古道文化遗产廊道的构建可把南雄区域内与古道相关的资源作为整体资源进行保护，把一些过去被忽视的优质遗产资源作为南雄梅关古道文化遗产廊道的支撑点纳入到保护体系中来，扩大遗产的保护范围与重视程度，充分挖掘梅关古道遗产文化底蕴，提升其影响力和知名度，有利于梅关古道文化遗产保护事业的整体发展。梅关古道应加强对现存文物的抢救保护和宣传力度，使社会各界对古道、遗产保护、建设、管理的重要性有更加深刻的认识，然后对文物进行逐步开发和合理利用，努力实现保护与开发同步并进，营造保护古道遗产的良好氛围。

2. 历史文化价值

南雄梅关古道文化遗产廊道所在地南雄有着深厚的历史文化底蕴，素有"岭南第一州"之称。它"居五岭之首，为江广之冲"，"枕楚跨粤，为南北咽喉"，自古就是沟通岭南与中原地区政治、经济、文化的通衢，是岭南通往中原的要道。梅关古道也具有深厚的历史底蕴和众多的文化内涵：以珠玑巷为核心的姓氏寻根文化、以梅关为核心的梅文化和古道关隘文化、以苏东坡和张九龄为代表的历史名人文化、六祖禅宗文化、红色文化等。多种文化类型集中在一个区域，这在国内外都是极其罕见的。然而，从旅游开发的角度而言，南雄梅关古道文化遗产廊道对上述众多文化类型的开发还仅仅停留在初级的静态展示阶段，优质的文化资源还没有转化为强势的旅游产品，成为古道旅游业蓬勃发展的新引擎。

南雄梅关古道文化遗产廊道应将旅游开发中的静态观赏模式转变为动态参与模式，通过演出、新媒体、历史场景模拟等多种手法，让游客可以亲身参与、体验，全方位感受南雄梅关古道文化遗产廊道深厚的文化内涵。

3. 生态保护价值

南雄梅关古道文化遗产廊道地处亚热带季风气候区，雨水均匀，土地肥沃，山水交融，植物繁茂，四季景象变化丰富，"四面有景皆入尽，一年无时不看花"，坐拥优越的自然资源，其中，坪田古银杏群历史悠久，树龄最长的有1600多年，景色迷人，是深秋看黄叶的好地方，每到秋季，银杏染秋，树叶金黄，落叶满地，吸引大批游客前来赏秋、观景、摄影；帽子峰森林公园全年气候温和，雨量充沛，冬季降雪，呈现出南方少有的优美雪景。公园树木、花草繁多，动植物资源丰富，林场四季鸟语花香，自然风景独特，被誉为"小九寨沟"，是集游山玩水、度假、休闲、科研考察为一体的综合休闲度假胜地。2012年5月，帽子峰森林公园被广东省林业厅、广东省旅游局评为广东省森林生态旅游示范基地。

南雄梅关古道文化遗产廊道的构建有利于严格保护当地的生物资源，维护生态环境，突出古道的自然森林景观，提高植被和森林覆盖率，完善古道区域内的绿化景观面貌。南雄梅关古道文化遗产廊道可对区域内的植物进行多元化布置，构成立体绿化景观体系，形成多视点、多角度和多趣味性的景观廊道。

4. 教育价值

南雄梅关古道文化遗产廊道遗产蕴含着丰富的历史信息和知识，为古道文化遗产廊道教育功能的实现提供了素材和物质基础。南雄梅关古道文化遗产廊道的教育价值集中体现为：①教育公众关注遗产、保护遗产。对南雄梅关古道文化遗产廊道的保护和建设可充分唤起沿线民众重视自身文化遗产，自觉传承并保护珍贵文化遗产的意识。②促进公众对南雄梅关古道文化遗产廊道所包含历史信息和知识的学习。南雄梅关古道文化遗产廊道历史久远、尺度较大，决定了其作为整体文化遗产构成复杂、内涵丰富。走近南雄梅关古道文化遗产廊道，犹如翻开一卷历史巨著，充盈着百科知识，增知益智，开阔眼界，启迪思维，扩大遗产知识的基础教育。

遗产游憩是发挥南雄梅关古道文化遗产廊道教育价值的途径之一，它集遗产观赏与体验于一体，游客在休闲游憩中认识古道、爱护古道，进而从整体认识南雄梅关古道文化遗产廊道在历史发展中的重要性，有助于提高自身的文化修养。

5. 旅游开发价值

南雄梅关古道文化遗产廊道文化资源丰富，珠玑文化、古道文化、梅文化、宗教文化等是南雄梅关古道文化遗产廊道开发休闲度假旅游、文化旅游的重要保障。构建南雄梅关古道文化遗产廊道有利于整合现有的古道和古文化、生态资源，修复部分被损毁的资源，把文化因素整理、组织起来，建设成为极具特色的国内著名的可供游客观赏、游览、参与活动的古道旅游区。

南雄梅关古道文化遗产廊道可加大旅游宣传营销力度，拓展旅游市场空间，健全完善体制机制，优化旅游发展环境，立足项目，拓宽投融资渠道，积极发展文化旅游产业，将旅游与古文化、红色文化、生态文化紧密结合，相得益彰，开发科学的旅游产品。

二、乳源西京古道文化遗产廊道资源普查与评价

（一）本体资源普查与评价

1. 本体资源概况

（1）本体资源类型

根据国家标准《旅游资源分类、调查和评价》（GB/T 19872—2017），乳源西京古道文化遗产廊道本体资源涉及 2 个主类 2 个亚类和 2 个基本类型，共 10 个资源单体（表 3-8）。

表 3-8 乳源西京古道文化遗产廊道本体资源普查分类表

大类	主类	亚类	基本类型	资源单体名称	资源单体数量/个	资源数占比/%
人文资源	遗址遗迹	社会经济文化活动遗址遗迹	交通遗迹	象兑亭、梯云岭亭、红云仰止亭、猴子岭心韩亭、乌桐岭官止亭、老虎冲纳凉避雨亭、红云乐善亭、三元寿德亭、续成亭	9	90
	建筑与设施	单体活动场馆	祭拜场馆	梯云祠	1	10
数量统计/个	2	2	2	10		

（2）本体资源类型评价

①人文资源丰富

乳源西京古道文化遗产廊道本体资源集中在人文资源，共 10 个本体资源单体，其中遗址遗迹 9 个，建筑与设施 1 个。乳源西京古道文化遗产廊道拥有象兑亭、梯云岭亭、猴子岭心韩亭、乌桐岭官止亭、梯云祠等历史悠久的人文资源。古道本体资源人文特色鲜明，适合开发文化旅游。

②遗址遗迹资源单体数量突出

乳源西京古道文化遗产廊道本体资源主要集中在遗址遗迹类资源，其资源单体数占乳源西京古道文化遗产廊道本体资源单体总数的90%。遗址遗迹资源主要涉及交通遗迹基本类型。交通遗迹以古亭居多，这些古亭为古代建在西京古道途中专供行人歇息的"凉亭"，现在还保存完好的有象兑亭、梯云岭亭、红云仰止亭、猴子岭心韩亭、乌桐岭官止亭、老虎冲纳凉避雨亭、红云乐善亭、三元寿德亭、续成亭共计有 9 座。古亭造型美观，建筑坚固，因其建筑材料、建筑方法和选择地形配合得当，亭内爽气迎人，清风拂面，使人心旷神怡，赏心悦目，能耐大自然恶劣气候的雪压风摧。西京古道沿线的古亭对研究乳源古代的经济、交通和民间风俗等具有重要意义。

2. 本体资源等级评价

乳源西京古道文化遗产廊道本体资源评价见表 3-9。

表 3-9　乳源西京古道文化遗产廊道本体资源评价

评价项目	评价因子	评价依据	赋分
廊道资源条件（70 分）	廊道连通性（20 分）	廊道基底连续性良好	14
	廊道保存完整性（20 分）	廊道严重残损	9
	资源级别构成（10 分）	拥有省级资源	7
	观赏游憩价值（10 分）	具有较高的观赏和游憩价值	5
	历史文化价值（10 分）	具有全国意义的历史文化价值	7
区位社会条件（15 分）	区位优势（10 分）	区位交通条件较一般	3
	经济发展水平（5 分）	经济发展水平一般	3
廊道生态环境条件（15 分）	生态环境质量（15 分）	生态环境质量很好	13
总分			61

通过对乳源西京古道文化遗产廊道本体资源进行评价，乳源西京古道文化遗产廊道本体资源评价总分为 61 分，得出乳源西京古道文化遗产廊道本体资源的等级为三级。调查结果表明，西京古道始建于西汉建元六年（公元前 135 年），是汉武帝时期岭南各地通往京城的必经之道。近代，随着乳坪公路、京珠高速公路等的铺设，古驿道交通运输属性丧失，转由公路承担。同时西京古道部分被水库、道路覆盖破坏，南水水库淹没部分古道路段，乳坪公路和京珠高速公路的修建也对沿线附近的古道造成破坏。

如今，西京古道破坏严重，布局零散，仅部分路段保存较为完好，现存路段主要位于乳源瑶族自治县大桥镇，东临必背镇，南毗邻五指山南岭国家森林公园，北接乐昌市沙坪镇。保存较好的有猴子岭段（1.5 千米）、五里桥段（2 千米）、梯云岭段（1.9 千米）、腊岭段（1.6 千米）、乌桐岭段（1.3 千米）、石门坳段（2.5 千米）。古道留存段落多为地形复杂的山地陡坡路段，沿线生态资源秀丽，但基本的配套设施缺失，交通不便，与周边景区联动少，旅游开发程度较低，古道利用有待完善。

（二）周边资源普查与评价

1. 周边资源概况

（1）周边资源类型

根据国家标准《旅游资源分类、调查和评价》（GB/T 19872—2017），乳源西京古道文化遗产廊道周边资源共涉及 7 个主类 11 个亚类和 19 个基本类型，共 34 个资源单体（表 3-10）。自然资源与人文资源均有分布，资源组合度较好，其中部分人文资源较为优良。

表 3-10　乳源西京古道文化遗产廊道周边资源普查分类表

大类	主类	亚类	基本类型	资源单体名称	资源单体数量/个	资源数占比/%
自然资源	地文景观	地质地貌过程形迹	独峰	石坑崆峰	3	8.82
			峡谷段落	广东大峡谷		
			岩石洞与岩穴	通天箩原始森林		
	水域风光	天然湖泊与池沼	沼泽与湿地	南水湖国家湿地公园	1	2.94
	生物景观	树木	林地	南岭国家森林公园、天井山国家森林公园、红豆杉森林公园	3	8.82
人文资源	遗址遗迹	社会经济文化活动遗址遗迹	交通遗迹	通济桥	1	2.94
	建筑与设施	综合人文旅游地	康体游乐休闲度假地	丽宫国际旅游度假区	10	29.42
			宗教与祭祀活动场所	云门寺、正觉寺		
		单体活动场馆	祭拜场馆	舜帝殿、观音殿、盘龙三圣祠		
		居住地与社区	传统与乡土建筑	大桥镇古民居、必背瑶寨		
			名人故居与历史建筑	朱德祖居地		
			书院	观澜书院		
	旅游商品	地方旅游商品	农林畜产品与制品	石头猪、大桥猪、本地鸡、酸姜、玉米、大米、番薯	9	26.47
			水产品与制品	大桥河鱼、禾花鱼		
	人文活动	艺术	文学艺术作品	瑶族民歌	7	20.59
		民间习俗	地方风俗与民间礼仪	拜盘王、圣祖祭、契娭生日		
			特色服饰	瑶族刺绣		
		现代节庆	文化节	瑶族"十月朝"文化旅游节		
			体育节	环南水湖自行车公开赛		
数量统计/个	7	11	19	34		

（2）周边资源类型评价

①资源单体类型主类比较齐全

由表 3-10 可见，调查涉及的旅游资源单体分属于地文景观、水域风光、生物景观、遗址遗迹、建筑与设施、旅游商品和人文活动七大主类。国家标准的 8 个主类，乳源西京古道文化遗产廊道周边资源拥有 7 个主类，占 87.5%，这一主类数量对于一条古道的周边地域范围而言已经较为齐全。乳源西京古道文化遗产廊道周边资源种类较为丰富，自然和人文类资源均有分布，且相对集中，区域组合度良好。

②自然资源质量良好，但数量和种类较少

乳源西京古道文化遗产廊道周边的山水生态资源丰富，以南岭为代表的山岳资源品位高、知名度高，具有良好的开发基础和重大的开发价值。对照国家旅游资源分类标准，乳源西京古道文化遗产廊道周边地区的自然资源分布于地文景观、水域风光和生物景观 3 个主类，但是乳源西京古道文化遗产廊道周边地区的自然资源较少，自然资源单体数量仅有 7 个，仅占总资源数 20.59%。

③人文资源单体数量比例大

在乳源西京古道文化遗产廊道周边资源的 34 个资源单体中，人文资源单体达 27 个，占 79.41%。人文资源与自然资源单体数量之比高达 4∶1。人文资源涵盖遗址遗迹、建筑与设施、旅游商品和人文活动 4 个主类。其中，以建筑与设施资源单体数为最多，达 10 个，占资源单体总数的 29.42%。旅游商品资源单体数量为 9 个，人文活动资源单体数量为 7 个，遗址遗迹的资源单体数量为 1 个。乳源西京古道文化遗产廊道周边丰富的人文资源，是乳源西京古道文化遗产廊道发展旅游的主要卖点，也是其文化旅游开发的重要依托。

④地方旅游商品资源单体数量突出

地方旅游商品有资源单体 9 个，这一亚类的资源单体数目就占人文资源单体总数的 33.3%。地方旅游商品资源可作为乡村休闲资源，以丰富乳源西京古道文化遗产廊道的乡村旅游产品结构，加快推进古道的乡村旅游发展。而其他 10 个亚类的资源单体数量较少，仅在 1—4 个。

2. 周边资源等级评价

（1）周边资源等级评定

通过对乳源西京古道文化遗产廊道周边资源进行评价，得出乳源西京古道文化遗产廊道周边资源的等级情况，如表 3-11 和表 3-12 所示。其中，五级特品级资源 0 项，四级与三级优良级资源分别为 1 项与 5 项，二级与一级普通级资源分别为 18 项与 1 项，未获等级资源 9 项。

表 3-11 乳源西京古道文化遗产廊道周边资源定量评价表

资源单体名称	评价项目								总得分	资源等级评定
	资源要素评价				资源影响力		资源可用度			
	观赏游憩价值	历史文化科学艺术价值	奇特度	完整性	知名度和影响力	美誉度	传承度	旅游开发条件		
南岭国家森林公园	15	13	8	9	8	9	8	9	79	四
天井山国家森林公园	14	11	7	8	7	8	8	8	71	三
南水湖国家湿地公园	13	10	8	8	6	8	7	8	68	三
云门寺	12	13	7	7	7	8	7	7	68	三
广东大峡谷	13	9	6	9	6	7	7	7	64	三
瑶族刺绣	10	10	7	8	6	7	6	6	60	三

资源单体名称	评价项目								总得分	资源等级评定
	资源要素评价				资源影响力		资源可用度			
	观赏游憩价值	历史文化科学艺术价值	奇特度	完整性	知名度和影响力	美誉度	传承度	旅游开发条件		
通天箩原始森林	11	8	9	9	6	6	6	4	59	二
观澜书院	12	9	7	6	5	7	6	5	57	二
瑶族"十月朝"文化旅游节	9	9	7	8	5	6	7	6	57	二
石坑崆峰	10	4	8	9	5	7	7	6	56	二
瑶族民歌	12	7	5	6	6	6	5	5	52	二
拜盘王	11	8	5	6	5	5	7	5	52	二
必背瑶寨	10	7	7	4	5	7	5	6	51	二
红豆杉森林公园	8	6	5	7	4	7	7	6	50	二
盘龙三圣祠	10	7	5	6	5	6	6	5	50	二
环南水湖自行车公开赛	7	8	6	7	5	6	5	6	50	二
契嫊生日	6	9	5	7	5	6	6	5	49	二
圣祖祭	7	9	4	7	5	5	6	5	48	二
丽宫国际旅游度假区	9	4	4	7	4	5	7	6	46	二
观音殿	9	5	4	7	4	5	7	5	46	二
大桥镇古民居	11	5	6	5	4	6	5	4	46	二
正觉寺	10	6	4	6	4	6	5	4	45	二
舜帝殿	9	5	4	6	4	6	7	4	45	二
朱德祖居地	9	6	6	5	4	6	4	5	45	二
通济桥	7	9	4	5	4	5	5	2	41	一
大米	1	2	2	6	5	4	5	2	27	未获等级
大桥河鱼	2	2	2	6	4	4	1	2	23	未获等级
禾花鱼	2	2	2	6	4	3	1	2	22	未获等级
石头猪	3	2	2	6	2	2	1	1	19	未获等级
本地鸡	3	2	2	6	2	2	1	1	19	未获等级
大桥猪	3	2	2	6	2	2	1	1	19	未获等级
酸姜	2	1	2	6	2	1	1	1	16	未获等级
番薯	2	1	1	5	2	2	1	1	15	未获等级
玉米	2	1	1	5	2	1	1	1	14	未获等级

表 3-12　乳源西京古道文化遗产廊道周边资源等级情况

资源等级	资源得分	资源单体数量/个	资源单体名称
五级资源	≥90	0	无
四级资源	75—89	1	南岭国家森林公园
三级资源	60—74	5	天井山国家森林公园、南水湖国家湿地公园、云门寺、广东大峡谷、瑶族刺绣
二级资源	45—59	18	通天箩原始森林、观澜书院、瑶族"十月朝"文化旅游节、石坑崆峰、瑶族民歌、拜盘王、必背瑶寨、红豆杉森林公园、盘龙三圣祠、环南水湖自行车公开赛、契娭生日、圣祖祭、丽宫国际旅游度假区、观音殿、大桥镇古民居、正觉寺、舜帝殿、朱德祖居地
一级资源	30—44	1	通济桥
未获等级	≤29	9	大米、大桥河鱼、禾花鱼、石头猪、本地鸡、大桥猪、酸姜、番薯、玉米

（2）周边资源总体评价

①资源总体品质较低

由表 3-12 可见，乳源西京古道文化遗产廊道周边资源现有四级资源 1 项，三级资源 5 项，二级资源 18 项，一级资源 1 项，未获等级资源 9 项。在所有参与评价、分析的资源单体中，四级资源所占比例是 2.94%，三级资源所占比例是 14.71%，二级资源所占比例是 52.94%，一级资源占 2.94%，未获等级资源占 26.47%（图 3-2）。根据资源所占的比例可以看出，优良级文化遗产廊道周边资源仅占 17.65%，普通级文化遗产廊道周边资源占 55.88%，低等级资源数量较多。

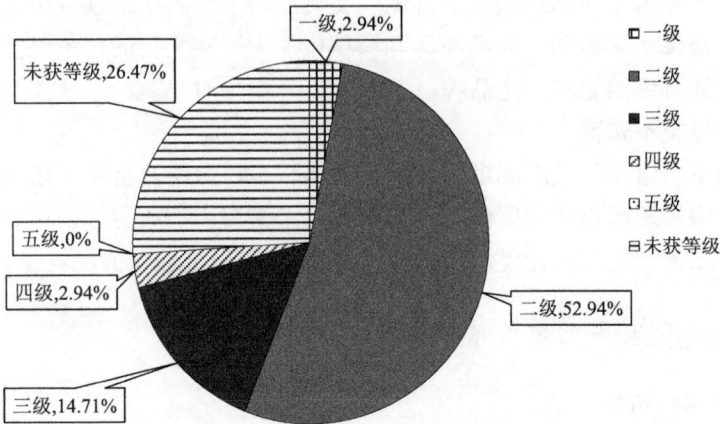

图 3-2　乳源西京古道文化遗产廊道周边资源等级结构图

从等级评价来看，西京古道文化遗产廊道周边资源各项得分平均状况相对比较不均衡，只有完整性指标的得分比较理想，说明乳源需要积极加强旅游市场宣传促销，致力于塑造良好的旅游形象。

②山水生态资源质量较高

在资源等级的类型分布上，以自然资源级别最高，包括 1 处四级资源单体和 3 处三级资源单体。其中，四级资源南岭国家森林公园为国家 4A 级旅游景区，是广东省最大的自然保护区，于 1993 年经国家林业局批准成立，公园原始森林茂密，保存着最完整的自然生态系统，是中国亚热带常绿阔叶林中心地带，是珍稀动植物宝库；三级资源南水湖国家湿地公园是广东省北部的重要生态屏障，植被类型多样，生物多样性丰富，共有植物 2400 多种，其中国家级珍稀保护植物 35 种，具有较高的科学价值和保护价值。这些优良级的山水生态资源是乳源西京古道文化遗产廊道旅游发展的竞争优势。高品质的山水生态资源，是乳源西京古道文化遗产廊道多层次生态旅游的强大支撑，因此今后应加大对古道周边山水生态资源的开发力度，还应针对新兴的旅游形式，完善配套设施，如自驾车游、探险旅游等，增强其旅游市场竞争力。

③瑶族文化特色鲜明

乳源西京古道文化遗产廊道周边的瑶族风情特色明显，表现在以下方面：必背瑶寨被誉为世界过山瑶之乡，当地瑶胞对民族风格的长久坚持，使得乳源瑶族这一分支的服饰刺绣艺术拥有独特的历史文化艺术价值；"瑶族盘王节""瑶族刺绣""瑶族民歌""乳源瑶族传统服饰"等被列入国家、省级非物质文化遗产名录，百米瑶绣作品《瑶岭长歌》获上海大世界基尼斯之最，并被广东省选送到 2010 年上海世界博览会参展，瑶族民族文化得到了很好的保护与传承；乳源已成功举办多届瑶族盘王节和瑶族"十月朝"文化旅游节，其中瑶族"十月朝"被评为广东省群众性文化活动优秀品牌。乳源积极加大瑶族文化的传承保护力度，打造了乳源民族特色的旅游文化品牌。

④配套设施不完善

乳源西京古道文化遗产廊道周边住宿设施较少，旅游接待主要依托南岭国家森林公园住宿设施提供住宿服务。游客中心、旅游厕所、旅游标识标牌、停车场等旅游公共服务设施均未完善，4G 通信网络和无线网络覆盖情况较差。

（三）文化遗产廊道价值评价

1. 遗产保护价值

西京古道是广东现存最古老的古道，现今古道整体格局尚存，但保存良好段落分布零散。古道自身及沿线存在大量的历史文化遗迹及非物质文化遗产，古道沿线的驿亭和古桥等交通遗迹也保存较为完好，部分文化遗产已经申报为文物保护单位，但依然存在较多历史遗迹与村落待保护挖掘。乳源西京古道文化遗产廊道的构建有助于为古道沿线的遗址遗迹的后续保护工作提供保障。

2. 历史文化价值

西京古道是连接中原文化与珠江文化、古代文化与当代文化的纽带，有着厚重的历史文化价值。乳源西京古道文化遗产廊道涵盖五大文化内涵：民俗宗教文化、军事红色文化、民系迁徙文化、文人宦游文化、商贸邮驿文化。

民俗宗教文化：乳源县为瑶族自治县，其中多为瑶族少数民族村落，具有传统的瑶族特色风土民情。而西京古道旁的云门寺为文偃禅师创立云门宗之地。东平山上的正觉寺为中国佛教禅宗五家之一的沩仰弘法最隆盛之地、祖师仰山慧寂涅槃成果之地。

军事红色文化：西京古道的开通，在历朝历代的军旅征战方面都有重要的战略意义，也是古道长久保存的必要条件之一。西京古道是古代岭南通往中原的交通要道，自古为兵家必争之地。北宋开宝三年（970 年），宋将潘美、尹崇珂统兵10 万进军岭南，正是通过这条古道，攻下韶州，随后又攻下南汉都城广州。1928—1950 年，中共红军北上过程中途经乳源县，并建立以梅花村为中心的粤北革命根据地，其间在乳源县梅花村、杨溪村、大桥村、铁龙头村、龟岭村上留下了的"足迹"，是西京古道上不可磨灭的红色印记。

民系迁徙文化：南下征战的原因，使得中原人南迁，也将中原文化传输至岭南地区，其中中原客家人南迁粤北的定居点，到现在依旧保留较多的客家民族村落。过山瑶聚居地必背瑶寨就是过山瑶南下迁徙，瑶汉融合的灿烂文明的代表。隋唐时期，瑶胞从湖南等地迁入必背。后因灾荒和战乱，又大批向外迁徙，今日的瑶寨见证了瑶汉融合、不断迁徙的历史。

文人宦游文化：古道沿途碑刻林立，形似古碑长廊。现在依然遗存古亭的门楣，古亭两边有门额和楹联，大多为游记和描述当时情景的绝妙篇章和诗词。西京古道也拥有历史典故：历史上韩愈曾经多次经西京古道路过乳源红云镇，康熙至乾隆年间兴起的崇韩热潮，便出现了"韩文公墓""心韩亭""仰止亭"等遗迹，至今还流传着有关韩愈的传说。

商贸邮驿文化：西京古道是连接上陆地丝绸之路的对接通道，也是历史上进贡荔枝等鲜果的贡道。当年西京古道的商贸往来非常繁盛，沿途遍布各类公馆驿站、铺街、洲街商铺、圩场集市、钱庄、古亭及古桥等。目前，猴子岭段、梯云岭段和大桥镇段还保留有较多古亭、古道驿站、驿铺遗址与古道经过的古村落，这些都是古道邮驿文化的体现。

3. 生态保护价值

乳源西京古道文化遗产廊道位于自然资源优质的乳源瑶族自治县，其水质和空气质量达标率高。西京古道沿线地形地貌起伏多变，山水交错，自然资源丰富，拥有众多优美的生态景观，有地球同纬度上面积最大的原始森林——南岭国家森林公园；有风光秀丽的国家级湿地公园——南水湖国家湿地公园；有集雄、奇、险、秀于一身的广东十大最美丽地方之一——广东大峡谷；有终日云雾缭绕的广东最高峰——石坑崆峰；有美国、越南、泰国、法国等世界过山瑶的发祥地——必背瑶寨；有中国佛教五大禅宗云门宗的发祥地——云门寺，以及沩仰宗祖庭——正觉寺（正在恢复重建）。

构建乳源西京古道文化遗产廊道有助于使沿古道散布的自然资源形成统一连续的基底，对于整个区域的生态保护会起到一定的作用，以减少开发带来的环境问题，真正将可持续发展落到实处。

4. 体育旅游开发价值

乳源西京古道目前虽布局零散，仅部分路段保存较为完好，可选择体育旅游作为发展方向，通过与体育运动的结合赋予西京古道新的活力，如组织西京古道定向越野大赛、山地自行车等体验项目。通过开展西京古道文化线路户外活动，加大对西京古道及沿线资源的户外体育运动开发，打造集体育竞赛、旅游休闲、绿道升级、科普教育于一体的、具有乳源特色的古驿道风景线。

乳源西京古道文化遗产廊道亦可充分发掘生态旅游资源潜力，联合相关镇（街），整合南岭、南水湖等旅游资源，开发休闲运动旅游与度假旅游等特色旅游产品，以推动乳源体育和旅游等其他产业融合发展，把乳源打造成为全国优秀旅游目的地、户外运动基地。

三、饶平西片古道文化遗产廊道资源普查与评价

（一）本体资源普查与评价

1. 本体资源概况

（1）本体资源类型

根据国家标准《旅游资源分类、调查和评价》（GB/T 19872—2017），饶平西片古道文化遗产廊道本体资源涉及 4 个主类 5 个亚类和 7 个基本类型，共 7 个资源单体（表 3-13）。

表 3-13　饶平西片古道文化遗产廊道本体资源普查分类表

大类	主类	亚类	基本类型	资源单体名称	资源单体数量/个	资源数占比/%
自然资源类	水域风光	泉	冷泉	伯岭泉	1	14.29
人文资源类	遗址遗迹	社会经济文化活动遗址遗迹	军事遗址与古战场	农民起义军张琏古兵寨遗址	2	28.57
			交通遗迹	分水亭		

续表

大类	主类	亚类	基本类型	资源单体名称	资源单体数量/个	资源数占比/%
人文资源	建筑与设施	综合人文旅游地	宗教与祭祀活动场所	善福寺	2	28.57
		居住地与社区	特色社区	西片村		
	人文活动	民间习俗	宗教活动	三寺佛母娘娘出游	2	28.57
			庙会与民间集会	西片村灯会		
数量统计/个	4	5	7	7		

（2）本体资源类型评价

①资源种类及数量较少

饶平西片古道文化遗产廊道本体资源仅有 7 个，自然资源 1 个，人文资源 6 个。人文资源分布于遗址遗迹、建筑与设施和人文活动 3 个主类，其中遗址遗迹资源单体 2 个，建筑与设施资源单体 2 个，人文活动资源单体 2 个。对照国家旅游资源分类标准，饶平西片古道文化遗产廊道本体自然资源伯岭泉属于水域风光主类。

②人文资源数量突出

饶平西片古道文化遗产廊道本体资源主要集中在人文资源，人文资源单体数量达 6 个，占饶平西片古道文化遗产廊道本体资源单体总数的 85.71%。饶平西片古道文化遗产廊道人文资源主要涉及社会经济文化活动遗址遗迹、综合人文旅游地、居住地与社区和民间习俗四个亚类。饶平西片古道文化遗产廊道目前还保留驿亭、古寺，沿线村落也保存有商贸交易点，商贸邮驿文化、民俗宗教文化、客家文化特色明显。

2. 本体资源等级评价

（1）本体资源等级评定

饶平西片古道文化遗产廊道本体资源评价见表 3-14。

表 3-14　饶平西片古道文化遗产廊道本体资源评价

评价项目	评价因子	评价依据	赋分
廊道资源条件（70 分）	廊道连通性（20 分）	廊道基底连续性很好	16
	廊道保存完整性（20 分）	廊道轻微残损	14
	资源级别构成（10 分）	拥有县市级资源	2
	观赏游憩价值（10 分）	具有较高的观赏和游憩价值	3
	历史文化价值（10 分）	具有省级意义的历史文化价值	5
区位社会条件（15 分）	区位优势（10 分）	区位交通条件良好	6
	经济发展水平（5 分）	经济发展水平一般	2

评价项目	评价因子	评价依据	赋分
廊道生态环境条件 （15分）	生态环境质量 （15分）	生态环境质量良好	11
总分			59

（2）本体资源总体评价

通过对饶平西片古道文化遗产廊道本体资源进行评价，西片古道文化遗产廊道本体资源评价总分为59分，得出饶平西片古道文化遗产廊道本体资源的等级为二级。调查结果表明，建于明代的西片古道位于上饶镇西片村西岩山风景区，到大埔县枫朗镇三溪村全长共9千米，古道经过饶平县重点文物保护单位善福寺、分水亭、伯岭泉及农民起义军张琏古兵寨遗址，是历史上"两省四县"商家民众往返的必经之道，古称"第一山"。

饶平西片古道大部分保存较为完好，但有部分石阶缺失的路面采用水泥进行简单粗糙的重新铺设，对古道的原真性造成了较为严重的破坏。目前，西片古道沿线自然观光优美，山险峻奇，小桥流水潺潺，环境幽静宜人，虽未进行旅游开发，配套设施缺乏，但已经成为附近居民登山休闲的场所。

饶平西片古道文化遗产廊道区位交通条件良好，对外衔接交通主要靠省道S334（丰柏线）、省道S221（茶上线）及乡道。上饶镇内有茂芝车站、金通客运站2个长途客运站，每天有发往广州、深圳、东莞、珠海、佛山、中山、肇庆、梅州、厦门、龙岩等地班次。

（二）周边资源普查与评价

1. 周边资源概况

（1）周边资源类型

根据国家标准《旅游资源分类、调查和评价》（GB/T 19872—2017），饶平西片古道文化遗产廊道周边地区资源共涉及5个主类7个亚类和11个基本类型，共23个资源单体（表3-15）。自然资源与人文资源均有分布，资源组合度较好，其中部分人文资源较为优良。

表3-15 饶平西片古道文化遗产廊道周边资源普查分类表

大类	主类	亚类	基本类型	资源单体名称	资源单体数量/个	资源数占比/%
自然资源	地文景观	综合自然旅游地	山岳型旅游地	西岩山	1	4.35
	水域风光	河段	观光游憩河段	黄冈河	1	4.35
人文资源	遗址遗迹	社会经济文化活动遗址遗迹	历史事件发生地	茂芝会议旧址	1	4.35

续表

大类	主类	亚类	基本类型	资源单体名称	资源单体数量/个	资源数占比/%
人文资源	建筑与设施	综合人文旅游地	宗教与祭祀活动场所	西岩寺、宝塔寺	15	65.21
			园林游憩区域	饶北公园		
		居住地与社区	传统与乡土建筑	镇福楼、华封楼、青阳楼、营前楼、扶阳楼、上饶楼、永昌楼、朝阳楼		
			特色社区	自东村		
			名人名居与历史纪念建筑	张伟烈故居、飞龙主人张琏故居		
		水工建筑	水库观光游憩区段	西岩水库		
	旅游商品	地方旅游商品	农林畜产品与制品	茂芝米粉、茂芝腊肠、黄皮豆干、斜予塘蜂蜜	5	21.74
			传统手工产品与工艺品	三饶钉桌		
数量统计/个	5	7	11	23		

（2）周边资源类型评价

①自然资源质量良好，但数量和种类较少

对照国家旅游资源分类标准，饶平西片古道文化遗产廊道周边地区的自然资源为地文景观和水域风光主类，资源单体数量只有 2 个，仅占总资源数 8.7%。古道附近的西岩山是粤东名山，面积 27 千米²，山峰海拔多在千米以上，主峰上尖髻海拔 1256 米，为饶平全县最高峰；中峰笔架山海拔 1032 米，建有县重点文物保护单位西岩寺，山腰有仙人桥、仙岩寺、藏命洞、七仙墩、仙脚迹等胜地，山上奇石众多，而且形态各异，活灵活现，风光优美，让人流连忘返。黄冈河是广东省东部与福建省西南部接壤的河流，发源于饶平县上善大崇坪，由北而南流贯饶平县，滋润着全县 85% 以上的地区。河长 87.2 千米，集雨面积 1621 千米²（其中广东省境内 1588 千米²），是饶平主要水资源河流，饶平人民的母亲河。西岩山和黄冈河生态环境优越，对于西片古道发展生态旅游提供了良好的资源基础。

②人文资源单体数量比例大

在饶平西片古道文化遗产廊道周边区域的 23 个资源单体中，人文资源单体达21 个，占比 91.30%。人文资源与自然资源单体数量之比高达 10：1。人文资源涵盖遗址遗迹、建筑与设施和旅游商品 3 个主类。其中，以建筑与设施资源单体数为最多，达 15 个，占资源单体总数的 65.21%。遗址遗迹资源单体数量为 1 个；旅游商品资源单体数量为 5 个。饶平西片古道文化遗产廊道周边区域是饶平县旅游最具有地域文化特色的区域，其文化资源丰富，拥有潮州文化、客家文化、历史民俗工艺文化等优势文化资源。

③居住地与社区亚类的单体数量突出

居住地与社区亚类有资源单体 11 个，占人文资源单体总数的 52.38%。其中，传统与乡土建筑基本类型有资源单体 8 个。饶平西片古道文化遗产廊道周边有广东省文物保护单位马坑村镇福楼、潮州市文物保护单位营前楼、扶阳楼及饶平县文物保护单位永昌楼、西岩寺等多处古建筑，古道周边古建筑资源丰富，独具特色，具有继续投入开发的价值。而其他 6 个亚类的单体数量较少，仅在 1—5 个。

④客家饮食文化特征明显

西片古道所在地饶平县上饶镇属客家地区，崇尚客家饮食文化，拥有茂芝米粉、茂芝腊肠、黄皮豆干、斜予塘蜂蜜等独具特色的纯绿色风味食品。

2. 周边资源等级评价

（1）周边资源等级评定

通过对饶平西片古道文化遗产廊道周边资源进行评价，得出饶平西片古道文化遗产廊道周边资源的等级情况，如表 3-16 和表 3-17 所示。其中，五级特品级资源 0 项，四级与三级优良级资源分别为 0 项与 2 项，二级与一级普通级资源分别为 10 项与 11 项。

表 3-16　饶平西片古道文化遗产廊道周边资源定量评价表

资源单体名称	评价项目								总得分	资源等级评定
	资源要素评价				资源影响力		资源可用度			
	观赏游憩价值	历史文化科学艺术价值	奇特度	完整性	知名度和影响力	美誉度	传承度	旅游开发条件		
三饶钉桌	14	10	7	8	5	8	5	8	65	三
镇福楼	12	9	7	7	5	8	8	8	64	三
西岩山	11	7	7	8	4	7	7	7	58	二
黄冈河	10	8	6	6	4	7	6	7	54	二
茂芝会议旧址	11	7	5	6	4	8	6	7	54	二
营前楼	10	6	6	6	3	7	7	7	52	二
扶阳楼	10	6	6	6	3	7	7	7	52	二
西岩寺	9	7	5	6	4	7	6	6	50	二
西岩水库	11	6	5	6	4	6	6	6	50	二
张伟烈故居	10	5	4	6	3	5	6	6	45	二
飞龙主人张琏故居	10	5	4	6	3	5	6	6	45	二
永昌楼	9	5	5	5	2	6	6	7	45	二
华封楼	9	5	5	5	2	6	6	5	43	一

续表

资源单体名称	评价项目								总得分	资源等级评定
	资源要素评价				资源影响力		资源可用度			
	观赏游憩价值	历史文化科学艺术价值	奇特度	完整性	知名度和影响力	美誉度	传承度	旅游开发条件		
宝塔寺	8	6	4	5	3	6	5	5	42	一
青阳楼	8	5	5	5	2	6	5	4	40	一
上饶楼	8	5	5	4	2	6	5	5	40	一
朝阳楼	8	5	5	4	2	5	6	5	40	一
自东村	8	4	5	6	2	4	5	5	39	一
饶北公园	9	4	2	6	2	4	5	4	36	一
茂芝腊肠	4	3	2	8	2	4	8	5	36	一
茂芝米粉	4	3	2	7	2	4	7	5	34	一
斜予塘蜂蜜	4	3	2	7	2	4	7	4	33	一
黄皮豆干	4	3	2	7	1	3	7	4	31	一

表 3-17　饶平西片古道文化遗产廊道周边资源等级情况

资源等级	资源得分	资源单体数量/个	资源单体名称
五级资源	≥90	0	无
四级资源	75−89	0	无
三级资源	60−74	2	三饶钉桌、镇福楼
二级资源	45−59	10	西岩山、黄冈河、茂芝会议旧址、营前楼、扶阳楼、西岩寺、西岩水库、张伟烈故居、飞龙主人张琏故居、永昌楼
一级资源	30−44	11	华封楼、宝塔寺、青阳楼、上饶楼、朝阳楼、自东村、饶北公园、茂芝腊肠、茂芝米粉、斜予塘蜂蜜、黄皮豆干

（2）周边资源总体评价

①资源总体品质较低

由表 3-17 可见，饶平西片古道文化遗产廊道周边现有五级资源、四级资源 0 项，三级资源 2 项，二级资源 10 项，一级资源 11 项。在所有参与评价、分析的资源单体中，四级资源所占比例是 0%，三级资源所占比例是 8.69%，二级资源所占比例是 43.48%，一级资源占比 47.83%（图 3-3）。根据资源所占的比例可以看出，优良级文化遗产廊道周边资源仅占比 8.69%，普通级文化遗产廊道周边资源占比 91.30%。

从等级评价来看，饶平西片古道文化遗产廊道周边资源各项得分平均状况相对比较不均衡，只有完整性和传承度指标的得分比较理想，说明饶平西片古道文化遗产廊道周边的旅游资源总体品质不高，没有打造成著名的旅游品牌。

②文化遗产较为丰富

建于明代嘉靖年间的饶平西片古道，拥有深厚的历史文化及独特的红色旅游资源，不仅曾是历史上"两省四县"商家民众往返的必经之路，更是一条红军路，大革命时期，朱德率领的南昌起义部队从梅州大埔县三河坝由此道进入茂芝，在全德学校召开了著名的"茂芝会议"，是中共历史上一次重要的军事会议。目前，古道拥有茂芝会议旧址、镇福楼、华封楼、青阳楼、营前楼、扶阳楼、上饶楼、永昌楼、朝阳楼等保存完好的历史遗产，这些文化遗产具有较高的历史研究价值和旅游、探险、健身的开发利用价值。

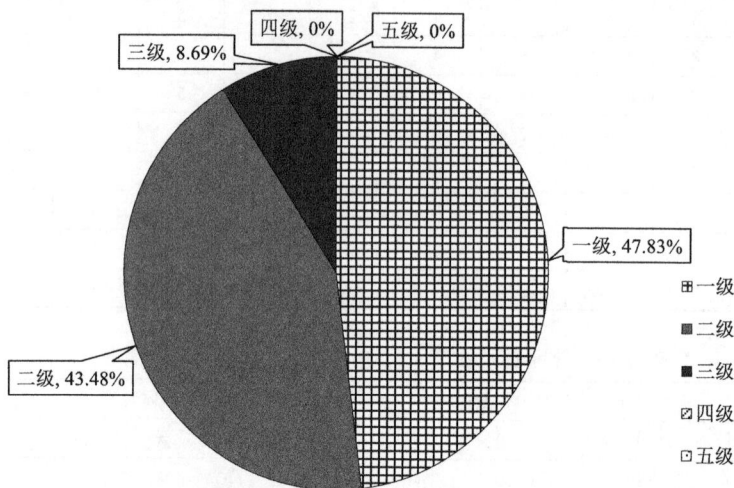

图 3-3　饶平西片古道文化遗产廊道周边资源等级结构图

③旅游资源建设档次不高，产品同构性问题严重

饶平西片古道文化遗产廊道周边区域大多为农村地区，目前由于古道周边的农村地区经济实力较弱、基础设施差、科技水平低等多种因素的制约，饶平西片古道文化遗产廊道乡村旅游产品数量较少，资源类型及功能较为单一，大部分资源特色不明显，旅游产品档次低，吸引力不强，没有品牌产品。产品的组合也较为凌乱，旅游产品同构性问题严重。古道部分资源的开发只停留在表面层次，更为丰富的资源未能得到充分的开发与利用。而且，旅游产品参与性不足，使活动形式过于单调，无法满足游客的多种需求。

④景点细小且分布散

饶平西片古道文化遗产廊道周边区域的资源分布较为分散，相互距离较远，而且缺乏龙头和高品位景区（点）带动，影响力和辐射力不强，长线客源稀少，旅游经济效益不显著。

⑤古建筑传承和保护困难较多

饶平西片古道文化遗产廊道周边区域的古建筑容易受自然灾害、气象变更等影响而遭受破坏，改变古道的历史原貌。另外，古道沿线重要的历史遗迹缺乏景观标识和介绍，使民众无从了解其重要价值，古建筑的保存受到挑战。

⑥配套设施不完善

当前，西片古道旅游尚处于待开发阶段，周边村落未开展相关的旅游经营活动。旅游相关配套设施欠缺，游客中心、旅游标识、停车场、厕所等旅游配套设施尚未建设。

（三）文化遗产廊道价值评价

1. 遗产保护价值

饶平西片古道文化遗产廊道历史文化资源丰富，拥有西片村、自东村、镇福楼、华封楼、青阳楼、营前楼、扶阳楼、上饶楼、永昌楼、朝阳楼、分水亭、农民起义军张琏古兵寨遗址、三饶饤桌等文化遗产，历史文化积淀深厚。其中，饶平彩青习俗（三饶饤桌）闻名中外。三饶饤桌也叫"摆桌碗""摆碟"，由古代的饤饾摆设演化而来，是三饶元宵节期间陈列在街上的传统食品花样工艺，现为广东省非物质文化遗产。陈列品主要以花木盆景、围屏、果盒、剪纸、果蔬、五谷（染成各种颜色，排列出各种吉祥图案、文字于碗、盘、碟中）、面粉（捏制成各种动植物置于盘里）等组成。

饶平西片古道文化遗产廊道的构建有利于加强对西片古道历史文化肌理的保护和延续，加大对古道周边古村落、客家土楼群、红色遗址等历史文物的保护力度，构筑西片古道完整的历史文化景观，以减少对西片古道遗产历史原真性的破坏，更好地保护古道沿线的文化遗产。

2. 历史传承价值

饶平西片古道是在一定历史条件下饶平人突破封闭地域的限制与外界交往而形成的道路遗迹。途经西片古道的饶平县虽然扎根在潮汕地区，但也养育了许多客家人，而且这片水土使得潮汕文化和客家文化和谐地融合，两种文化的融合为西片古道的活化利用奠定了重要的基础。西片古道作为历史发展的产物，反映了饶平县当时的自然生态和政治、经济、文化等状况，从一个侧面记载了饶平县发展的进程。

饶平西片古道文化遗产廊道的构建有利于民众了解西片古道文化的形成、传播与扩散情况及饶平县重要的历史事件。饶平西片古道文化遗产廊道是最好的历史文化学习课堂，有利于开拓和提高人们的思想境界，丰富其历史知识，加深他们对饶平西片古道文化遗产廊道的认识，提高西片古道对外的影响力和知名度。

3. 社会经济价值

近年来，徒步旅游兴起，饶平西片古道文化遗产廊道可串联沿线各类文化遗产资源，作为一种动态的、生态的文化景观，使游客在获得自然景观审美的同时，也同时体会到饶平文化的厚重感。饶平西片古道文化遗产廊道将古道周边的各类文化遗产资源串联起来，形成文化遗产的综合体，将有形遗产与无形文化、自然景观与人文景观融为一体，拓展了文化生态旅游的内涵和外延。人们在徒步旅游的同时可以感受古道厚重的历史，了解沿线的风土人情，增加对沿线生态景观、传统历史文化的认识。饶平西片古道文化遗产廊道的构建有利于改善古道沿线人民的生活，使当地人民通过遗产的综合利用实现生活水平的提高。因此，饶平西片古道文化遗产廊道潜在的社会经济价值非常巨大。

4. 旅游开发价值

饶平西片古道沿线周边区域具有丰富的旅游资源，独具特色，其中广东省非物质文化遗产饶平彩青习俗（三饶钉桌）具有较高的欣赏价值、美术价值、审美价值和历史价值，对游客的吸引力较大。饶平西片古道文化遗产廊道的构建可整合古驿道周边的西岩山、茂芝会议旧址、西岩寺、善福寺、宝塔寺、客家古村落、土楼群等自然与人文资源，将古道的自然资源与周边村落产业和历史遗迹相结合，形成网络化、融入村民生活的全新旅游模式。西片古道可积极发展美食旅游产品，扶持依托传统民居和文化的项目，实现以古街、古楼、古寺庙为重点的"潮文化"旅游产品精品化发展，致力将上饶镇打造成为集古道观光、红色爱国教育、客家文化体验、生态休闲度假、宗教祈福等于一体的特色旅游小镇。

四、汕头樟林古港驿道文化遗产廊道资源普查与评价

（一）本体资源普查与评价

1. 本体资源概况

（1）本体资源类型

根据国家标准《旅游资源分类、调查和评价》（GB/T 19872—2017），汕头樟林古港驿道文化遗产廊道本体资源涉及 5 个主类 8 个亚类和 12 个基本类型，共 16 个资源单体（表 3-18）。

表 3-18　樟林古港驿道文化遗产廊道本体资源普查分类表

大类	主类	亚类	基本类型	资源单体名称	资源单体数量/个	资源数占比/%
自然资源	水域风光	河段	观光游憩河段	古港河	1	6.25
人文资源	遗址遗迹	社会经济文化活动遗址遗迹	交通遗迹	新兴街古栈道	1	6.25
	建筑与设施	综合人文旅游地	宗教与祭祀活动场所	天后宫	9	56.25

续表

大类	主类	亚类	基本类型	资源单体名称	资源单体数量/个	资源数占比/%
人文资源	建筑与设施	综合人文旅游地	文化活动场所	古港路健身绿道		
		单体活动场馆	展示演示场馆	"红头船"博物馆		
		居住地与社区	传统与乡土建筑	潮汕古民居		
			特色街巷	新兴街、南盛里、八街		
			特色社区	樟林古村落		
			名人故居与历史纪念建筑	秦牧故居		
	旅游商品	地方旅游商品	菜品饮食	猪脚饭、绿豆糕	2	12.50
	人文活动	民间习俗	地方风俗与民间礼仪	游火帝、游乡船	3	18.75
		现代节庆	文化节	妈祖文化节		
数量统计/个	5	8	12	16		

（2）本体资源类型评价

①资源分布不均衡，人文资源占主导

汕头樟林古港驿道文化遗产廊道本体资源主要以历史文化资源为主，自然生态类旅游资源较少。人文资源单体数量达 15 个。汕头樟林古港驿道文化遗产廊道本体人文资源分布于遗址遗迹、建筑与设施、旅游商品和人文活动 4 个主类，其中遗址遗迹资源单体 1 个，建筑与设施资源单体 9 个，旅游商品资源单体 2 个，人文活动资源单体 3 个。

汕头樟林古港驿道文化遗产廊道本体自然资源只有 1 个，即古港河。对照国家旅游资源分类标准，古港河属水域风光主类。

②建筑与设施资源单体数量突出

汕头樟林古港驿道文化遗产廊道本体资源主要集中在建筑与设施资源，其资源单体数占古道本体资源单体总数的 56.25%。建筑与设施资源主要涉及宗教与祭祀活动场所、文化活动场所、展示演示场馆、传统与乡土建筑、特色街巷、特色社区、名人故居与历史纪念建筑 7 个基本类型。

2. 本体资源等级评价

汕头樟林古港驿道文化遗产廊道本体资源评价见表 3-19。

表 3-19　汕头樟林古港驿道文化遗产廊道本体资源评价

评价项目	评价因子	评价依据	赋分
廊道资源条件（70分）	廊道连通性（20分）	廊道基底连续性良好	15
	廊道保存完整性（20分）	廊道轻微残损	15
	资源级别构成（10分）	拥有地市级资源	5
	观赏游憩价值（10分）	具有很高的观赏和游憩价值	6

续表

评价项目	评价因子	评价依据	赋分
廊道资源条件（70分）	历史文化价值（10分）	具有省级意义的历史文化价值	5
区位社会条件（15分）	区位优势（10分）	区位交通条件一般	4
	经济发展水平（5分）	经济发展水平一般	3
廊道生态环境条件（15分）	生态环境质量（15分）	生态环境质量一般	8
总分			61

通过对汕头樟林古港驿道文化遗产廊道本体资源进行评价，樟林古港驿道文化遗产廊道本体资源评价总分为 61 分，本体资源的等级为三级。调查结果表明，汕头樟林古港驿道位处居民区内，由于地理环境变迁等原因，樟林古港已经淤积成为内陆地区，周边居住密度过高，致使文物古迹长期以来管理维护不到位，古港河水体污染严重，沿河部分地段乱搭乱建现象普遍，缺乏相应的基础设施和公共空间，整体环境杂乱有待提升，但海洋文化遗存丰富，有些古建筑虽经岁月风雨，破损有加但还清晰可辨，有望成为人们旅游观光、重温历史、接受教育的去处，对华人华侨、寻根问祖类游客也具有一定的吸引力。

樟林古港驿道区位交通条件一般，对外交通主干道主要是国道 G324 线、省道 S335 线，但年代较久远，路面较窄且存在破碎、坑洼问题，需要进一步扩建完善。目前樟林古港驿道与周边景区交通接驳不便。

（二）周边资源普查与评价

1. 周边资源概况

（1）周边资源类型

根据国家标准《旅游资源分类、调查和评价》（GB/T 19872—2017），汕头樟林古港驿道文化遗产廊道周边地区资源共涉及 5 个主类 7 个亚类和 12 个基本类型，共 20 个资源单体（表 3-20）。自然资源与人文资源均有分布，资源组合度较好，其中部分人文资源较为优良。

表 3-20　汕头樟林古港驿道文化遗产廊道周边资源普查分类表

大类	主类	亚类	基本类型	资源单体名称	资源单体数量/个	资源数占比/%
自然资源	水域风光	河段	观光游憩河段	北溪河	1	5
人文资源	遗址遗迹	社会经济文化活动遗址遗迹	历史事件发生地	炮台山	1	5
	建筑与设施	综合人文旅游地	康体游乐休闲度假地	莲华乡村旅游区	12	60
			宗教与祭祀活动场所	山海雄镇庙、风伯庙、水仙古寺		
			文化活动场所	中山南路文体广场		

续表

大类	主类	亚类	基本类型	资源单体名称	资源单体数量/个	资源数占比/%
人文资源	建筑与设施	单体活动场馆	祭拜场馆	起凤陈公祠	12	60
		居住地与社区	传统与乡土建筑	西塘庭园、锡庆堂、节孝牌坊		
			名人故居与历史纪念建筑	蚁光炎故居、蚁美厚故居		
			书院	"哲谋广居"书斋		
	旅游商品	地方旅游商品	菜品饮食	鼠壳粿、草粿、青叶粿	4	20
			农林畜产品与制品	林檎		
	人文活动	民间习俗	地方风俗与民间礼仪	澄海灯谜、斗鸟	2	10
数量统计/个	5	7	12	20		

（2）周边资源类型评价

①自然资源质量良好，但数量和种类较少

对照国家旅游资源分类标准，汕头樟林古港驿道文化遗产廊道周边地区的自然资源分布于水域风光主类，资源单体数量只有 1 个，即北溪河，仅占总资源数 5%。北溪河生态环境较好，具有良好的开发基础。

②人文资源单体数量比例大

在汕头樟林古港驿道文化遗产廊道周边区域的 20 个资源单体中，人文资源类单体达 19 个，占比 95%。人文资源与自然资源单体数量之比高达 19∶1。人文资源涵盖遗址遗迹、建筑与设施、旅游商品和人文活动 4 个主类。其中，以建筑与设施资源单体数为最多，达 12 个，占资源单体总数的 60%。旅游商品的资源单体数量为 4 个，人文活动资源单体数量为 2 个，遗址遗迹的资源单体数量为 1 个。汕头樟林古港驿道文化遗产廊道周边人文资源丰富，资源组合结构良好，特色突出，是古驿道开发历史文化旅游重要的保障。

③居住地与社区资源单体数量突出

居住地与社区资源单体有 6 个，单体数目占人文资源单体总数的 31.58%。其中，传统与乡土建筑基本类型有资源单体 3 个，说明汕头樟林古港驿道文化遗产廊道周边区域古建筑资源较为丰富，独具特色，具有旅游开发的价值。

2. 周边资源等级评价

（1）周边资源等级评定

通过对汕头樟林古港驿道文化遗产廊道周边资源进行评价，得出汕头樟林古港驿道文化遗产廊道周边资源的等级情况，如表 3-21 和表 3-22 所示。其中，五级特品级资源 0 项，四级与三级优良级资源分别为 2 项与 0 项，二级与一级普通级资源分别为 7 项与 11 项。

表 3-21　汕头樟林古港驿道文化遗产廊道周边资源定量评价表

资源单体名称	评价项目								总得分	资源等级评定
	资源要素评价				资源影响力		资源可用度			
	观赏游憩价值	历史文化科学艺术价值	奇特度	完整性	知名度和影响力	美誉度	传承度	旅游开发条件		
澄海灯谜	16	15	7	8	7	8	9	8	78	四
莲华乡村旅游区	15	14	7	8	7	8	8	8	75	四
"哲谋广居"书斋	10	5	6	6	5	6	6	7	51	二
节孝牌坊	10	5	5	6	4	6	6	6	48	二
西塘庭园	9	5	4	7	3	5	7	7	47	二
蚁美厚故居	9	4	4	7	4	6	6	6	46	二
起凤陈公祠	8	5	3	7	4	6	6	6	45	二
锡庆堂	8	4	4	8	3	5	6	7	45	二
蚁光炎故居	9	4	4	6	4	6	6	6	45	二
中山南路文体广场	7	4	2	8	3	5	7	6	41	一
山海雄镇庙	8	4	4	6	3	5	5	5	40	一
鼠壳粿	2	2	2	8	5	7	8	6	40	一
林檎	2	2	2	8	4	6	8	7	39	一
炮台山	5	5	3	7	2	5	7	4	38	一
水仙古寺	7	4	3	6	2	5	6	5	38	一
草粿	2	2	1	8	5	7	8	6	37	一
青叶粿	2	2	2	7	4	6	8	6	37	一
北溪河	4	3	3	8	3	5	5	4	35	一
风伯庙	6	3	3	5	2	4	6	4	33	一
斗鸟	3	2	2	6	3	5	5	4	30	一

表 3-22　汕头樟林古港驿道文化遗产廊道周边资源等级情况

资源等级	资源得分	资源单体数量/个	资源单体名称
五级资源	≥90	0	无
四级资源	75—89	2	澄海灯谜、莲华乡村旅游区
三级资源	60—74	0	无
二级资源	45—59	7	"哲谋广居"书斋、节孝牌坊、西塘庭园、蚁美厚故居、起凤陈公祠、锡庆堂、蚁光炎故居
一级资源	30—44	11	中山南路文体广场、山海雄镇庙、鼠壳粿、林檎、炮台山、水仙古寺、草粿、青叶粿、北溪河、风伯庙、斗鸟

（2）周边资源总体评价

①资源总体品质较低

由表 3-22 可见，汕头樟林古港驿道文化遗产廊道周边现有四级资源 2 项，三级资源 0 项，二级资源 7 项，一级资源 11 项。在所有参与评价、分析的资源单体中，四级资源所占比例是 10%，三级资源所占比例是 0%，二级资源所占比例是 35%，一级资源占比 55%（图 3-4）。根据资源所占的比例可以看出，优良级文化遗产廊道周边资源仅占 10%，普通级文化遗产廊道周边资源占比 90%。

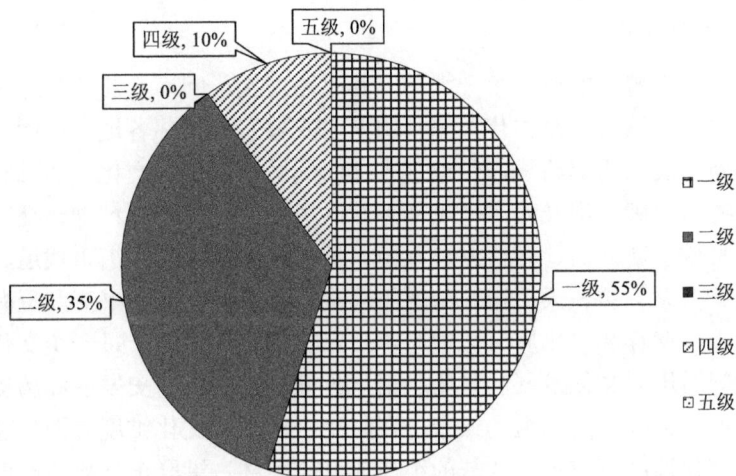

图 3-4　汕头樟林古港驿道文化遗产廊道周边资源等级结构图

从等级评价来看，汕头樟林古港驿道文化遗产廊道周边资源各项得分状况相对比较不均衡，只有完整性和传承度指标的得分比较理想，说明汕头樟林古港驿道文化遗产廊道周边缺乏大体量高品质的旅游资源，缺乏高吸引力的旅游品牌。

②地方特色美食众多

汕头樟林古港驿道文化遗产廊道周边区域的美食富于地方风味，这些特色美食深受游客喜爱。

③资源精品化程度较低

汕头樟林古港驿道文化遗产廊道周边区域虽然拥有丰富的旅游资源和深厚的文化内涵，但其资源的产品化和精品化程度较低，开发建设进度滞后，且以开发传统意义上的旅游产品为主，缺乏迎合人们的旅游偏好，顺应旅游业发展趋势的新型旅游产品。目前古道周边区域还有很多旅游资源尚未保护和开发，景点开发建设不完善。

④各资源之间联系不密切

汕头樟林古港驿道文化遗产廊道周边区域各景点之间的交通联系较弱，大部分景点之间没有旅游班车或旅游专线车，严重制约了景点的内部可达性。

⑤配套设施不完善

汕头樟林古港驿道文化遗产廊道旅游公共服务设施尚不完善，仅有 1 个简易停车场，游客中心、旅游标识系统等欠缺。周边住宿设施较少，基本处于空白状态。

（三）文化遗产廊道价值评价

1. 遗产保护价值

樟林古港作为曾经的粤东第一大港，其水路连接了闽南、江西等地区，跨越了多条行政界线，该古道是古代粤东、闽西南及赣东南毗邻各地移民因商贸活动而形成和不断发展的历史路线，带动了古道沿线民众思想、文化、商品和价值观的交融，是粤东、闽西南及赣东南毗邻各地人民文化、意识、精神传播与交流的物质载体，形成了新兴街、南盛里、八街、樟林古村落、新兴街古栈道、西塘庭园、锡庆堂、节孝牌坊、天后宫、起凤陈公祠、"哲谋广居"书斋和澄海灯谜等众多历史遗迹、遗存和非物质文化遗产，是宝贵的文化财富。每一个文化遗产都是樟林古港驿道历史文化发展的重要见证，见证了樟林的历史发展和历史文脉。这些文化遗产以樟林古港驿道为纽带，在时空、历史或文化维度方面构建起内在联系，成为文化遗产廊道不可或缺的组成成分。樟林古港驿道文化遗产廊道的构建有利于搭建区域内的遗产保护框架，在此框架下，不仅保护了具有重大价值的遗产资源，而且将一些知名度不大、保存较差，但又是樟林古港驿道多样性文化表述不可或缺的文化遗产整合到文化遗产廊道的保护体系中加以展示和保护。

2. 历史文化价值

在古代，樟林古港既承担着"粤东地区海运贸易中心"的重任，又为大规模海外移民开拓无限广阔的航道。而目前，樟林古港大部分遗迹和极具潮汕侨乡特色的文化和民俗仍得以保存，文化底蕴深厚，樟林古港驿道是潮汕华侨文化的独特组成部分，不仅是潮汕华侨文化精神的缩影，更是中国华侨文化精神历史的"博物馆"，它体现了华侨勇于探索、开放的精神，以及心系家乡的深厚情感。汕头樟林古港驿道文化遗产廊道的构建对研究樟林古港的光辉历史、清代远洋航海事件、贸易及对潮汕华侨先辈出国启航圣地的纪念，有极大的价值，同时也有利于更好地开发樟林的华侨历史资源，让其继续发挥侨乡文化交流平台的作用，实现更大的社会效益。

3. 旅游开发价值

作为"广东十大海上丝绸之路文化地理坐标"之一的樟林古港，现有多处文物保护单位、不可移动文物及较有价值的历史建筑。其中，新兴街古栈道、西塘庭园、秦牧故居、天后宫等具有较高文化旅游价值的一批古建筑、近现代代表性建筑保存尚好，构成了环古港河的独具"潮""侨"文化特色的樟林古港历史文化街区，表现出汕头自古以来作为海上丝绸之路重要节点的深厚历史底蕴和多元文化内涵，极具旅游开发价值。对樟林古港驿道进行旅游开发，并加以保护和修缮，有助于发挥樟林古港驿道作为历史文化瑰宝的重大作用，为樟林的发展注入新的活力。

五、从化钱岗古道文化遗产廊道资源普查与评价

（一）本体资源普查与评价

1. 本体资源概况

（1）本体资源类型

根据国家标准《旅游资源分类、调查和评价》（GB/T 19872—2017），从化钱岗古道文化遗产廊道本体资源涉及 3 个主类 6 个亚类和 7 个基本类型，共 8 个资源单体（表 3-23）。

表 3-23　从化钱岗古道文化遗产廊道本体资源普查分类表

大类	主类	亚类	基本类型	资源单体名称	资源单体数量/个	资源数占比/%
人文资源	遗址遗迹	社会经济文化活动遗址遗迹	交通遗迹	三坑口指路石	1	12.5
	建筑与设施	单体活动场馆	祭拜场馆	广裕祠、颜村陆氏大公祠	6	75
		景观建筑与附属型建筑	建筑小品	灵秀坊牌坊		
		居住地与社区	特色社区	钱岗古村		
			名人故居与历史纪念建筑	陆炜故居		
		水工建筑	水库观光游憩区段	沙溪水库		
	旅游商品	地方旅游商品	农林畜产品与制品	钱岗"糯米糍"荔枝	1	12.5
数量统计/个	3	6	7		8	

（2）本体资源类型评价

①人文资源丰富

从化钱岗古道文化遗产廊道本体资源集中于人文资源，共 8 个本体资源单体，其中遗址遗迹资源单体 1 个，建筑与设施资源单体 6 个，旅游商品资源单体 1 个。从化钱岗古道文化遗产廊道拥有广裕祠、颜村陆氏大公祠、灵秀坊牌坊、钱岗古村、陆炜故居等优质人文资源。从化钱岗古道文化遗产廊道本体资源人文

特色鲜明，便于开发。不过从化钱岗古道文化遗产廊道本体资源类型较为单一，缺少自然旅游资源，各种资源的类型组合与互补不够理想。

②建筑与设施资源单体数量突出

从化钱岗古道文化遗产廊道本体资源主要集中在建筑与设施类资源，其资源单体数占从化钱岗古道文化遗产廊道本体资源单体总数的75%。其单体包括单体活动场馆、景观建筑与附属型建筑、居住地与社区、水工建筑4个亚类，涉及其中的5个基本类型。

2. 本体资源等级评价

从化钱岗古道文化遗产廊道本体资源评价见表3-24。

表3-24　从化钱岗古道文化遗产廊道本体资源评价

评价项目	评价因子	评价依据	赋分
廊道资源条件（70分）	廊道连通性（20分）	廊道基底连续性良好	11
	廊道保存完整性（20分）	廊道严重残损	7
	资源级别构成（10分）	拥有国家级资源	9
	观赏游憩价值（10分）	具有很高的观赏和游憩价值	8
	历史文化价值（10分）	具有全国意义的历史文化价值	8
区位社会条件（15分）	区位优势（10分）	区位交通条件良好	8
	经济发展水平（5分）	经济发展水平较高	4
廊道生态环境条件（15分）	生态环境质量（15分）	生态环境质量很好	13
总分			68

通过对从化钱岗古道文化遗产廊道本体资源进行评价，从化钱岗古道文化遗产廊道本体资源评价总分为68分，本体资源的等级为三级。调查结果表明，从化钱岗古道示范段全长约14千米，起点为文阁墟，终点是上清幽村，其基底连续性良好，但廊道严重残损，沿线共3处古道遗存，分布于钱岗古村、三坑口和上清幽村，总长700多米。其中以钱岗古村段保留得较为完好，其他段落局部残损，处于荒废状态。从化钱岗古道文化遗产廊道历史积淀深厚，拥有钱岗古村、广裕祠、颜村陆氏大宗祠、陆炜故居、三坑口指路石、灵秀坊牌坊、陆氏宗祠等重要古遗迹节点。

从化钱岗古道文化遗产廊道交通较为便利。其主要通过国道G105线与大广高速、派街高速等与外部交通网络衔接。目前，从化钱岗古道文化遗产廊道周边村落的道路已硬底化。从化钱岗古道文化遗产廊道生态环境优良，相对较具旅游开发潜力。

（二）周边资源普查与评价

1. 周边资源概况

（1）周边资源类型

根据国家标准《旅游资源分类、调查和评价》（GB/T 19872—2017），从化钱岗古道文化遗产廊道周边地区资源共涉及 7 个主类 14 个亚类和 20 个基本类型，共 46 个资源单体（表3-25）。自然资源与人文资源均有分布，资源组合度较好，其中部分人文资源较为优良。

表3-25　从化钱岗古道文化遗产廊道周边资源普查分类表

大类	主类	亚类	基本类型	资源单体名称	资源单体数量/个	资源数占比/%
自然资源	地文景观	综合自然旅游地	自然标志地	北回归线标志塔	1	2.17
	水域风光	河段	观光游憩河段	流溪河	2	4.35
		泉	地热与温泉	仙沐园温泉		
	生物景观	树木	林地	流溪河国家森林公园、石门国家森林公园、沙溪水库	6	13.04
			丛树	流溪香雪、红叶		
		花卉地	林间花卉地	油菜花		
人文资源	遗址遗迹	史前人类活动场所	人类活动遗址	狮象古人类遗址	2	4.35
		社会经济文化活动遗址遗迹	交通遗迹	龟咀渡口		
	建筑与设施	综合人文旅游地	康体游乐休闲度假地	碧水湾温泉度假村、温泉风景名胜区、威格诗温泉庄园、广州抽水蓄能电厂旅游度假区、田心农家乐、大丘园生态农庄	19	41.30
			宗教与祭祀活动场所	学宫大成殿		
			园林游憩区域	大金峰生态景区		
			动物与植物展示地	宝趣玫瑰世界、天适樱花悠乐园		
		单体活动场馆	祭拜场馆	防御使钟公祠		
		景观建筑与附属型建筑	摩崖字画	天医处、枕流漱石、百丈飞涛泻漏天		
		居住地与社区	特色社区	钟楼古村、溪头村		
			特色店铺	泰成大押旧址		
		归葬地	墓（群）	邝衍聚夫妇墓、钟轼墓		
	旅游商品	地方旅游商品	菜品饮食	泥焗走地鸡、吕田焖大肉、流溪大鱼头、香叶乌鬃鹅、桂峰酿豆腐、吕田大芥菜、吕田腊味	9	19.57
			农林畜产品与制品	高山番薯、杨梅		

续表

大类	主类	亚类	基本类型	资源单体名称	资源单体数量/个	资源数占比/%
人文资源	人文活动	民间习俗	民间演艺	掷彩门、上灯、水族舞、醒狮、猫头狮、客家山歌、麒麟舞	7	15.22
数量统计/个	7	14	20	46		

（2）周边资源类型评价

①资源单体类型主类比较齐全

由表 3-25 可见，本次调查涉及的资源单体分属于地文景观、水域风光、生物景观、遗址遗迹、建筑与设施、旅游商品和人文活动七大主类。在国家标准的 8 个主类，从化钱岗古道文化遗产廊道周边地区拥有 7 个主类，占比 87.5%，这一种类数量对于一条古道的周边地域范围来说已经较为齐全。由于钱岗古道地处珠江三角洲平原的东北部边缘，地貌上为低丘陵区，所以地形与气候现象方面没有出现较为特别的景观。

②自然资源质量良好，但数量和种类较少

从化钱岗古道文化遗产廊道周边地区的自然资源较少，自然资源单体数量仅有 9 个，占总资源数 19.56%。对照国家旅游资源分类标准，从化钱岗古道文化遗产廊道周边地区的自然资源分布于地文景观、水域风光和生物景观 3 个主类。由于大自然的鬼斧神工，温泉资源多集中于钱岗古道沿线，区域内有碧水湾温泉度假村、温泉风景名胜区、威格诗温泉庄园等著名康体游乐休闲度假地。其中，位于良口镇的碧水湾温泉度假村为国家 4A 级旅游景区，度假村建筑面积达 4 万多米 ^{2}，以大型露天苏打型温泉为特色，集住宿、餐饮、休闲娱乐、会议、商务等功能于一体。

③人文资源单体数量比例大

在从化钱岗古道文化遗产廊道周边区域的 46 个资源单体中，人文资源单体达 37 个，占比 80.44%。人文资源与自然资源单体数量之比高达 4:1。人文资源涵盖遗址遗迹、建筑与设施、旅游商品和人文活动 4 个主类。其中，以建筑与设施资源单体数为最多，达 19 个，占资源单体总数的 41.3%。旅游商品资源单体数量为 9 个；人文活动资源单体数量为 7 个；遗址遗迹的资源单体数量为 2 个。人文资源单体数量多，展现出钱岗古道周边丰富的人文资源。

④综合人文旅游地、地方旅游商品、民间习俗资源单体数量突出

综合人文旅游地资源单体有 10 个，地方旅游商品资源单体有 9 个，民间习俗资源单体有 7 个，这三个亚类的资源单体数目占人文资源单体总数的 70.27%。史前人类活动场所、社会经济文化活动遗址遗迹、单体活动场馆、景观建筑与附属型建筑、居住地与社区、归葬地六个亚类的单体数量较少，仅有

1—3 个。

2. 周边资源等级评价

（1）周边资源等级评定

通过对从化钱岗古道文化遗产廊道周边资源进行评价，得出从化钱岗古道文化遗产廊道周边资源的等级情况，如表 3-26 和表 3-27 所示。其中，五级特品级资源 0 项，四级与三级优良级资源分别为 3 项与 16 项，二级与一级普通级资源分别为 19 项与 8 项。

表 3-26　从化钱岗古道文化遗产廊道周边资源定量评价表

资源单体名称	评价项目								总得分	资源等级评定
	资源要素评价				资源影响力		资源可用度			
	观赏游憩价值	历史文化科学艺术价值	奇特度	完整性	知名度和影响力	美誉度	传承度	旅游开发条件		
碧水湾温泉度假村	16	15	8	8	7	8	8	8	78	四
流溪河国家森林公园	17	14	7	8	7	8	8	8	77	四
石门国家森林公园	17	14	8	7	7	7	8	8	76	四
麒麟舞	13	12	8	8	7	8	7	7	70	三
北回归线标志塔	15	11	7	8	6	7	8	7	69	三
温泉风景名胜区	15	10	7	8	5	7	7	7	65	三
广州抽水蓄能电厂旅游度假区	15	9	8	7	5	7	7	7	65	三
流溪香雪	14	8	7	7	5	7	8	8	64	三
掷彩门	12	10	7	7	5	8	8	7	64	三
学宫大成殿	14	10	8	6	5	7	8	6	64	三
流溪河	14	13	6	5	5	6	7	7	63	三
溪头村	13	9	8	7	5	7	7	7	63	三
醒狮	14	9	7	7	5	7	8	6	63	三
狮象古人类遗址	15	9	8	6	5	7	5	6	62	三
钟楼古村	12	10	7	7	5	7	6	7	61	三
水族舞	13	8	7	7	4	7	8	7	61	三
宝趣玫瑰世界	14	9	7	5	5	6	7	7	60	三
龟咀渡口	13	10	7	7	5	6	6	6	60	三
客家山歌	12	9	7	7	5	7	7	6	60	三
天适樱花悠乐园	15	7	7	5	5	6	6	6	57	二
猫头狮	12	8	6	6	4	6	7	5	54	二
上灯	12	7	6	6	4	6	7	5	53	二
沙溪水库	13	4	7	7	4	5	6	6	52	二

续表

| 资源单体名称 | 评价项目 | | | | | | | | 总得分 | 资源等级评定 |
| | 资源要素评价 | | | | 资源影响力 | | 资源可用度 | | | |
	观赏游憩价值	历史文化科学艺术价值	奇特度	完整性	知名度和影响力	美誉度	传承度	旅游开发条件		
大丘园生态农庄	12	8	6	5	4	4	7	6	52	二
防御使钟公祠	10	10	6	6	4	5	6	5	52	二
大金峰生态景区	13	7	6	4	4	5	6	6	51	二
崴格诗温泉庄园	12	5	6	6	3	5	6	7	50	二
田心农家乐	12	6	6	5	4	5	6	6	50	二
泥焗走地鸡	7	5	4	5	3	8	9	8	49	二
天医处	12	6	6	6	3	5	5	4	49	二
百丈飞涛泻漏天	11	8	7	6	3	5	5	4	49	二
枕流漱石	11	7	6	6	3	5	5	5	48	二
吕田焖大肉	6	5	4	5	3	8	8	8	47	二
香叶乌鬃鹅	7	5	4	5	3	8	8	8	47	二
仙沐园温泉	11	4	6	6	3	5	6	6	47	二
泰成大押旧址	9	8	5	6	4	4	7	4	47	二
流溪大鱼头	6	5	4	4	3	8	8	8	46	二
桂峰酿豆腐	7	5	4	5	3	8	8	7	45	二
钟轼墓	8	9	5	4	4	4	6	3	43	一
邝衍聚夫妇墓	8	8	5	4	4	3	6	3	41	一
吕田腊味	6	5	3	3	4	7	8	5	41	一
红叶	9	5	5	5	4	3	5	4	40	一
油菜花	8	5	5	5	4	3	4	4	38	一
杨梅	7	4	2	2	3	8	8	4	37	一
高山番薯	4	4	2	3	3	7	7	4	34	一
吕田大芥菜	5	4	2	3	3	6	7	3	32	一

表3-27 从化钱岗古道文化遗产廊道周边资源等级情况

资源等级	资源得分	资源单体数量/个	资源单体名称
五级资源	≥90	0	无
四级资源	75—89	3	碧水湾温泉度假村、流溪河国家森林公园、石门国家森林公园
三级资源	60—74	16	麒麟舞、北回归线标志塔、温泉风景名胜区、广州抽水蓄能电厂旅游度假区、流溪香雪、掷彩门、学宫大成殿、流溪河、溪头村、醒狮、狮象古人类遗址、钟楼古村、水族舞、宝趣玫瑰世界、龟咀渡口、客家山歌

资源等级	资源得分	资源单体数量/个	资源单体名称
二级资源	45—59	19	天适樱花悠乐园、猫头狮、上灯、沙溪水库、大丘园生态农庄、防御使钟公祠、大金峰生态景区、威格诗温泉庄园、田心农家乐、泥焗走地鸡、天医处、百丈飞涛泻漏天、枕流漱石、吕田焖大肉、香叶乌鬃鹅、仙沐园温泉、泰成大押旧址、流溪大鱼头、桂峰酿豆腐
一级资源	30—44	8	钟轼墓、邝衍聚夫妇墓、吕田腊味、红叶、油菜花、杨梅、高山番薯、吕田大芥菜

（2）周边资源总体评价

①资源丰富多样

从化钱岗古道文化遗产廊道周边资源以古村、自然山水、温泉等为主要特征，周边资源单体的基本类型达到了 20 个，总体上基本涵盖了当今游客旅游活动内容的各个方面。从旅游资源单体所对应和可开发的旅游功能方面来看，已包含观光旅游、休闲度假旅游、康复养生旅游、体育旅游、科学考察旅游、购物旅游、科普与教育旅游等众多方面，足见其旅游功能之齐全，因而所对应的客源十分广泛。

②资源品质较高，具有发展潜力

由表 3-27 可见，从化钱岗古道文化遗产廊道周边现有四级资源 3 项，三级资源 16 项，二级资源 19 项，一级资源 8 项。在所有参与评价、分析的资源单体中，四级资源所占比例是 6.52%，三级资源所占比例是 34.78%，二级资源所占比例是 41.31%，一级资源占比 17.39%（图 3-5）。根据资源所占的比例可以看出，优良级文化遗产廊道周边资源占比 41.3%，普通级文化遗产廊道周边资源占比 58.7%。

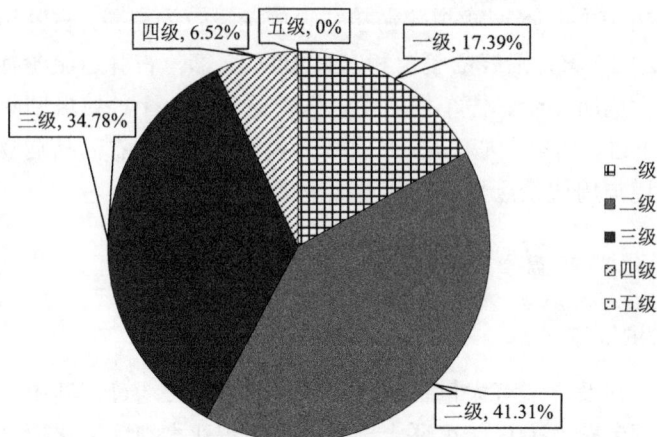

图 3-5 从化钱岗古道文化遗产廊道周边资源等级结构图

在资源等级的类型分布上，以建筑与设施类资源级别最高，包括 1 项四级资源单体（碧水湾温泉度假村）和 6 项三级资源单体（温泉风景名胜区、广州抽水蓄能电厂旅游度假区、学宫大成殿、溪头村、钟楼古村、宝趣玫瑰世界）。这些优良级的建筑与设施类资源单体，胜在将优越的自然条件与协调适度高档次的人工建筑设施的融合为一，反映出从化钱岗古道文化遗产廊道周边区域较为成熟的旅游开发现状。

从等级评价来看，从化钱岗古道文化遗产廊道周边资源各项得分状况相对比较均衡，其中资源完整性、美誉度、传承度和旅游开发条件的得分比较理想，说明从化积极加强旅游市场宣传，致力于塑造良好的旅游形象。

③资源特色鲜明

从化钱岗古道文化遗产廊道周边资源特色鲜明主要表现在以下几个方面：生态旅游资源突出，从化钱岗古道文化遗产廊道周边区域生态旅游资源数量较多，而且等级较高；温泉旅游资源特色鲜明，从化钱岗古道文化遗产廊道周边区域不仅有多处优质温泉旅游资源，且开发历史悠久，知名度和影响力高；乡村特色资源丰富多样，表现为有大量的古村落、观光农园等，具有一定的开发价值。

④资源区位条件优越

从化钱岗古道文化遗产廊道位于我国珠江三角洲北部，处于广州环城游憩圈内，交通便利。人口众多、经济发达的珠江三角洲地区具有广阔的客源市场，为开发从化钱岗古道文化遗产廊道周边区域的资源提供了条件与动力。

⑤资源区域条件良好

从化有着良好的政治、经济、社会、生态条件，特别是把旅游业作为支柱产业，采取优惠政策加以大力发展，并正在开展多个大型旅游项目，这些良好的区域条件为从化钱岗古道文化遗产廊道周边区域的资源开发与活化利用创造了良好条件。

⑥配套设施较为完善

从化钱岗古道文化遗产廊道旅游接待设施建设较为完善，古驿道沿线民宿客栈、家庭旅馆约 10 家，沿线的餐馆和农家乐约 15 家，古驿道旅游标识标牌基本完善，现有旅游厕所 1 个、停车场 2 个、医疗急救点 1 个、垃圾回收站 1 个、休闲绿道 1 条。不过，游客中心、4G 通信网络和无线网络、农商品购物店等设施尚未建立，古驿道与周边景点景区的交通接驳尚未完善。

（三）文化遗产廊道价值评价

1. 遗产保护价值

钱岗古道沿线及周边有大量古村落、古建筑和历史遗迹，其中全国重点文物保护单位广裕祠荣获"2003 年度联合国教科文组织亚太地区文化遗产保护杰出项目奖"第一名，其位于钱岗古村内，始建于明永乐四年（1406 年），是南宋左丞相陆秀夫后裔的宗祠。但目前只有广裕祠、颜村陆氏大宗祠、钱岗古村等少数资源得以保护和利用，很多古建筑等均处于荒废状态。构建从化岗古道文化遗产廊道有助于更好地开展古驿道及周边古遗迹的保护工作。

2. 历史文化价值

钱岗古道周边的从化温泉是享誉世界的氡温泉，也被称赞为世界最好的温泉水。当地温泉旅游开发历史悠久，曾经是我国最负盛名的疗养胜地之一。中华人民共和国成立后，党和国家领导人及众多外国元首多次莅临从化温泉，备受各界关注。从化温泉还积淀了很深厚的历史文化底蕴，拥有重大历史文化价值的一系列名胜古迹。可以说，其蕴含的历史文化价值已远远超过了温泉水本身的价值。

3. 生态保护价值

从化钱岗古道文化遗产廊道位于广州生态环境最好的地区之一的从化，其植物资源丰富，森林覆盖率达到 68%，特别是北部的森林、湖泊景色旖旎。多年来从化重视生态保护，形成了很好的资源状态和生态系统，被誉为"北回归线上的绿洲"和"广州的后花园"。山环水绕，山林相依，森林旅游资源是从化生态旅游资源中十分突出的优势部分。

由于从化的地理特点，钱岗古道周边分布着较多的具有生态价值的自然生态地。在从化钱岗古道文化遗产廊道境内，拥有流溪河国家森林公园、石门国家森林公园、沙溪水库等风景优美的森林公园。其中位于温泉镇的石门国家森林公园是华南地区仅存的 1.4 万亩原始次生林和全国第一家国际森林浴场，有"南粤九寨沟"之称，春夏可看油菜花、红花荷、禾雀花，秋冬可赏漫山红叶。构建从化钱岗古道文化遗产廊道有助于促进钱岗走生态良好的文明发展道路，保护和改善村民居住的生存环境，实现古村落的可持续发展。

4. 旅游开发价值

从化钱岗古道文化遗产廊道内既含有丰富的历史悠久的文化遗产，还包含了风光宜人的自然遗产，具有丰富的旅游开发潜质。对于从化钱岗古道文化遗产廊道而言，做好遗产资源的旅游开发工作，发挥遗产资源的旅游开发功能，不仅有益于从化特色旅游业及第三产业的发展，而且可以促进钱岗古道遗产资源保护的可持续发展。从化钱岗古道文化遗产廊道的旅游开发可通过区域合作和资源整合把零散的遗产资源结合起来进行旅游策划工作，产生更大的旅游开发与社会经济价值。

钱岗古道历史悠久，文化底蕴深厚，古迹众多，特别是钱岗古村、钟楼古村等古村落的旅游资源价值高、开发潜力大。钱岗古道可大力开发古村落文化资源，发展古村落旅游及宗祠寻根旅游，将之与其农业优势、农业加工、农业科技等结合起来，打造从化的知名旅游品牌。

六、珠海岐澳古道文化遗产廊道资源普查与评价

（一）本体资源普查与评价

1. 本体资源概况

（1）本体资源类型

根据国家标准《旅游资源分类、调查和评价》（GB/T 19872—2017），珠海岐澳古道文化遗产廊道本体资源涉及 3 个主类 4 个亚类和 5 个基本类型，共 6 个资源单体（表 3-28）。

表 3-28　珠海岐澳古道文化遗产廊道本体资源普查分类表

大类	主类	亚类	基本类型	资源单体名称	资源单体数量/个	资源数占比/%
自然资源	地文景观	综合自然旅游地	山丘型旅游地	凤凰山	1	16.67
人文资源	遗址遗迹	社会经济文化活动遗址遗迹	历史事件发生地	珠江纵队白马中队活动遗址	3	50.00
			交通遗迹	长南迳古道、长南迳古桥		
	建筑与设施	综合人文旅游地	宗教与祭祀活动场所	普陀寺	2	33.33
		景观建筑与附属型建筑	摩崖字画	余非凡摩崖石刻		
数量统计/个	3	4	5	6		

（2）本体资源类型评价

①资源分布不均衡，人文资源占主导

珠海岐澳古道文化遗产廊道本体资源主要以历史文化资源为主，自然生态资源较少，人文资源单体数量达 5 个。珠海岐澳古道文化遗产廊道本体人文资源分布于遗址遗迹和建筑与设施 2 个主类，其中遗址遗迹资源单体 3 个，建筑与设施资源单体 2 个。

珠海岐澳古道文化遗产廊道本体自然资源只有 1 个，即凤凰山。对照国家旅游资源分类标准，凤凰山属于地文景观主类。

②建筑与设施资源单体数量突出

珠海岐澳古道文化遗产廊道本体资源主要集中在遗址遗迹资源，其资源单体数占珠海岐澳古道文化遗产廊道本体资源单体总数的 50%。建筑与设施资源主要涉及历史事件发生地、交通遗迹、宗教与祭祀活动场所和摩崖字画 4 个基本类型。

2. 本体资源等级评价

珠海岐澳古道文化遗产廊道本体资源评价见表 3-29。

表 3-29　珠海岐澳古道文化遗产廊道本体资源评价

评价项目	评价因子	评价依据	赋分
廊道资源条件 （70 分）	廊道连通性 （20 分）	廊道基底连续性一般	10
廊道资源条件 （70 分）	廊道保存完整性 （20 分）	廊道严重残损	10
	资源级别构成 （10 分）	拥有地市级资源	5
	观赏游憩价值 （10 分）	具有较高的观赏和游憩价值	5
	历史文化价值 （10 分）	具有省级意义的历史文化价值	5
区位社会条件 （15 分）	区位优势 （10 分）	区位交通条件良好	8
	经济发展水平 （5 分）	经济发展水平较高	4
廊道生态环境条件 （15 分）	生态环境质量 （15 分）	生态环境质量很好	13
总分			60

通过对珠海岐澳古道文化遗产廊道本体资源进行评价，珠海岐澳古道文化遗产廊道本体资源评价总分为 60 分，本体资源的等级为三级。调查结果表明，岐澳古道本身损坏情况严重，但区位良好，资源较丰富，旅游开发潜力强，长南迳古道、凤凰山尚处于未开发状态。岐澳古道所处的凤凰山生态环境良好，地处北回归线以南，山内水源充沛，溪流众多，森林植被覆盖率达 90%，树木种类繁多，地形地貌丰富多样，是珠海市重要的生态核心，现在凤凰山区林地已经全部划为国家级生态公益林，观赏和游憩价值较高。古道文化底蕴深厚，长南迳古道遗址已于 2013 年被列入珠海市香洲区不可移动文物名录。

珠海岐澳古道毗邻金凤路，可与广珠城际铁路、广澳高速、国道 G105、省道 S111、省道 S268 等多条交通干线相接驳，距城轨唐家湾站仅约 7 千米，车程约 10 分钟，外部交通较为便利。

（二）周边资源普查与评价

1. 周边资源概况

（1）周边资源类型

根据国家标准《旅游资源分类、调查和评价》（GB/T 19872—2017），珠海岐澳古道文化遗产廊道周边地区资源共涉及 2 个主类 6 个亚类和 12 个基本类型，共 22 个资源单体（表 3-30）。

表 3-30　珠海岐澳古道文化遗产廊道周边资源普查分类表

大类	主类	亚类	基本类型	资源单体名称	资源单体数量/个	资源数占比/%
人文资源	建筑与设施	综合人文旅游地	教学科研实验场所	农科奇观	19	86.36
			康体游乐休闲度假地	珍珠乐园		
			宗教与祭祀活动场所	观音古庙	19	86.36
			园林游憩区域	石溪公园		
		单体活动场馆	展示演示场馆	古元美术馆		
			体育健身馆场	翠湖高尔夫俱乐部、珠海国际高尔夫俱乐部、珠海国际赛车场		
		居住地与社区	特色社区	唐家湾古镇、会同村		
			名人故居与历史纪念建筑	陈芳故居、共乐园（康绍仪故居）、唐国安故居、苏曼殊故居、古元故居		
		归葬地	墓（群）	陈芳家族墓		
		水工建筑	水库观光游憩区段	大境山水库、杨寮水库、梅溪水库		
	旅游商品	地方旅游商品	农林畜产品与制品	番荔枝、白藤粉藕	3	13.64
			传统手工产品与工艺品	白藤草织品		
数量统计/个	2	6	12		22	

（2）周边资源类型评价

①人文资源丰富

珠海岐澳古道文化遗产廊道周边区域的 22 个资源单体全为人文资源。人文资源涵盖建筑与设施和旅游商品 2 个主类。其中，以建筑与设施资源单体数最多，达 19 个，占资源单体总数的 86.36%。旅游商品资源单体数量为 3 个，占资源单体总数的 13.64%。珠海岐澳古道文化遗产廊道周边人文资源丰富，资源组合结构良好，特色突出，是古道开发历史文化旅游的重要保障。

②居住地与社区资源单体数量突出

居住地与社区资源单体有 7 个，占人文资源单体总数的 31.82%。其中，名人故居与历史纪念建筑基本类型有资源单体 5 个，说明珠海岐澳古道文化遗产廊道周边区域名人故居资源较为丰富，古道可充分发挥历史名人资源在提升城市知名度和美誉度、促进旅游、发展文化产业中的积极作用。

2. 周边资源等级评价

（1）周边资源等级评定

通过对珠海岐澳古道文化遗产廊道周边资源进行评价，周边资源的等级情况如表 3-31 和表 3-32 所示。其中，五级特品级资源 0 项，四级与三级优良级资源分别为 3 项与 7 项，二级与一级普通级资源均为 6 项。

表 3-31 珠海岐澳古道文化遗产廊道周边资源定量评价表

资源单体名称	评价项目								总得分	资源等级评定
	资源要素评价				资源影响力		资源可用度			
	观赏游憩价值	历史文化科学艺术价值	奇特度	完整性	知名度和影响力	美誉度	传承度	旅游开发条件		
农科奇观	16	14	8	8	7	8	8	8	77	四
唐家湾古镇	15	14	8	7	8	8	8	8	76	四
陈芳故居	16	14	7	7	7	8	8	8	75	四
共乐园（康绍仪故居）	14	10	6	7	5	7	7	7	63	三
珠海国际赛车场	13	7	7	8	5	7	8	7	62	三
古元故居	13	10	6	7	5	7	7	7	62	三
珍珠乐园	14	6	7	7	5	7	7	8	61	三
苏曼殊故居	13	10	6	7	5	7	7	6	61	三
珠海国际高尔夫俱乐部	12	6	7	8	5	7	8	7	60	三
会同村	12	10	7	6	5	7	6	7	60	三
古元美术馆	11	8	7	8	4	6	7	7	58	二
观音古庙	12	9	6	7	4	6	6	7	56	二
翠湖高尔夫俱乐部	10	6	6	8	3	6	8	6	53	二
石溪公园	10	9	6	7	2	5	7	6	52	二
陈芳家族墓	8	8	5	7	5	6	6	5	50	二
唐国安故居	8	8	6	7	4	5	6	5	49	二
大境山水库	9	4	4	8	2	4	7	5	43	一
梅溪水库	8	3	4	8	2	4	6	4	39	一
杨寮水库	8	2	3	8	2	4	7	5	37	一
白藤草织品	4	4	3	8	2	2	7	2	32	一
番荔枝	3	2	2	8	2	2	8	2	30	一
白藤粉藕	3	1	2	8	3	2	7	3	30	一

表 3-32 珠海岐澳古道文化遗产廊道周边资源等级情况

资源等级	资源得分	资源单体数量/个	资源单体名称
五级资源	≥90	0	无
四级资源	75—89	3	农科奇观、唐家湾古镇、陈芳故居
三级资源	60—74	7	共乐园（康绍仪故居）、珠海国际赛车场、古元故居、珍珠乐园、苏曼殊故居、珠海国际高尔夫俱乐部、会同村
二级资源	45—59	6	古元美术馆、观音古庙、翠湖高尔夫俱乐部、石溪公园、陈芳家族墓、唐国安故居
一级资源	30—44	6	大境山水库、梅溪水库、杨寮水库、白藤草织品、番荔枝、白藤粉藕

（2）周边资源总体评价

①资源总体品质不高

由表 3-32 可见，珠海岐澳古道文化遗产廊道周边现有四级资源 3 项，三级资源 7 项，二级资源 6 项，一级资源 6 项。在所有参与评价、分析的资源单体中，四级资源所占比例是 13.64%，三级资源所占比例是 31.82%，二级资源所占比例是 27.27%，一级资源占比 27.27%（图 3-6）。根据资源所占的比例可以看出，优良级文化遗产廊道周边资源占比 45.46%，普通级文化遗产廊道周边资源占比 54.54%。

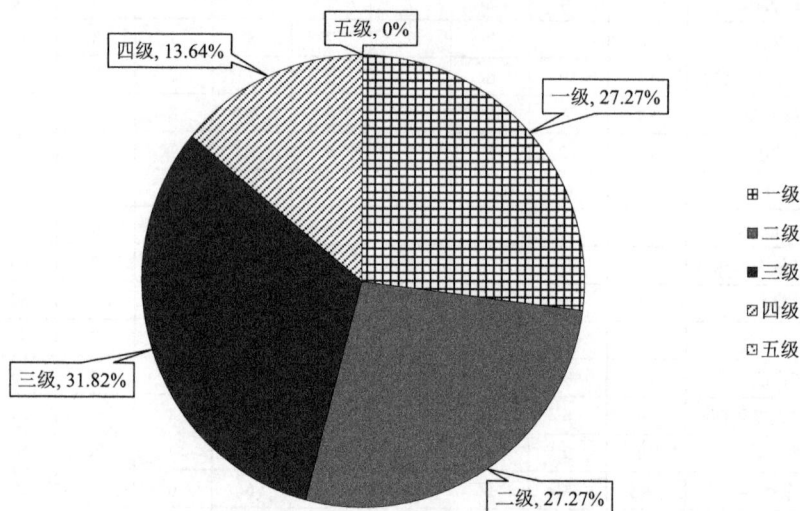

图 3-6　珠海岐澳古道文化遗产廊道周边资源等级结构图

从等级评价来看，珠海岐澳古道文化遗产廊道周边资源各项得分状况相对比较不均衡，只有完整性和传承度指标的得分比较理想，说明珠海岐澳古道文化遗产廊道周边高品质的旅游资源较少，旅游品牌的吸引力不高。

②历史名人与古迹众多

珠海岐澳古道人杰地灵，名人辈出，古迹丰富。中华民国第一任内阁总理唐绍仪，首任清朝政府驻檀香山总领事陈芳，清华学校第一任校长唐国安，画家、诗人、文学家苏曼殊，著名的人民版画家古元等许多近现代名人都是珠海人。此外，岐澳古道还拥有唐绍仪在清末民初建造的共乐园等富有历史价值的建筑群。

③资源开发深度较低，特色不突出

珠海岐澳古道文化遗产廊道周边区域资源竞争力不强。大境山水库、梅溪水库、杨寮水库、白藤草织品、番荔枝、白藤粉藕等资源开发深度不够，吸引力较低，特色不突出。就珠海的珍珠乐园而言，与深圳的欢乐谷、世界之窗、锦绣中华等旅游景点存在着严重的产品同质化问题，旅游产品开发策略缺乏针对性。

④配套设施不完善

长南迳古道遗址沿线暂未建有护栏、旅游厕所、观景亭、指示标识等基础配套设施。环凤凰山建有绿道，配套有会同古村驿站、北京理工大学驿站、唐淇驿站等驿站，但绿道暂未能延伸至长南迳古道。

（三）文化遗产廊道价值评价

1. 遗产保护价值

珠海岐澳古道文化遗产廊道周边区域所保存文物古迹的数量丰富，优质人文资源享誉海内外。陈芳故居为国家重点文物保护单位，唐家湾古镇为国家历史文化名镇，苏曼殊故居、共乐园、古元故居为广东省文物保护单位。其中，唐家湾古镇是著名的"近代名人故乡""买办之乡"，历史文化源远流长，人文资源十分丰富。镇内共有文物保护单位15处，其中包括省级文物保护单位7处，市级文物保护单位8处，历史建筑线索23处。这些优良级的资源体现了珠海岐澳古道较高的历史价值。

2. 历史人文价值

珠海岐澳古道历史悠久，有着百余年历史，是近代珠海通往澳门的交通要道和贸易通道，也是清政府对澳门行使主权的象征。在连接珠海和澳门的商业交流中，岐澳古道发挥了重要的交通价值和文化交流作用，是近代海上丝绸之路的重要组成部分。珠海岐澳古道拥有丰富的历史文化资源，积淀着浓厚的珠海人文底蕴，具有特殊的历史人文价值和重要的现实意义。

珠海岐澳古道文化遗产廊道的构建能深入探寻古道的发展轨迹，有助于进一步梳理古代珠海地区的人文风貌、地理环境和文脉传承，也有利于民众回顾历史，增强价值观念的趋同和文化认同，助力粤澳文化的交流合作。

3. 生态保护价值

珠海岐澳古道所覆盖的区域生物多样性较为丰富，同时其生态环境非常脆弱且环境容量有限，而沿线自然生态环境又是文化遗产廊道密不可分的依托与背景，构成遗产整体保护的必要内容。因此，关注文化遗产廊道区域生态系统保护与建设的理念，为改善古道沿线脆弱的生态环境提供可行的思路，维护沿线生态安全、加强生态环境保护教育内化是珠海岐澳古道文化遗产廊道的功能之一。

4. 美学观赏价值

美学观赏价值指旅游资源能提供给游客的美感的种类及强度，无论是自然旅游资源还是人文旅游资源都必须符合审美的原则。珠海岐澳古道与周边环境自然和谐，总体观赏价值较高。岐澳古道所处的凤凰山，森林植被覆盖率达 90%，树木种类繁多，天然乔木树种主要有阴香、山乌桕、鸭脚木、小叶榕、高山榕、孔雀豆、山龙眼、猴耳环等，人工栽培的乔木树种主要有马尾松、湿地松、台湾相思、大叶相思、桉树类等。险山、秀水、绿树、古迹、石刻、典故、传说，自然旅游资源与人文旅游资源的巧妙结合，使珠海岐澳古道文化遗产廊道具备较高的美学观赏价值。

5. 旅游开发价值

珠海岐澳古道穿越自然景观壮丽的凤凰山，沿线生态资源集聚且品位较高，自然资源和人文资源质量优良，这些重要的休闲资源，为保护和建设未来连续性文化遗产廊道，满足市民日益增长的生态需求提供了资源优势，为沿线区域经济发展和文化繁荣创造了得天独厚的条件。

因此，应保护珠海岐澳古道文化遗产廊道，切实推进古道沿线区域的旅游开发合作，实现文化遗产廊道在遗产保护和文化传承的同时，最大限度加大遗产旅游发展和文化产业开发的建设目标。同时，通过珠海岐澳古道遗产旅游资源的充分开发，吸引投资，增加就业，发挥旅游业强大的经济关联作用，以带动相关行业发展，全面拉动沿线地方经济发展，开创岐澳古道保护与开发互动共赢的有利局面。

七、台山梅家大院—海口埠古驿道文化遗产廊道资源普查与评价

（一）本体资源普查与评价

1. 本体资源概况

（1）本体资源类型

根据国家标准《旅游资源分类、调查和评价》（GB/T 19872—2017），台山梅家大院—海口埠古驿道文化遗产廊道本体资源涉及 3 个主类 3 个亚类和 4 个基本类型，共 6 个资源单体（表 3-33）。

表 3-33　台山梅家大院—海口埠古驿道文化遗产廊道本体资源普查分类表

大类	主类	亚类	基本类型	资源单体名称	资源单体数量/个	资源数占比/%
自然资源	水域风光	河段	观光游憩河段	大同河、端芬河	2	33.33
人文资源	遗址遗迹	社会经济文化活动遗址遗迹	交通遗迹	海口埠码头旧址	1	16.67
	建筑与设施	居住地与社区	传统与乡土建筑	梅家大院、海口埠	3	50
			特色社区	东宁里		
数量统计/个	3	3	4	6		

（2）本体资源类型评价

①资源分布不均衡，以人文资源为主

台山梅家大院—海口埠古驿道文化遗产廊道本体资源主要集中于人文资源，人文资源单体 4 个，占资源单体总数的 66.67%。本体人文资源分布于遗址遗迹和建筑与设施 2 个主类，其中遗址遗迹资源单体 1 个，建筑与设施资源单体3 个。

台山梅家大院—海口埠古驿道文化遗产廊道本体自然资源只有 2 个。对照国家旅游资源分类标准，台山梅花大院—海口埠古驿道文化遗产廊道本体自然资源分布于水域风光主类。

②建筑与设施资源单体数量突出

台山梅家大院—海口埠古驿道文化遗产廊道本体资源主要集中在建筑与设施资源，其资源单体数占古道本体资源单体总数的 50%。建筑与设施资源主要涉及传统与乡土建筑和特色社区两个基本类型。其中，传统与乡土建筑梅家大院、海口埠是台山梅家大院—海口埠古驿道文化遗产廊道的核心资源，其文化内涵深厚，以海上丝绸之路文化、华侨文化和近现代建筑文化而闻名于世。

2. 本体资源等级评价

台山梅家大院—海口埠古驿道文化遗产廊道本体资源评价见表 3-34。

表 3-34　台山梅家大院—海口埠古驿道文化遗产廊道本体资源评价

评价项目	评价因子	评价依据	赋分
廊道资源条件（70分）	廊道连通性（20分）	廊道基底连续性很好	18
	廊道保存完整性（20分）	廊道保存完好	18
	资源级别构成（10分）	拥有省级资源	7
	观赏游憩价值（10分）	具有很高的观赏和游憩价值	7
	历史文化价值（10分）	具有省级意义的历史文化价值	5
区位社会条件（15分）	区位优势（10分）	区位交通条件良好	8
	经济发展水平（5分）	经济发展水平较高	4
廊道生态环境条件（15分）	生态环境质量（15分）	生态环境质量良好	11
总分			78

通过对台山梅家大院—海口埠古驿道文化遗产廊道本体资源进行评价，台山梅家大院—海口埠古驿道文化遗产廊道本体资源评价总分为 78 分，得出台山梅家大院—海口埠古驿道文化遗产廊道本体资源的等级为四级。调查结果表明，台山梅家大院—海口埠古驿道位于台山市端芬镇东部，大同河与端芬河交汇处，其遗存丰富，保护较为完好，当地政府支持力度较大，已经开始少量接待自驾游游客。

梅家大院—海口埠古驿道是古代海上丝绸之路的重要节点，打开了五邑地区与各国往来的窗口，在历史上发挥过重要的作用，且拥有梅家大院等广东省文物保护单位，历史文化价值较高。

梅家大院—海口埠古驿道区位交通条件良好。县道 X546 从街区穿过，东至斗山镇、西联端芬镇，陆路交通条件较为便捷。其距离台山汽车总站约 30 千米，行车时间约 50 分钟。

（二）周边资源普查与评价

1. 周边资源概况

（1）周边资源类型

根据国家标准《旅游资源分类、调查和评价》（GB/T 19872—2017），台山梅家大院—海口埠古驿道文化遗产廊道周边地区资源共涉及 5 个主类 7 个亚类和11 个基本类型，共 18 个资源单体（表 3-35）。自然资源与人文资源均有分布，资源组合度较好，其中部分人文资源较为优良。

表 3-35　台山梅家大院—海口埠古驿道文化遗产廊道周边资源普查分类表

大类	主类	亚类	基本类型	资源单体名称	资源单体数量/个	资源数占比/%
自然资源	生物景观	树木	林地	大隆洞原始次生林	1	5.56
人文资源	遗址遗迹	社会经济文化活动遗址遗迹	历史事件发生地	隆文革命老区	2	11.11
			军事遗址与古战场	广海卫城		
	建筑与设施	综合人文旅游地	康体游乐休闲度假地	康桥温泉、川岛旅游度假区、凤凰峡景区	11	61.10
			宗教与祭祀活动场所	灵湖古寺		
			文化活动场所	陈宜禧纪念广场		
		居住地与社区	特色社区	斗山镇、五福村、浮月村、浮石村		
			传统与乡土建筑	翁家楼		
		水工建筑	水库观光游憩区段	大隆洞水库		
	旅游商品	地方旅游商品	农林畜产品与制品	斗山菱笋、斗山鳗鱼、西栅西洋菜	3	16.67
	人文活动	艺术	文学艺术作品	斗山浮石飘色	1	5.56
数量统计/个	5	7	11		18	

（2）周边资源类型评价

①自然资源质量良好，但数量和种类较少

对照国家旅游资源分类标准，台山梅家大院—海口埠古驿道文化遗产廊道周边地区的自然资源分布于生物景观主类，资源单体只有 1 个，即大隆洞原始次生林，仅占总资源数 5.56%。大隆洞原始次生林内的山林、植被基本未被破坏，得到了很好的保护，空气清新，环境幽静，气候条件优越，开发基础良好。

②人文资源单体数量比例大

在台山梅家大院—海口埠古驿道文化遗产廊道周边区域的 18 个资源单体中，人文资源单体达 17 个，占 94.4%。人文资源与自然资源单体数量之比高达 17：1。人文资源涵盖遗址遗迹、建筑与设施、旅游商品和人文活动 4 个主类。其中，以建筑与设施资源单体数量最多，达 11 个，占资源单体总数的 61.1%。旅游商品资源单体数量为 3 个，遗址遗迹资源单体数量为 2 个，人文活动资源单体数量为 1 个。台山梅家大院—海口埠古驿道文化遗产廊道周边人文资源丰富，资源组合结构良好，特色突出，是该地区发展乡村休闲度假旅游的重要保障。

③综合人文旅游地和居住地与社区资源单体数量突出

综合人文旅游地和居住地与社区亚类均有资源单体 5 个，这两个亚类的资源单体数目就占人文资源单体总数的 58.82%。其中特色社区资源单体有 4 个，康体游乐休闲度假地资源单体有 3 个。而其他 5 个亚类的单体数量较少，只有 1—3 个。

2. 周边资源等级评价

（1）周边资源等级评定

通过对台山梅家大院—海口埠古驿道文化遗产廊道周边资源进行评价，得出台山梅家大院—海口埠古驿道文化遗产廊道周边资源的等级情况，如表 3-36 和表 3-37 所示。其中，五级特品级资源 0 项，四级与三级优良级资源分别为 1 项与 5 项，二级与一级普通级资源分别为 9 项与 0 项，未获等级资源 3 项。

表 3-36　台山梅家大院—海口埠古驿道文化遗产廊道周边资源定量评价表

资源单体名称	评价项目								总得分	资源等级评定
	资源要素评价				资源影响力		资源可用度			
	观赏游憩价值	历史文化科学艺术价值	奇特度	完整性	知名度和影响力	美誉度	传承度	旅游开发条件		
斗山浮石飘色	16	14	8	8	8	8	7	8	77	四
浮石村	12	12	7	8	7	8	7	8	69	三
大隆洞原始次生林	13	9	8	9	5	7	8	6	65	三
川岛旅游度假区	12	7	7	8	6	8	8	8	64	三
广海卫城	12	12	7	6	5	7	5	6	60	三
康桥温泉	11	7	7	6	7	7	7	8	60	三
灵湖古寺	10	7	7	6	5	7	6	6	56	二
大隆洞水库	12	6	7	8	4	7	6	7	56	二
凤凰峡景区	11	6	7	6	4	6	7	7	54	二
浮月村	10	8	6	6	4	6	6	7	53	二

续表

资源单体名称	评价项目								总得分	资源等级评定
	资源要素评价				资源影响力		资源可用度			
	观赏游憩价值	历史文化科学艺术价值	奇特度	完整性	知名度和影响力	美誉度	传承度	旅游开发条件		
翁家楼	10	8	6	7	4	6	5	7	53	二
陈宜禧纪念广场	9	8	5	7	4	6	7	6	52	二
斗山镇	8	7	6	7	4	5	7	6	50	二
五福村	9	8	6	7	3	5	6	6	50	二
隆文革命老区	10	8	6	7	4	6	4	4	49	二
斗山茭笋	2	1	1	7	2	3	7	2	25	未获等级
斗山鳗鱼	2	1	1	7	2	3	7	2	25	未获等级
西栅西洋菜	2	1	1	7	2	2	7	2	24	未获等级

表 3-37　台山梅家大院—海口埠古驿道文化遗产廊道周边资源等级情况

资源等级	资源得分	资源单体数量/个	资源单体名称
五级资源	≥90	0	无
四级资源	75—89	1	斗山浮石飘色
三级资源	60—74	5	浮石村、大隆洞原始次生林、川岛旅游度假区、广海卫城、康桥温泉
二级资源	45—59	9	灵湖古寺、大隆洞水库、凤凰峡景区、浮月村、翁家楼、陈宜禧纪念广场、斗山镇、五福村、隆文革命老区
一级资源	30—44	0	无
未获等级资源	≤29	3	斗山茭笋、斗山鳗鱼、西栅西洋菜

（2）周边资源总体评价

①资源总体品质较低

由表 3-37 可见，台山梅家大院—海口埠古驿道文化遗产廊道周边现有四级资源 1 处，三级资源 5 处，二级资源 9 处，一级资源 0 处，未获等级资源 3 处。在所有参与评价、分析的资源单体中，四级资源所占比例是 5.55%，三级资源所占比例是 27.78%，二级资源所占比例是 50%，一级资源占比 0%，未获等级资源占比 16.67%（图 3-7）。根据资源所占的比例可以看出，优良级文化遗产廊道周边资源仅占比 33%，普通级文化遗产廊道周边资源占比 50%。

从等级评价来看，梅家大院—海口埠古驿道文化遗产廊道周边资源各项得分状况相对比较不均衡，只有完整性和传承度指标的得分比较理想，说明台山梅家大院—海口埠古驿道文化遗产廊道周边区域的资源品质普遍不高，缺乏高等级的资源。

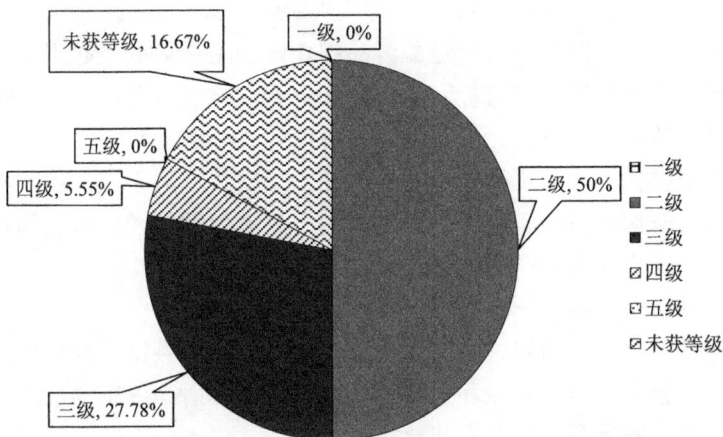

图3-7 台山梅家大院—海口埠古驿道文化遗产廊道周边资源等级结构图

②历史文化底蕴丰厚

台山梅家大院—海口埠古驿道文化遗产廊道周边区域资源文化底蕴深厚，拥有古侨村、侨圩、斗山浮石飘色、陈宜禧纪念广场、浮月村、浮石村、广海卫城等丰富多样的历史文化资源。其中浮石村为台山最古老的村落之一，建村已有630余年，该村还保存着丰富多彩的民俗艺术，始于光绪十四年（1888年）的斗山浮石飘色名扬海内外，曾三次被澳门邀请参加水灯节和庆祝澳门回归祖国的演出，并入选国家级非物质文化遗产；浮月村是台山洋楼的代表村落之一，村中有15座洋楼，以西式建筑为主，只在局部和部分材料上还保留着中国南方农村建筑的特色。同时，它们又有防御的功能，是洋楼和碉楼的结合体，浮月洋楼距今已有100多年历史，极具历史研究价值，是广东省文物保护单位。

历史文化底蕴丰厚的资源赋予了梅家大院—海口埠古驿道旅游更强大的生命力，在利用文化资源拉动旅游发展的过程中，可以让游客在游玩中体验到不同文化的内涵。

③资源未得到良好开发

台山梅家大院—海口埠古驿道文化遗产廊道周边区域大部分资源停留在观光型旅游层面，文化融合和深度挖掘得不够，缺乏资源的综合利用与开发，产业链不够长，旅游产品的参与性、体验性、休闲性等特性不明显，旅游资源的吸引力和辐射力较低，导致现有的市场份额并不高。同时，优良级资源辐射带动能力不强，旅游集散功能不足。资源和景点的区域吸引力差异明显，对省内的吸引力高于省外，国内的吸引力高于国际，吸引范围以珠江三角洲地区为主。今后台山梅家大院—海口埠古驿道文化遗产廊道可逐步扩大吸引范围，把侨乡特色建筑、温泉等优质旅游资源作为旅游发展的重要依托。

④旅游资源品牌形象有待强化

台山梅家大院—海口埠古驿道旅游品牌建设的工作还处于起步阶段，尚未确立自己独特的旅游品牌。古道拥有丰富的历史人文旅游资源，其中旧时华侨修建的中西融合的建筑，可以作为梅家大院—海口埠古驿道的独特地标。梅家大院被列入广东省文物保护单位后，未进行旅游开发，宣传造势不足，相关配套项目建设滞后。旅游资源品牌化程度低、创新能力不足等问题已经严重制约台山梅家大院—海口埠古驿道文化遗产廊道的进一步发展。

⑤配套设施不完善

台山梅家大院—海口埠古驿道文化遗产廊道的住宿接待设施严重缺乏，餐饮设施仅有零星分布，以农家乐和大排档为主；旅游厕所、停车场，游客中心处于筹建状态，其他配套公共服务设施急需完善。

（三）文化遗产廊道价值评价

1. 遗产保护价值

台山梅家大院—海口埠古驿道文化遗产廊道资源丰富，尤其文物古迹甚多，拥有梅家大院、海口埠、斗山镇、五福村、浮月村、东宁里、浮石村、翁家楼等古镇、古村与古建筑，人文价值颇高，典型地展示了台山本土文化与外来文化交融的社会变化，完整地保留了近代台山建筑的历史风貌，具有极高的文化价值、艺术价值。其中，梅家大院是目前全国保存最完好，且具有一定规模的华侨建筑典型代表；海口埠被称为"广府人出海第一港"，曾是台山地区乃至五邑地区人们漂洋出海的中转站，是五邑先人出海谋生的重要口岸，催生了发达的银信业。

台山梅家大院—海口埠古驿道文化遗产廊道的构建有利于更好地开展古街区、古码头的历史风貌复原工作，把侨乡近代建筑作为梅家大院—海口埠古驿道文化遗产廊道的支撑点纳入到保护体系中，提高古建筑的重视程度，充分挖掘古驿道的遗产文化底蕴，提升其影响力和知名度，有利于梅家大院—海口埠古驿道文化遗产保护事业的整体发展。

梅家大院—海口埠古驿道文化遗产廊道的构建需依据已有的传统建筑格局，尽可能对残败破损建筑进行修复，协调新建建筑与历史建筑在景观、风格、体量、高度等方面的一致性，避免形态混杂。

2. 历史文化价值

梅家大院—海口埠古驿道所在地台山有着深厚的华侨文化底蕴，素有"全国第一侨乡""内外两个台山"之美誉。台山的华侨扎根世界各地，近代以来台山籍华侨、华人热情支持祖国和家乡的革命和建设，并积极引入居住国的先进思想和文化，在中西文化的交汇中，形成了独特的侨乡文化，留下了珍贵的历史文化遗产。就全国而言，这种侨乡文化具有突出的代表性。而梅家大院—海口埠古驿道线路属于全省六大古驿道文化线路中北江—珠江口古驿道文化线路的重要组成部分。海口埠见证了百年前华侨漂洋过海的艰苦奋斗史，是古代海上丝绸之路的重要节点，打开了五邑地区与世界各国往来的窗口，在历史上发挥着重要的作用。台山梅家大院—海口埠古驿道文化遗产廊道周边分布着华侨特色村落，村落环境优美，风格独特，保护得比较真实、完整。这些古村落能为梅家大院—海口埠古驿道不同时期的发展演变提供重要实证。台山梅家大院—海口埠古驿道文化遗产廊道的构建有利于台山侨乡文化的重点挖掘，整合侨乡历史文化资源，强化对民俗文化的提炼，打造一个具有标志性意义的、充分展现广东海上丝绸之路文明的独特展示平台。

3. 生态保护价值

梅家大院—海口埠古驿道所在地台山作为生态优越的长寿之地，拥有以川山群岛为代表的海岛、海岸类资源和以康桥温泉等为代表温泉类资源，古道周边生态环境良好，具有富有吸引力的休闲度假资源禀赋。台山梅家大院—海口埠古驿道文化遗产廊道的构建有利于维护当地良好的生态环境，完善古道区域内的绿化景观面貌。

4. 旅游开发价值

梅家大院—海口埠古驿道文化资源丰富，海上丝绸之路文化、华侨文化、近现代建筑文化等是台山梅家大院—海口埠古驿道文化遗产廊道开发文化旅游的重要保障。而台山作为大批海外侨胞、港澳同胞的故乡，其独特的侨乡文化旅游资源对海外华侨、华人构成了强烈的旅游吸引，市场前景良好，因此台山拥有长期而稳定的"寻根游"客源。

台山梅家大院—海口埠古驿道文化遗产廊道的构建需充分挖掘文化资源，尤其是非物质文化遗产资源，将其开发为特色旅游活动，将传统民俗活动、民间文化艺术及各种物质文化载体等纳入到相应的旅游线路中，在吃、住、行、游、购、娱等旅游活动的各个环节予以表现，丰富旅游活动内容，提升旅游文化品位；充分利用台山特有的建筑、人文、节庆、工艺、饮食、歌舞等文化遗产资源开发特色旅游商品，完善和延伸旅游产业链，使之形成旅游文化产品。

台山梅家大院—海口埠古驿道文化遗产廊道可发展乡村旅游，紧紧围绕"全域旅游"的发展思路，坚持文化与资源融合、开发与保护并重，在旅游规划、资源整合、产品开发、宣传推广、市场营销等方面下功夫，打造乡村游精品路线，快速推动梅家大院—海口埠古驿道乡村旅游的发展。

梅家大院—海口埠古驿道曾经被《让子弹飞》等影视作品选择为拍摄基地，特别是《让子弹飞》的高票房热播，激发了全国游客到台山旅游的热情。梅家大院—海口埠古驿道保存完好的建筑及优美的自然风景得到了社会各界的一致好评，被影视界人士认为是绝佳外景地。深厚的电影文化积淀是台山梅家大院—海口埠古驿道文化遗产廊道得天独厚的优势，台山梅家大院—海口埠古驿道文化遗产廊道可将影视拍摄与旅游结合起来，以带动台山的文化发展，对台山的第三产业发展起到拉动作用。

八、郁南南江古水道文化遗产廊道资源普查与评价

（一）本体资源普查与评价

1. 本体资源概况

（1）本体资源类型

根据国家标准《旅游资源分类、调查和评价》（GB/T 19872—2017），郁南南江古水道文化遗产廊道本体资源涉及 2 个主类 2 个亚类和 2 个基本类型，共14 个资源单体（表 3-38）。

表 3-38　郁南南江古水道文化遗产廊道本体资源普查分类表

大类	主类	亚类	基本类型	资源单体名称	资源单体数量/个	资源数占比/%
自然资源	水域风光	河段	观光游憩河段	南江河风光、南江第一湾	2	14.29
人文资源	遗址遗迹	社会经济文化活动遗址遗迹	交通遗迹	南江口驿站、古蓬驿站、兰寨驿站、河口驿站、五星驿站、文广驿亭、替葛驿亭、南江口古码头、古蓬古码头、兰寨古码头、河口古码头、替葛古码头	12	85.71
数量统计/个	2	2	2	14		

（2）本体资源类型评价

①资源分布不均衡，人文资源占主导

郁南南江古水道文化遗产廊道本体资源主要集中于人文资源，人文资源单体数量达 12 个，资源分布于遗址遗迹主类。郁南南江古水道文化遗产廊道本体自然资源只有 2 个，即南江河风光和南江第一湾。对照国家旅游资源分类标准，郁南南江古水道文化遗产廊道本体自然资源分布于水域风光主类。

②遗址遗迹资源单体数量突出

郁南南江古水道文化遗产廊道本体资源主要集中在遗址遗迹类资源，其资源单体数占古道本体资源单体总数的 85.71%。遗址遗迹资源主要涉及社会经济文化活动遗址遗迹亚类，主要是驿站、驿亭和古码头。它是供人们参观游览、开展古水道历史研究、古百越文化了解的首选基地。

③资源吸引力较低

郁南南江古水道文化遗产廊道拥有南江河风光、南江第一湾等优质自然资源，部分历史文化资源也较为优良。其中南江第一湾已作为景点开发，具有一

定的旅游氛围，但旅游公共配套设施尚不完善，对古水道沿线的串线旅游开发还有待进一步加强。

2. 本体资源等级评价

郁南南江古水道文化遗产廊道本体资源评价见表 3-39。

表 3-39　郁南南江古水道文化遗产廊道本体资源评价

评价项目	评价因子	评价依据	赋分
廊道资源条件 （70分）	廊道连通性 （20分）	廊道基底连续性很好	16
	廊道保存完整性 （20分）	廊道保存完好	17
	资源级别构成 （10分）	拥有地市级资源	5
	观赏游憩价值 （10分）	具有很高的观赏和游憩价值	7
	历史文化价值 （10分）	具有省级意义的历史文化价值	5
区位社会条件 （15分）	区位优势 （10分）	区位交通条件良好	6
	经济发展水平 （5分）	经济发展水平一般	2
廊道生态环境条件 （15分）	生态环境质量 （15分）	生态环境质量很好	13
总分			71

通过对郁南南江古水道文化遗产廊道本体资源进行评价，南江古水道文化遗产廊道本体资源评价总分为 71 分，得出郁南南江古水道文化遗产廊道本体资源的等级为三级。调查结果表明，郁南南江古水道全长 28.5 千米，从郁南南江口码头一路南下，途经兰寨至大湾，基底连续性较好，保存较为良好，沿线仍保存着一些交通历史遗址，有 5 个古码头、5 个古驿站、2 个驿亭，历史文化价值较高。

郁南南江古水道文化遗产廊道生态环境优良，相对较具旅游开发潜力，其中，著名自然资源南江第一湾景色优美，深受游客喜爱，其位于南江口镇的深湾村、河塱村与古蓬村的交汇处，南江河流经河塱沙滩河段呈现长 U 形，湾长 2.5 千米，一河两岸有田园、沙滩、翠竹、名花、奇峰、秀水，宛如世外桃源。郁南南江古水道沿线旅游资源丰富，组合良好，已开发成为当地较具知名度的旅游区。

郁南南江古水道交通较为便利。郁南南江古水道对外交通主干道主要是广州—昆明高速公路、省道 S352，现在郁南南江古水道周边的行政村与自然村已基本实现硬底化，郁南南江古水道与周边景区交通接驳较为便利。

（二）周边资源普查与评价

1. 周边资源概况

（1）周边资源类型

根据国家标准《旅游资源分类、调查和评价》（GB/T 19872—2017），郁南南江古水道文化遗产廊道周边地区资源共涉及 5 个主类 7 个亚类和 15 个基本类型，共 50 个资源单体（表 3-40）。自然资源与人文资源均有分布，资源组合度较好，其中部分人文资源较为优良。

表 3-40　郁南南江古水道文化遗产廊道周边资源普查分类表

大类	主类	亚类	基本类型	资源单体名称	资源单体数量/个	资源数占比/%
自然资源	地文景观	地质地貌过程形迹	岩石洞与岩穴	东坝镇虎岩溶洞	1	2
人文资源	遗址遗迹	史前人类活动场所	人类活动遗址	磨刀山旧石器遗址	1	2
	建筑与设施	综合人文旅游地	宗教与祭祀活动场所	张公庙、文广庙、安宁庙	25	50
			园林游憩区域	五指山森林公园、盘古山森林公园、南江口森林公园		
			文化活动场所	连滩兰寨非物质文化遗产展示中心		
			建设工程与生产地	连滩兰寨蜜思枣种植基地、东坝蚕桑基地、河口佛子坝百香果种植基地		
			景物观赏点	连滩油菜花		
		居住地与社区	传统与乡土建筑	大湾古民居建筑群、兰寨南江文化创意基地、光二大屋、连滩镇朱屋、大湾五星李公祠		
			特色社区	五星村、兰寨村、西坝村、河口寨村、替葛村		
			名人故居与历史纪念建筑	康家大屋（原省立庚戌中学）、宋桂解放战争烈士纪念碑、宋桂冯鉴泉烈士纪念亭、大湾镇张礼洽故居		
	旅游商品	地方旅游商品	菜品饮食	连滩酿豆腐、特色香花鸭、南江河虾、郁南木薯角、郁南印糍、郁南灰水粽、艾糍、连滩大糠糍、郁南钵仔糕、连滩鸡仔粉、芋头糕	16	32
			农林畜产品与制品	郁南无核黄皮、郁南无核沙糖桔、桑果、河口吕宋芒、荔枝		
	人文活动	艺术	文学艺术作品	禾楼舞、连滩山歌、千官面塑技艺、连滩飘色、横经席制作技艺	7	14
		民间习俗	民间节庆	南江文化（连滩）艺术节		
			庙会与民间集会	张公庙庙会		
数量统计/个	5	7	15	50		

（2）周边资源类型评价

①自然资源质量良好，但数量和种类较少

对照国家旅游资源分类标准，郁南南江古水道文化遗产廊道周边地区的自然资源分布于地文景观主类，资源单体数量只有 1 个，仅占总资源数 2%，自然资源较少。由于大自然的鬼斧神工，造就了南江的奇山秀水，区域内有东坝镇虎岩溶洞重点资源。郁南南江古水道文化遗产廊道的东坝镇虎岩溶洞得到了很好的保护，生态环境良好，旅游开发基础良好。

②人文资源单体数量比例大

在郁南南江古水道文化遗产廊道周边区域的 50 个资源单体中，人文资源单体达 49 个，占 98%。人文资源与自然资源单体数量之比高达 49：1。人文资源涵盖遗址遗迹、建筑与设施、旅游商品和人文活动 4 个主类。其中，以建筑与设施资源单体数为最多，达 25 个，占资源单体总数的 50%。旅游商品资源单体数量为 16 个；人文活动资源单体数量为 7 个；遗址遗迹资源单体数量为 1 个。

郁南南江古水道文化遗产廊道周边地区拥有兰寨南江文化创意基地、光二大屋、磨刀山旧石器遗址、大湾古民居建筑群、替葛村、张公庙、古码头、连滩镇朱屋、五指山森林公园、康家大屋、盘古山森林公园和文广庙等重点人文资源。郁南南江古水道文化遗产廊道周边地区人文资源众多，但资源开发状况有限，知名度和吸引力有待进一步提高。郁南南江古水道文化遗产廊道周边的兰寨、南江第一湾、光二大屋等已作为景点开发，具有一定的旅游氛围，但旅游公共配套尚不完善，对古水道沿线的串线旅游开发还有待进一步加强。

③地方旅游商品资源单体数量突出

地方旅游商品资源单体有 16 个，这一亚类的资源单体数目就占人文资源单体总数的 32%。其中，菜品饮食资源单体有 11 个，农林畜产品与制品资源单体有 5 个，说明郁南南江古水道文化遗产廊道周边区域特色美食资源丰富，独具特色，具有继续投入开发的价值。

2. 周边资源等级评价

（1）周边资源等级评定

通过对郁南南江古水道文化遗产廊道周边资源进行评价，得出郁南南江古水道文化遗产廊道周边资源的等级情况，如表 3-41 和表 3-42 所示。其中，五级特品级资源 0 项，四级与三级优良级资源分别为 1 项与 7 项，二级与一级普通级资源分别为 12 项与 17 项，未获等级资源 13 项。

表 3-41　郁南南江古水道文化遗产廊道周边资源定量评价表

资源单体名称	评价项目								总得分	资源等级评定
	资源要素评价				资源影响力		资源可用度			
	观赏游憩价值	历史文化科学艺术价值	奇特度	完整性	知名度和影响力	美誉度	传承度	旅游开发条件		
禾楼舞	14	14	8	8	8	8	8	8	76	四
五星村	13	13	8	7	7	8	8	8	72	三
连滩山歌	16	10	7	7	5	7	7	7	66	三
连滩飘色	13	10	7	7	5	7	7	8	64	三
千官面塑技艺	13	10	7	7	5	7	6	8	63	三
张公庙庙会	12	10	7	8	5	6	7	8	63	三
大湾五星李公祠	11	10	7	7	5	7	7	7	61	三
横经席制作技艺	12	10	7	7	5	6	6	7	60	三
大湾古民居建筑群	11	9	7	6	5	7	6	6	57	二
连滩兰寨非物质文化遗产展示中心	12	7	5	8	3	6	6	7	54	二
南江文化（连滩）艺术节	10	9	6	7	2	5	7	7	54	二
兰寨南江文化创意基地	12	7	6	7	3	5	7	6	53	二
磨刀山旧石器遗址	8	9	6	5	5	6	6	6	51	二
南江口森林公园	11	4	4	8	3	6	7	6	49	二
东坝镇虎岩溶洞	9	4	7	8	2	5	8	5	48	二
光二大屋	10	5	6	6	2	6	6	6	47	二
连滩镇朱屋	9	6	6	6	2	6	6	6	47	二
盘古山森林公园	11	4	5	7	2	5	7	5	46	二
文广庙	8	5	6	6	4	5	5	6	45	二
大湾镇张礼冶故居	10	5	5	6	2	6	7	4	45	二
张公庙	8	5	6	6	4	5	5	5	44	一
安宁庙	9	5	6	6	3	4	6	6	44	一
五指山森林公园	11	4	4	7	2	5	6	5	44	一
连滩兰寨蜜思枣种植基地	8	5	4	8	2	5	7	5	44	一
宋桂解放战争烈士纪念碑	10	5	5	7	2	6	6	3	44	一
兰寨村	8	5	5	6	2	5	6	6	43	一
宋桂冯鉴泉烈士纪念亭	10	5	4	7	2	5	6	3	42	一
东坝蚕桑基地	7	4	4	8	2	4	7	5	41	一
连滩油菜花	9	3	2	8	2	5	7	5	41	一
薯葛村	7	4	4	7	2	5	7	5	41	一
康家大屋（原省立庚戌中学）	9	4	5	7	2	5	5	4	41	一

续表

资源单体名称	评价项目								总得分	资源等级评定
	资源要素评价				资源影响力		资源可用度			
	观赏游憩价值	历史文化科学艺术价值	奇特度	完整性	知名度和影响力	美誉度	传承度	旅游开发条件		
河口佛子坝百香果种植基地	8	3	3	8	2	4	7	4	39	一
西坝村	7	4	4	7	2	4	6	5	39	一
河口寨村	8	4	4	6	2	5	5	5	39	一
特色香花鸭	4	3	2	8	2	4	8	3	34	一
连滩酿豆腐	3	3	2	8	2	5	7	3	33	一
河口吕宋芒	2	2	2	8	2	3	8	3	30	一
郁南灰水粽	2	3	2	7	2	2	7	3	28	未获等级
荔枝	2	2	2	8	2	2	7	3	28	未获等级
南江河虾	2	2	1	8	1	3	7	3	27	未获等级
郁南木薯角	2	3	2	8	1	2	7	2	27	未获等级
郁南印糍	2	3	2	8	1	3	6	2	27	未获等级
艾糍	2	3	2	8	1	2	7	2	27	未获等级
连滩大糠糍	2	3	2	7	1	2	7	2	27	未获等级
郁南无核黄皮	2	2	2	8	1	2	7	2	26	未获等级
郁南无核沙糖桔	2	2	2	8	1	2	7	2	26	未获等级
桑果	2	2	2	8	1	2	7	2	26	未获等级
郁南钵仔糕	2	2	1	8	1	2	7	2	25	未获等级
连滩鸡仔粉	1	2	1	8	1	1	7	2	23	未获等级
芋头糕	2	2	1	7	1	1	7	1	22	未获等级

表 3-42　郁南南江古水道文化遗产廊道周边资源等级情况

资源等级	资源得分	资源单体数量/个	资源单体名称
五级资源	≥90	0	无
四级资源	75—89	1	禾楼舞
三级资源	60—74	7	五星村、连滩山歌、连滩飘色、千官面塑技艺、张公庙庙会、大湾五星李公祠、横经席制作技艺
二级资源	45—59	12	大湾古民居建筑群、连滩兰寨非物质文化遗产展示中心、南江文化（连滩）艺术节、兰寨南江文化创意基地、磨刀山旧石器遗址、南江口森林公园、东坝镇虎岩溶洞、光二大屋、连滩镇朱屋、盘古山森林公园、文广庙、大湾镇张礼岽故居

续表

资源等级	资源得分	资源单体数量/个	资源单体名称
一级资源	30—44	17	张公庙、安宁庙、五指山森林公园、连滩兰寨蜜思枣种植基地、宋桂解放战争烈士纪念碑、兰寨村、宋桂冯鉴泉烈士纪念亭、东坝蚕桑基地、连滩油菜花、替葛村、康家大屋（原省立庚戌中学）、河口佛子坝百香果种植基地、西坝村、河口寨村、特色香花鸭、连滩酿豆腐、河口吕宋芒
未获等级资源	≤29	13	郁南灰水粽、荔枝、南江河虾、郁南木薯角、郁南印糍、艾糍、连滩大糠糍、郁南无核黄皮、郁南无核沙糖桔、桑果、郁南钵仔糕、连滩鸡仔粉、芋头糕

（2）周边资源总体评价

①资源总体品质较低

由表3-42可见，郁南南江古水道文化遗产廊道周边区域现有四级资源1处，三级资源7处，二级资源12处，一级资源17处，未获等级资源13处。在所有参与评价、分析的资源单体中，四级资源所占比例是2%，三级资源所占比例是14%，二级资源所占比例是24%，一级资源占比34%，未获等级资源占比26%（图3-8）。根据资源所占的比例可以看出，优良级文化遗产廊道周边资源仅占比16%，普通级文化遗产廊道周边资源占比58%。从等级评价来看，郁南南江古水道文化遗产廊道周边资源各项得分状况相对比较不均衡，只有完整性和传承度指标的得分比较理想。

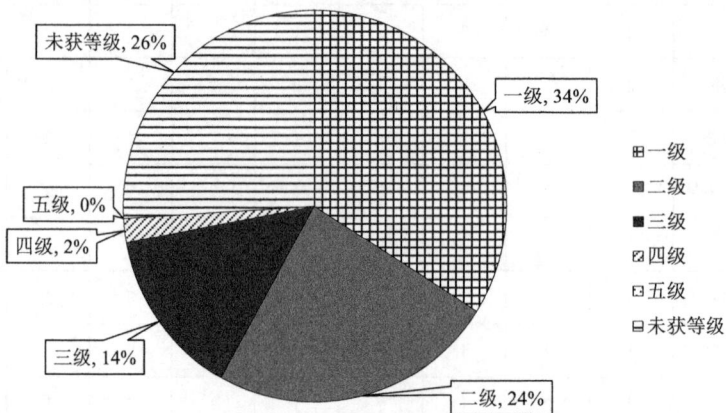

图3-8　郁南南江古水道文化遗产廊道周边资源等级结构图

郁南南江古水道文化遗产廊道周边区域普通级资源较多，资源开发利用程度和整合力度较低，目前在市场竞争中尚未形成比较优势。一级和二级普通级资源和未获等级资源优势不大，吸引力较小，但仍具有较高的开发价值，因此，需对一级和二级普通级资源及未获等级资源注入创新元素，以创新为核心进行开发和管理，进一步提高低等级资源的使用价值。

②资源开发潜力大

郁南南江古水道文化遗产廊道周边地区拥有丰富的资源，其中优良级资源具有较大的吸引力，因此，应重点开发三级资源和四级资源。其中，第二批国家级非物质文化遗产禾楼舞、五星村、连滩山歌、连滩飘色、千官面塑技艺、张公庙庙会、大湾五星李公祠、横经席制作技艺等资源知名度较高，应对上述资源进行有效的宣传和推广，扩大资源的影响力，以吸引游客到郁南南江古水道旅游。

③地方特色美食众多

郁南南江古水道文化遗产廊道周边区域的美食富于地方风味，这些特色美食深受游客喜爱。

④配套设施有待完善

郁南南江古水道文化遗产廊道旅游接待设施数量不足，目前旅游标识标牌、4G通信网络和无线网络覆盖等旅游公共服务设施都处于空白状态，周边村镇上只有少量酒店、民宿。

（三）文化遗产廊道价值评价

1. 遗产保护价值

目前，郁南南江古水道的历史遗存分布较为分散，相互距离较远，其沿线及周边有大量古村落、古建筑和历史遗迹，但目前只有兰寨村、大湾古民居建筑群等少数资源得到保护和利用，很多古码头、古驿站、古驿亭和古建筑等均处于荒废状态，开展对古驿道及周边古遗迹的保护工作迫在眉睫。

郁南南江古水道文化遗产廊道的构建把南江流域内与其相关的资源作为整体资源进行保护，把一些过去被忽视的优质资源作为郁南南江古水道文化遗产廊道的支撑点纳入到保护体系中，扩大遗产的保护范围与重视程度，有利于南江文化遗产保护事业的整体发展。郁南南江古水道文化遗产廊道的构建将从整体上对遗产点进行梳理、归类，并且相关部门出台与制定相关的保护政策，对沿南江流域的优质资源进行系统整合。以古百越文化为基底背景构建统一的线性遗产区域，把遗产资源纳入到同一个保护系统中，然后对其进行整体研究与保护，使这些独特而灿烂的古百越文化财富得到充分的发掘，确实体现郁南南江古水道文化遗产廊道的遗产保护价值。

2. 历史文化价值

郁南南江古水道文化遗产廊道的历史价值在于它承载了一段历史时期内的历史事件、历史人物及特定的社会背景下的政治、经济、文化等内容。郁南南江古水道文化遗产廊道内诸多的资源与历史事件、历史人物、传统文化等有着千丝万缕的联系，各种交通遗址、寺庙、古建筑都承载了一定的历史文化，可以用来激起人们的民族认同感、自豪感，起到宣传教育作用。历史文化价值是郁南南江古水道文化遗产廊道价值的核心。

3. 生态保护价值

郁南南江古水道文化遗产廊道位于珠江流域，自然气候温暖湿润，植物资源丰富。由于其地理特点，周边分布较多的具有生态价值的自然生态地。在郁南南江古水道文化遗产廊道境内，拥有五指山森林公园、盘古山森林公园、南江口森林公园等风景优美的森林公园，构建郁南南江古水道文化遗产廊道可以将南江流域沿线的自然生态资源连接起来，有助于为沿郁南南江古水道文化遗产廊道散布的自然资源形成统一连续的基底。对于整个区域的生态的保护会起到一定的作用，具有较高的生态保护价值。

4. 旅游开发价值

郁南南江古水道文化遗产廊道内既含有丰富的历史悠久的文化遗产，还包含了风光宜人的自然遗产，具有丰富的旅游开发潜质。对于郁南南江古水道文化遗产廊道而言，做好遗产资源的旅游开发工作，发挥出遗产资源的旅游开发功能，不仅有益于整个南江地区特色旅游业及第三产业的发展，可以促进南江遗产资源和古百越文化保护的可持续发展。郁南南江古水道文化遗产廊道的旅游开发能够通过区域合作和资源整合把零散的遗产资源结合起来进行旅游策划工作，产生更大的旅游开发与社会经济价值。

第三节　南粤古驿道文化遗产空间分布特征

结合以上资源普查与评价，利用 Google Earth、Photoshop、ArcGIS10.1 软件对南粤古驿道文化遗产的空间布局进行分析，为构建南粤古驿道文化遗产廊道做基础准备。

一、宏观区域分布

南粤古驿道的空间类型分布，其陆路、水路在空间分布上几乎遍布了广东省的各个地方，形成了水路、陆路相连的古驿道网络。且与周边湖南、广西、江西、福建、海南等地互通，显示了历史上南粤古驿道的重要交通地位。

粤北地区陆路、水路两种古驿道并存，且以陆路古驿道为主，尤其是与湖南、江西连通处主要是陆路古驿道，内部与水路古驿道相连；粤西地区是陆路和水路两种古驿道并存，靠近雷州半岛地区主要以陆路古驿道为主，西北部两种古驿道并存，且有水路古驿道通向广西地区；粤东地区陆路与水路两种古驿道伴随而生；中部地区则主要以水路古驿道为主，网络分布较为密集；粤西、中部和粤东地区都与出海口相连，是古代海上丝绸之路的重要组成部分。

由分析可知，古驿道中陆路古驿道长约 6800 千米，水路古驿道长约 4400 千米，陆路古驿道约占 61%，水路古驿道约占 39%（图 3-9）。

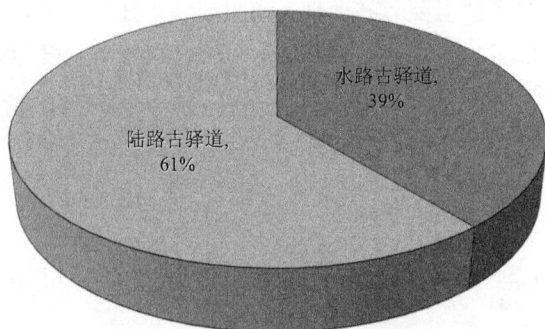

图 3-9　南粤古驿道类型占比图

二、空间分布耦合

文化遗产的空间分布差异与历史文化、人口数量、地形地貌、河流等因素密切相关。从空间角度进行南粤古驿道文化遗产廊道的构建研究，本书的研究只选择与廊道（线性）相关的因素（如交通、河流）与古驿道文化遗产的空间分布进行耦合分析。

（一）与交通耦合分析

广东省内大多数重要文化遗产点在空间分布上都在交通（铁路、公路）到达的范围内，且与交通线、海岸线呈一致分布状态。交通可达性对文化遗产廊道的开发和利用非常重要，交通是连接文化遗产所在地与外界的纽带；文化遗产资源分布与交通的耦合也有利于文化遗产廊道的构建，连接文化遗产廊道中心城市，加强文化遗产廊道核心区与衍生区、拓展区，重要文化遗产点之间的联系，形成网状组合态势。交通作为一种线性景观，特别是广东的绿道，结合海岸线、古代海上丝绸之路，为文化遗产廊道的构建提供物质基础，为文化遗产廊道的路径提供线索，可作为文化遗产廊道的纽带。

（二）与河流耦合分析

南粤古驿道文化遗产的空间分布与河流水系分布、出海口有着密切的联系，相伴而生，这也是南粤古驿道的特点之一。南粤古驿道文化遗产分布与广东省境内分布的主要河流（北江、东江、西江、韩江等）存在较大的耦合关系，古驿道文化遗产具有按河流水系分布的特征。珠江三角洲地区（中部地区）的古驿道文化遗产主要分布在珠江三角洲平原，这里有东江、西江和北江三条江汇流而成的珠江水系流经；粤东地区的古驿道文化遗产主要分布在韩江、榕江等流域；粤西地区的古驿道文化遗产则主要分布西江、漠阳江和鉴江等流域内。粤北地区的古驿道文化遗产主要分布在北江流域。结果显示：从空间分布角度探讨古驿道文化遗产资源与线性景观之间的耦合情况，发现古驿道文化遗产资源与沿线地区的交通（铁路、公路）、河流水系（区域河流、海岸线）等线性景观耦合情况良好。

三、8条示范段古驿道空间分布

（一）粤北地区

8 条示范段古驿道在粤北地区分布的主要有南雄梅关古道和乳源西京古道。粤北地区古驿道分布主要以陆路古驿道为主，同时与水路古驿道相接。涉及的陆路古驿道共有 8 条（茶亭古道、顺头岭秦汉古道、宜乐古道、西京古道、阳山秤架古道、城口湘粤古道、梅关古道、乌迳古道），在空间上主要分布在粤北北部，与湖南、江西相连，通过古驿道到达湖南郴州，江西赣州、信丰等地；涉及的水路古驿道在空间上主要分布在粤北南部靠近广东中部地区，主要依托的是北江、连江、武江和浈江。据《永乐大典·广州府》记载："自凌江下浈水者，由韶州为北路；自始安下漓水者，由封州为西路；自循阳下龙川，自潮阳历海丰者，皆由惠州为东路；其自连州下湟水，则为西伯路。舟行陆走，咸至州而辐凑焉。"[①]宋代粤籍名臣余靖曾说：北路、西路及西伯路，"虽三道而下，真水者十七八焉"。即南雄经韶关，到广州是最主要的古驿道。粤北地区古驿道的分布，陆路古驿道多于水路古驿道，粤北顺头岭秦汉古道是广东省最早的古驿道之一。

（二）粤西地区

8 条示范段古驿道在粤西地区分布的主要有郁南南江古水道。粤西地区古驿道分布主要以水路古驿道为主，同时与陆路古驿道相接，且通过徐闻古港与海上丝绸之路相连。粤西地区古驿道主要通过贺江、桂江、北流江、南流江、鉴江、南江形成水路古驿道，其中粤西中北部通过水路古驿道西江古驿道、潇贺古道和漓江—西江古驿道与湖南永州相连；粤西南部则是水路古驿道和陆路古驿道交替相接构成古驿道网络，且以陆路古驿道为主。

（三）粤东地区

8 条示范段古驿道在粤东地区分布的主要有饶平西片古道和汕头樟林古港驿

---

① 转引自颜广文. 古代广东的驿道交通与市镇商业的发展[J]. 广东第二师范学院学报，1999(1)：113-118.

道。粤东地区古驿道分布主要以水路古驿道为主，同时与陆路古驿道相接，与海上丝绸之路相连，且拥有较多古港（如神泉古港、南港古港、凤岭古港、樟林古港、柘林古港）。粤东地区水路古驿道主要依托东江、梅江和韩江构成网络，两条主要的潮惠上路和潮惠下路是粤东地区古驿道的主干线。其中潮惠上路以水路古驿道为主，通往江西赣州、福建汀州等地；潮惠下路则以陆路古驿道为主，通往福建福州，沿海岸线形成多个港口，与海上丝绸之路密切联系。

（四）粤中地区

8 条示范段古驿道在粤中地区分布的主要有从化钱岗古道，属陆路古驿道。

（五）粤南地区

8 条示范段古驿道在粤南地区分布的主要有珠海岐澳古道和台山梅家大院—海口埠古驿道。二者均属陆路古驿道，且与港口相连。

第四节　南粤古驿道文化遗产廊道资源保护

南粤古驿道是广东地方人文的彰显，是岭南文化的重要组成部分。南粤古驿道文化遗产廊道包含了丰富的文化遗产、自然遗产及古村落，这些遗产资源既有普遍的历史文化价值、遗产保护价值，还有一定的生态价值、经济价值和旅游价值，同时还具有对外宣传的实际功效，是一份具有较强生命力的文化景观遗产。南粤古驿道在社会发展的长河中沉睡了许久，整个社会对这份遗产资源的认知还有所缺失，历史变迁及开发建设对它造成了一定的破坏，没有引起相关管理部门的足够重视，也存在着各自为政的开发管理现状。通过对南粤古驿道文化遗产廊道资源的普查、评价，引入文化遗产廊道的保护理念，以构建南粤古驿道文化遗产廊道为主要目标，从整体大局的战略思维出发而非局部点的视角保护这些文化遗产资源。

一、古驿道本体的保护

古驿道本体的保护指的是对古驿道通道本体的保护（图 3-10）。古驿道本体保护要依据驿道保存完好的层次来进行（图 3-11）。古驿道保存完好的层次分为：①保存完好是指线段完整、地基稳定、路面完好的古驿道。②轻微残损是指线段完整、地基稳定、路面局部破损的古驿道。③严重残损是指线段不完整，或路面被严重破坏，或存在安全隐患的古驿道。④覆盖是指被城镇建设、自然灾害等因素覆盖掩埋的可通过考古勘探发掘出来的古驿道。⑤消失是指因人为或自然因素导致完全损毁、无迹可查的古驿道。为保护古驿道，防止古驿道继续遭受自然侵蚀或人工损毁，应界定古驿道的本体范围，本体范围应确保古驿道的安全性和完整性。古驿道的本体范围是指古驿道主体及周围一定范围内实施保护的区域，应结合古驿道主体的结构特征和周边环境进行界定。

图 3-10　古驿道本体保护示意图
资料来源：广东省住房和城乡建设厅，广东省文化厅. 广东省南粤古驿道保护与修复指引（2018 年修编）

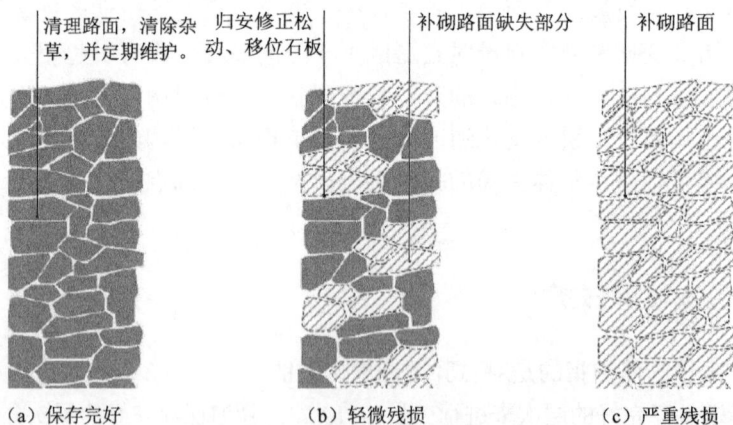

（a）保存完好　　　　　（b）轻微残损　　　　　（c）严重残损
图 3-11　古驿道通道本体保护修复示例
资料来源：广东省住房和城乡建设厅，广东省文化厅. 广东省南粤古驿道保护与修复指引（2018 年修编）

　　对于保存完好的古驿道通道本体，以现状修整为主，清理路面，清除杂草，并定期维护。对于轻微残损的古驿道通道本体，应采取必要修缮措施，归安修正松动、移位的石板，补砌路面缺失部分，根据实际使用需求，平整路面，并定期维护。路面的保护与修缮应在材质、施工技术等方面尽可能地与现有道路遗址保持一致。对于严重残损的古驿道通道本体，应采取必要修缮和保护措施，有安全隐患的应设置绕行线路和防护绿化带，并设置路障，严禁各类机动交通工具通行。可在破损严重或有安全隐患等不适于行走的古驿道旁边建设观赏步道，或者古驿道沿线合适的位置增设观景平台。路面的保护与修缮应在材质、施工技术等方面尽可能地与现有道路遗址保持一致。对于覆盖的古驿道通道本体，应在建筑物、构筑物和道路上进行标记，设置信息标识予以说明，保证通道的完整性和连续性。对于消失的古驿道通道本体，依据考古难易程度及历史的重要性进行探查。

古驿道本体范围内禁止取土、采石、拦河截溪、排放污水等损毁、破坏保护主体的行为；禁止擅自使用现代风格材料修缮、装饰、装修保护主体，明显改变保护主体原状；禁止破坏位于本体范围内的其他建筑物、构筑物，擅自改建和扩建；禁止违章搭建和其他有碍观瞻、破坏环境风貌的活动；应清理乱堆乱放的生产生活垃圾。古驿道本体范围内允许对保护主体进行维护、修缮、配套（交通衔接设施、服务设施、基础设施、标识系统）而进行的建设工程，但必须经专家论证和市文物、规划主管部门审核、批准后才能进行；应严格控制配套设施的建设规模、密度、高度等，配套设施的设计应体现人性化要求。

二、文化遗产本体的保护

（一）物质文化遗产的本体保护

由上对南粤古驿道文化遗产廊道资源的普查与评价可知，南粤古驿道物质文化遗产主要包括：驿道遗存（驿道、驿站、驿铺、驿亭、渡口、码头、桥梁）、军事设施遗存（关隘、古堡、卫所）、宗教设施遗存（古寺、道观、宫、庙、教堂等）、因古驿道而兴起的历史古城镇（"三古"即古城、古镇、古村）。古驿道上的引导指示碑刻是珍贵的历史空间定位系统，在南粤口语化的称呼中又称为指路石、问路石，在从化、云浮近期都新发现了指路石。这对寻找埋没的古驿道具有指引价值。

对于文化遗产廊道内的物质文化遗产自身要素的保护必须遵守真实性原则、修旧如旧的原则，建立整体、动态的保护观，维修工作应尽可能地按照原形制、原结构、原材料、原工艺进行修缮，减小对原物的干预，最大限度地保存原物，才能达到保护好文化遗产的目的。一般而言，有保养、保持、修复、修建和重建几种模式。

（1）保养

针对已经维修好的或原状质量良好的文物保护单位，只进行常规检查和周期性与日常维护保养。

（2）保持

指保证安全或是保护遗产的原有状态，使其免受破坏或改变，通常而言包括维护、修缮、加固和增强。

（3）修复

基本保持原貌而稍加整修，这不只是保护遗产的完整性，而且要呈现出原来的状态和价值，并提高初始设计的易读性。

（4）修建

拆除古建筑再修建仿古建筑的模式，外表看起来有点像古建筑，但都是新的。

（5）重建

拆除原有建筑，搬迁居民，按现代化大城市的理念打造新的景观。

（二）对于非物质文化遗产的保护

南粤古驿道非物质文化遗产主要包括：历史事件、名人轶事、传说典故、民风民俗、传统技艺等。建议设立非物质文化遗产保护基地或非物质文化遗产生态实验基地，加快立法进程，依靠法律的普遍约束力对非物质文化遗产的保护做出强制性规范，还应建立更多的非物质文化遗产保护基地，或非物质文化遗产生态实验基地，如通过与学校教育结合等多元路径，努力培养传承人。对于非物质文化遗产的保护应在保护范围内确保古驿道环境的完整性和协调性，涉及文物保护单位、历史建筑的，按照文物保护及紫线控制要求执行。

三、文化遗产廊道自然要素的保护

佟玉权等（2010）提出景观尺度下的文化遗产是由遗产地的自然结构、经济结构和社会结构所构成的统一体，是"自然与人类的共同结晶"，具有复合性结构特点。自然结构是构成文化遗产地经济结构与社会结构的基础，历史上形成的任何文化景观都离不开自然环境的基础性作用。保护文化遗产廊道内的自然要素，就是要保护山脉、水体、物种、地形地貌等自然生态。保护文化遗产廊道内的山脉水系，不仅是保护廊道自然生态格局，也是保护南粤古驿道的古朴风貌，保持山水相映的自然空间。

四、文化遗产廊道社会文化、经济等要素的保护

文化遗产地往往是人类历史发展的重要见证者，亲历了人类历史社会巨大变

革时期的经济发展、文化融合、社会结构及社会生活。文化遗产保护的目的是保护其历史文化价值，并在新的社会背景下，改变原有的功能结构，促进对优秀传统文化的传承和推进社会文明进步。如南粤古驿道不仅见证了历史，也反映了当时中国的政治、军事、经济、文化、行政建制、历史地理等领域，也是"一带一路"、海上丝绸之路的重要组成部分。故在进行具体保护和活化利用之时，对文化遗产廊道的每一个文化遗产单体、遗产要素都要做仔细评估和属性分析，在考虑各个要素与整体文化景观系统联系的基础上，确定其保护的级别和保护方式，并对其加以科学地活化与利用。

第四章　南粤古驿道文化遗产廊道的构建

本书在对南粤古驿道文化遗产资源进行普查和评价之后，开始构建文化遗产廊道。文化遗产廊道的构建将碎片化的文化遗产单体与自然生态环境、区域文化、乡土景观等通过连续的廊道进行整体的串联和保护。本书研究南粤古驿道文化遗产廊道的构建方法和思路，沿用相关学者的遗产廊道构建的基本理论框架，在对南粤古驿道文化遗产资源评价基础上，构建绿道、确定南粤古驿道文化遗产廊道的主题、配套解说系统、组织交通系统和旅游功能。让文化遗产融入现代生活，焕发古驿道文化遗产的时代魅力。

第一节　南粤古驿道文化遗产廊道构建的基本思路

南粤古驿道文化遗产廊道的构建可以分为九个方面的内容：一是树立文化遗产廊道构建的目标与原则，为文化遗产廊道制定总体保护与展示的目标和原则；二是确定南粤古驿道文化遗产廊道的层次，根据地理空间及历史渊源，分为宏观、中观、微观三个层次；三是古驿道资源与历史文化调查与评价（古驿道文化遗产区域内的遗产单体、古驿道主体、自然景观资源、生态环境等）；四是构建绿道，根据古驿道周边自然生态环境，构建绿道；五是文化遗产廊道主题的确定，根据南粤古驿道文化遗产的历史背景及资源相关性确定一个大主题，同时根据8条示范段古驿道的特色，确定各具特色的小主题，凝聚社会各方力量及大众参与到古驿道保护与开发中；六是解说系统服务；七是交通系统组织；八是旅游功能体现；九是实施对策涉及不同层次级别的政府、企业、非营利组织、私人等的合作管理，民间资本引入古驿道开发、古驿道遗产旅游规划、相关政策法规等的制定及做好申请世界文化遗产的基础工作。

第二节　南粤古驿道文化遗产
廊道构建的目标与原则

一、构建目标

（一）整体保护

南粤古驿道文化遗产廊道是以古驿道为主体的遗产资源，串联周边沿线区域内多个文化遗产单体（无论是国家级、省级文化遗产单体还是市县级文化遗产单体，其对于文化遗产廊道的整体构建而言都至关重要），并将与古驿道文化遗产相关的众多遗产要素及关联设施结合起来，保护完整的文化遗产系统（包括古驿道物质文化遗产和非物质文化遗产），保护和修复完整的自然生态系统（包括自然景观资源、地貌、水文和物种多样性）及古驿道自然廊道整体生态格局，达到保护遗产资源的目的。

（二）提升整体价值

南粤古驿道文化遗产廊道周边的遗产资源不是简单的聚集，是南粤大地历史发展的共同见证，表面上看似零散却有着内在的凝聚力，因为它们共同承载着丰富的历史文化信息，是一个有机的整体。构建的重点不仅是对文化遗产廊道中的文化遗产进行普查登录与分析，更重要的是对古驿道本体所形成的线性遗产区域进行整体性保护与开发，加强遗产单体（节点）之间的联系，从整体上提升文化遗产价值。

（三）活化利用

南粤古驿道文化遗产廊道保护的目标是对构成古驿道记忆的历史信息及具有文化意义的物质表现加以保护与恢复，利用现代技术再现古驿道文化遗产廊道的整体结构、历史风貌，传承古驿道历史文化，充分活化利用、发挥其使用价值，使之具有生命力。建构古驿道沿线整体遗产格局，复兴古驿道沿线具有活化价值的历史景观和场景，使其具有现代意义、社会价值、经济价值、文化活力，成为认识岭南文化历史、重拾回忆、延续现代生活的重要功能区。

（四）联合申遗

南粤古驿道文化遗产廊道构建首先是对古驿道文化遗产和自然生态环境进行

完整的保护；其次是构建具备绿道、文化遗产廊道主题、解说系统、交通系统、旅游功能的文化遗产廊道，展示古驿道文化遗产廊道的文化遗产和自然景观；最后以文化遗产廊道作为保护模式，为申请世界文化遗产做好前期准备工作。

二、构建原则

南粤古驿道是由不同时期的历史文化串联着众多的历史遗迹、自然遗产、文化遗产而形成的区域性的遗产区，具有空间特性和内部构成的复杂性。构建南粤古驿道文化遗产廊道时须考虑 8 条示范段古驿道跨行政区域的特点，应遵循遗产法规、真实性原则、整体发展原则、多样并存原则和可持续发展原则。

（一）遵循遗产法规

依据《保护世界文化和自然遗产公约》《中华人民共和国文物保护法》《历史文化名城名镇名村保护条例》等国际、国内相关文化遗产保护法规要求，根据研究区（南粤古驿道）的实际情况，对文化遗产进行切实的保护。对已经登记在案的文物保护单位，在保持其原真性的基础上，做到切实保护与修葺；对未作为文物保护单位登记在案，但有较高价值的文化遗产，在深入研究的基础上，做好保护的工作，尊重其原真性和完整性，注意保护其历史环境。文化遗产与其所植根的自然与文化环境分不开，保护南粤古驿道文化遗产意味着对其文化与自然背景的共同保护，这对于自身历史价值相对较低的文化遗产尤其重要。

（二）真实性原则

不破坏南粤古驿道的真实性和历史文化信息，不随意进行影响其历史文化价值的加建改建。《威尼斯宪章》中提出了关于真实性保护的一些原则，如它要求文化遗产所采取的任何保护措施都应当是"可逆的"，应当不影响以后的维修工程；要求把保护措施控制在最低限度之内；要求能够区分原有材料与维修中修补、增添的部分，要使维修措施具有"可辨识性"。梁思成先生很早之前对我国城墙遗址保护提出了文物保护是"使它延年益寿，不是返老还童"的观点。

南粤古驿道文化遗产廊道的构建需要保持文化遗产的真实性，并非单纯追求"遗产原态"的真实，而是体现历史延续和变迁"信息"的真实，传递古驿道所负载的历史文化意义，延续历史文脉，使古驿道的遗产资源可以世代传承。只有以科学发展的态度践行真实性原则，才能提高对文化遗产本质属性和真正价值的理解。

（三）整体发展原则

在践行真实性原则的基础上还要保持遗产的完整性和整体发展，完整性包括有形遗产范围上的完整，即遗产自身结构完整及与所处环境的和谐完整；也包括文化遗产所承载的文化意义概念上的完整。因此对南粤古驿道文化遗产廊道的构建不仅要保证古驿道保护范围的完整，还需要确保各遗产要素、风格和格局及所依存的文化空间的完整。从整体发展上看，南粤古驿道文化遗产廊道的构建是对8 条示范段古驿道进行整体保护的内在要求。正确认识和厘清文化遗产廊道部分与整体的关系，避免因为过分关注遗产单体而影响整体文化遗产廊道的构建。整体发展原则还要求必须综合考虑 8 条示范段古驿道与沿线"三古"的关系，这种紧密相连的空间特性决定了整体保护规划需要与现有城镇的规划、交通、文化保护、旅游、环境保护等部门的规划相衔接，获得不同部门对南粤古驿道文化遗产廊道建设的全面理解和支持，在目标一致的前提下保证整体全面共同发展。

（四）多样并存原则

南粤古驿道文化遗产廊道范围内的遗产资源（物质文化遗产和非物质文化遗产）形态丰富、价值多元、类型多样、等级高低不同、权属部门地区各异，决定了文化遗产廊道的构建与保护也必须多元化。因此有必要对文化遗产廊道内不同层次、不同类型、不同地区的文化遗产采取多样并存的原则。同时文化遗产廊道的构建不是一成不变的，要从理念、方法到保护内容、保护程度等具体的实践都随着已有工作的进展、国际遗产保护工作的发展变化而做出适时的调整。同时与所在区城镇的总体规划和相关专项规划保持互动，与时俱进地做出相应的调整和完善。

（五）可持续发展原则

南粤古驿道不仅是历史留给我们当代人的文化财富，也是后人共享的精神财富。当代人对面临消失危机的古驿道负有不可推卸的历史责任，必须使南粤古驿道上珍贵的文化遗产得以传承、永续利用。南粤古驿道文化遗产廊道的构建是一项历时长、涉及面广、事务繁杂的系统工程，其构建必须贯彻可持续发展理念，兼顾当代与未来利益的平衡。

第三节　南粤古驿道文化遗产廊道的层次

本书所指文化遗产廊道的层次，是以保护和感知遗产为出发点，来划定文化遗产廊道层次的（图 4-1），然后有区别地进行不同层次文化遗产廊道的构建，有助于在划定的各个层次内针对遗产现状采取相应的措施。

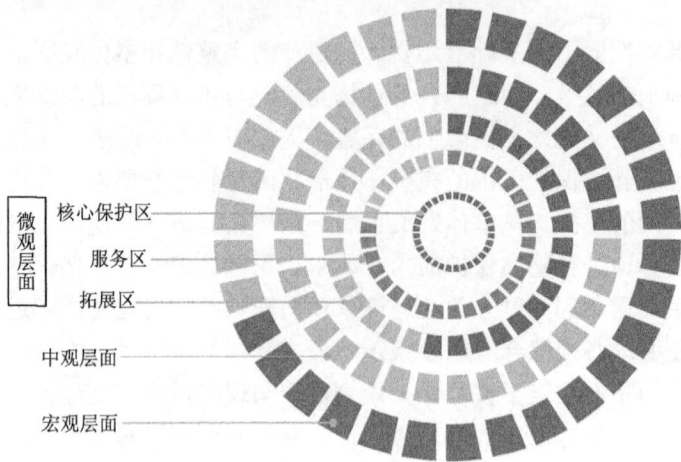

图 4-1　文化遗产廊道层次

一、宏观层次

宏观角度的构建，主要内容包括遗产区域的界定、遗产区域保护与开发利用战略目标等。宏观层次的南粤古驿道文化遗产廊道指的是 8 条示范段古驿道所构成的大尺度的文化遗产廊道。

二、中观层次

中观层次的南粤古驿道文化遗产廊道指的是伴随着 8 条示范段古驿道的出现而兴起的古城、古镇、古村，是中尺度的文化遗产廊道区。

三、微观层次

微观层次的南粤古驿道文化遗产廊道指的是古驿道"主体"，小尺度的文化遗产廊道区（图 4-2）。根据朱强等（2007）的研究，将其划分为三个层次，由内到外分别是文化遗产廊道核心保护区、服务区和拓展区。微观层次的划分有利于分区、分阶段进行古驿道文化遗产廊道的生态保护、遗产保护和游憩开发等。微观层次的文化遗产廊道有助于旅游开发的实施，设计安全适游的旅游线路，便于游客通达、体验、了解文化遗产廊道，并通过空间序列提升体验的满意度。

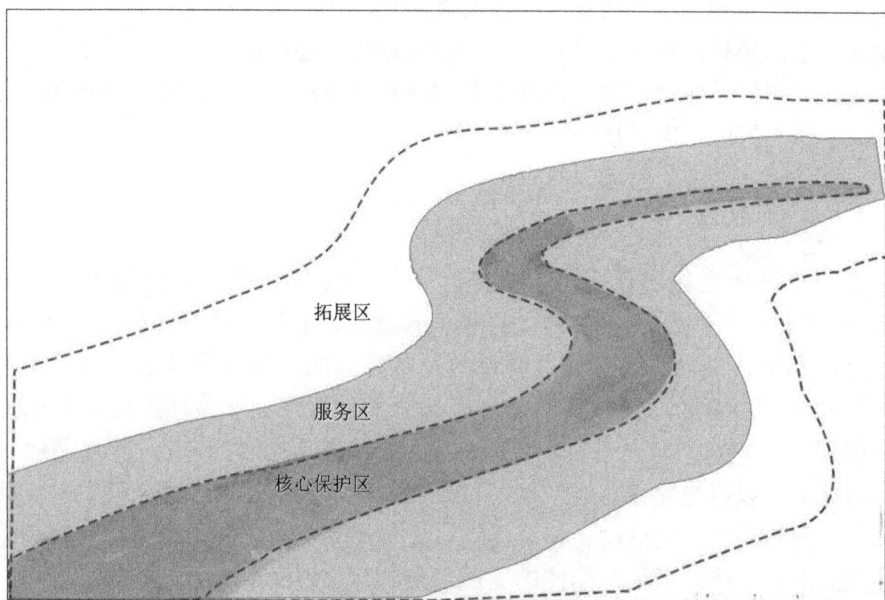

图 4-2　文化遗产廊道微观层次

（一）核心保护区

文化遗产廊道核心保护区是沿廊道的核心资源区，绝大部分的一类文化遗产单体都位于此区域内，包括古驿道本体（即古驿道遗存、军事设施遗存、宗教设施遗存等）。生态恢复、遗产保护和景观整治是其面临的主要问题。核心保护区域内的遗产单体和环境要注重保护其历史信息的完整性和真实性，保持遗产单体的格局和原貌，同时配套的休闲、游览设施不得对其构成破坏或威胁。对于核心保护区内的遗产资源，需要严格保持其原貌与格局。保护和展示不得破坏遗产现状，或对其构成威胁。保护和展示设施的设置应与遗产的整体环境与历史氛围相协调。廊道核心保护区的维护与修复必须按"修旧如旧"的原则进行。核心保护区内应以生态恢复、遗产保护、景观整治为主，通过改善核心保护区内的生态环境和自然景观，烘托文化遗产廊道内文化遗产的氛围。

（二）服务区

文化遗产廊道服务区包含部分次要的文化遗产节点（与一类文化遗产单体具有密切联系）和生态恢复区，服务区是维护廊道完整性和真实性的控制保护区，区域内主要分布有二类及以下的文化遗产单体。在一定程度上，要保护该区域内的文化遗产单体和环境的历史完整性及真实性，在严格管理的基础上，在不影响主要文化遗产单体的情况下进行适当的建设行为，通过加强绿化，适度地发展游览、展示和户外游憩等活动。此外，要积极进行生态培育和恢复，为整体文化遗产廊道营造良好的生态环境。

（三）拓展区

文化遗产廊道拓展区是对文化遗产廊道内主要遗产的历史价值和整体风貌具有影响力的区域，属于廊道的外围发展区。对于其遗产资源拓展区的确立，不仅是对廊道格局的丰富，其主要目的是从整体的角度对零散的、不受重视的遗产资源进行整合，加强个体的遗产资源之间的联系，从整体上提升文化遗产的价值。

拓展区可以适当建设与遗产风貌相协调的建筑物，也可以适度开发与文化遗产廊道主题相关的休闲活动、体育活动、康体活动、游憩活动等。作为廊道景观最外围的部分，该区域的规划控制要适当限制其土地利用类型，限制高污染、高噪声等不利的土地利用。对于遗产区域的扩展与确定能带动其他遗产单体的保护，发展旅游业，促进南粤古驿道文化与岭南文化的传播，提升遗产资源的整体质量与旅游竞争力。

第四节　南粤古驿道文化遗产廊道构建的总体思路

南粤古驿道文化遗产廊道作为一个整体系统，其构建的核心首先是保护文化遗产的历史价值，整合相关的遗产资源（单体），将遗产保护与生态环境保护、古村落活化利用、旅游开发等结合，并重新梳理构建南粤古驿道文化遗产廊道与乡镇、村落规划的联系，不仅重视遗产单体的保护，同时增加遗产单体之间的"线性"联系与关联，增加遗产单体的动态性和南粤古驿道文化遗产廊道的连续性，向世人展示南粤古驿道文化遗产廊道历史画面的延续性和空间的延展性。通过南粤古驿道本体的串联，挖掘周边遗产资源的内在联系，将文化遗产廊道物质环境的改善、构建绿道、文化遗产廊道主题的确定、解说系统服务、交通系统组织和旅游功能与相关遗产的保护工作联系起来，更好地推进文化遗产廊道的整体保护和利用，拓展文化遗产功能，全面深入展现南粤古驿道遗产廊道的历史文化价值。

有关文化遗产廊道的构建，不同国家或类型的文化遗产廊道有不同的构建程序，大致可以分为四个方面：一是文化遗产廊道主题的确定与资源的界定；二是遗产价值的评价；三是项目规划与设计；四是遗产管理。综合目前学术界对文化遗产廊道构成要素的界定，朱强等（2007）根据美国的研究成果认为，文化遗产廊道的构成元素主要包括：绿道、游步道、遗产和解说系统，这是文化遗产廊道规划的主要内容。南粤古驿道文化遗产廊道属于较大尺度层面的区域性文化遗产廊道，其构建背景和与区域内乡镇（村落）的发展相关，涉及乡村建设发展、古村落活化、农民生活环境改善、乡村经济发生等问题，这决定了南粤古驿道文化遗产廊道构建思路的特殊性和复杂性。因此南粤古驿道文化遗产廊道的构建强调从整体的空间组织入手，其整体构建主要涉及构建绿道、文化遗产廊道主题的确定、解说系统服务、交通系统组织和旅游功能的体现5个构成要素。保护古驿道文化遗产廊道范围内的所有自然和文化遗产资源，为古驿道周边区域提供美丽乡村建设、乡村经济发展、发展休闲旅游的机会。

一、构建绿道

构建绿道即廊道绿地系统的整合，用绿地连接关键的节点。规划设计中的植被结构设计最为重要，它是保持水土、改善环境及营造适当历史氛围的基础。王志芳和孙鹏（2001）提出对于文化遗产廊道而言，构建连续的绿地系统有助于为沿廊道散布的文化遗产形成统一连续的基底背景。绿道是文化遗产廊道内除遗产元素和城市建设用地之外的所有绿地，包括人工绿地和自然植被覆盖的生态绿地。绿道具有三个功能：首先是作为具有重要生态功能的廊道和自然系统；其次是作为具有娱乐观赏和游憩功能的绿道；最后是作为历史遗产资源的环境载体的通道。构建绿道的目的在于构建人工绿地系统，将自然绿地联系起来形成绿色景观带，绿道可以串联文化遗产单体和解说系统服务、交通系统组织，体现旅游功能等。

根据文化遗产廊道内各地不同历史文化背景和各异的生态景观需求，对于绿地生态系统的建设可采取"保育"、"放任"和"更替"的方式。保育主要适用于具有重要价值的植被。放任指保证景观群落的自然演替不受干扰，任其自然生长，主要适用于对整体的自然环境氛围和人文景观起到烘托作用的植被群落。更替是指用一种具有价值的良好的生物种群替代另一种破坏环境整体氛围的生物种群。对于文化遗产廊道内有害的、有刺鼻气味的、破坏文化景观的结构或外形的植被就应采用更替的方式。从生态的角度看，绿道是物质、能量和物种流动的通道，生态学家普遍认为，连续的绿道有利于物种的空间流动和本来是孤立的斑块内物种的生存和延续。

南粤古驿道的分类涉及山地型古驿道、平原型古驿道、古水道型古驿道、滨水型古驿道、村镇型古驿道。南粤古驿道8条示范段古驿道的类型有山地型古驿道（南雄梅关古道、饶平西片古道、珠海岐澳古道、乳源西京古道）、古水道型古驿道（郁南南江古水道）、滨水型古驿道（从化钱岗古道）、村镇型古驿道（汕头樟林古港驿道、台山梅家大院—海口埠古驿道），按照古驿道不同类型进行绿道的构建。

（一）山地型古驿道绿道构建

山地型古驿道有南雄梅关古道、饶平西片古道、珠海岐澳古道、乳源西京古道，山地型古驿道两侧的景观环境，应最大限度地保留原有植被，不宜进行大规模的绿化改造，若部分确实要进行绿化改造的，应优先选用本地乡土树种和特色景观树种相生的种植模式，避免使用城市化的园林植物，保证植物群落稳定性和突出地方特色，应制止在古驿道两边加种行道树的行为。驿站、驿亭、观景台等节点处的植物配置，应在场地现有植被基础上，选择本地特色景观植物，营造层次、色彩、季相、意境丰富的植物景观，提升古驿道的游赏乐趣。

（二）古水道型古驿道和滨水型古驿道绿道构建

古水道型古驿道有郁南南江古水道，滨水型古驿道有从化钱岗古道。古水道型古驿道和滨水型古驿道两侧的景观环境，应保护原有滨水驳岸，不宜采用截弯取直、渠化、固化等人工方式破坏河流生态环境，对生态退化和已遭到破坏的区域，应采用生态技术手段及时进行生态修复。在观景台等节点处，应在驳岸现有植被基础上，恰当运用本地水生植物，丰富滨水植被景观的层次。

水道两侧沿河空间设置风景林带，以绿色植物基底为纽带，贯穿两岸，选择有区域特征的乡土树种和滨水植物，结合灌木地被草坪相间布置，围合成形状各异的虚实空间。在建设护坡、护岸设施时，应预留种植池、种植槽等，为植物生长提供条件。

（三）村镇型古驿道绿道构建

村镇型古驿道有樟林古港驿道、江门市台山梅家大院—海口埠古驿道。村镇型古驿道两侧的空间环境，应保护传统的街市格局、建筑风貌，展现岭南村镇的特色与淳朴的民俗乡风，并应完善村镇给排水、供电、环卫等基础设施，提升乡村人居环境，同时可结合古驿道发展农家饭店、农家旅馆等乡村旅游设施，提升古驿道服务功能，促进乡村经济发展。

南粤古驿道文化遗产廊道的绿道构建应确定保护范围应并最大限度地保留原有绿色植被，加强对原生环境的恢复、维护和保育，不宜进行大规模的绿化改造。整体绿化风格要自然而朴实，不能破坏遗产周围环境的和谐统一，以绿色空间为背景衬托展示遗址景观。每一个传统景观都应有自己固有的绿化特点，也是体现其风貌的重要环节。在一个有历史意义的空间中，绿化并不是面积越大就越好，树木也不是数量越多就越好，要根据各自的特色，配合体现出场所固有的特点。总体植物绿化应按照生态原则，尊重大自然的面貌，尽量体现自然地形和环境特征，极力体现自然美。树种的选择应尊重自然植被生存、发展的规律及适地适树的生态学原理，挖掘推广优质乡土树种，构筑地域特色，并提高植物配置的生态多样性和景观多样性。

同时依托现有绿道建设管理体系，各地在制定绿道管理政策措施时，应将古驿道保护利用内容纳入，建立市、县、镇级工作机制，切实落实各项工作要求。

二、确定文化遗产廊道主题

为文化遗产廊道选择合适的主题，不仅有利于凝聚政府、投资者、文化与科研院所等各方力量，使其投入到遗产的保护，更有利于以便捷的方式促进宣传和大众的参与。文化遗产廊道主题的确定可以依据遗产的历史背景和资源的相关性，文化遗产廊道的主题应能体现该区域遗产资源的核心特征、区域的文化特质及遗产的综合价值，同时要考虑后继娱乐、教育、解说等项目实施的可行性及大众的接受程度。南粤古驿道文化遗产廊道的构建需要确定一个大主题，8个不同的小主题，相关主题的确定应由与古驿道关系最为密切的关键性元素和主题历史文化来决定，要求能充分体现出该地区古驿道遗产资源的核心特征，又能反映该区域的文化特质及遗产的综合价值，还要考虑后继娱乐、教育、解说功能的实现和大众的接受程度。文化遗产廊道的遗产资源、地理位置、领域范围、特性、自然背景状况等决定了其不同的主题。

（一）各具特色小主题

根据南粤古驿道8条示范段古驿道存在的不同现状，以及资源普查与评价遴选出具有历史文化价值的重要事件和人物，搜集与古驿道联系紧密而富有吸引力的人文素材，形成不同特色主题的文化遗产廊道。

1. 梅关古道——南粤千年路

"南粤千年路"从梅关关楼起至珠玑巷。梅关古道——我国保存最完好的古驿道之一，通往南粤第一雄关。早期对梅关古道的记载始于秦汉，这条古驿道2000多年未曾断绝，故称其为"南粤千年路"。

问及先人来时路？无不称南雄珠玑！"南粤千年路"的终点是"岭南第一巷"——珠玑巷，南迁移民的第一处落脚地。出了梅关，十几千米就到了珠玑巷。

2. 西京古道——古代进京高速

如前所述，"西京"是我国东汉、隋、唐时期的政治、经济文化中心，即当今陕西省西安市。西京古道是汉武帝时期岭南各地通往京城"长安"的必经之道，因此可以称之为"古代进京高速"。

随着历史的变迁，"西京古道——古代进京高速"实用价值虽已远去，但却留下了大量的文化瑰宝，历史文化价值越来越突显，心韩亭、仰止亭、寿德亭、大富桥、通济桥、观澜书院、古民居……每一个古建筑背后都刻印着一个时代的沧桑变化，可以说是一条埋藏着无穷宝藏的文化通道。

3. 西片古道——纵横天梯

如前所述，西片古道建于明嘉靖年间，盘山而建，纵横台阶式，乱石砌筑而成，沿途有众多重点文物保护单位和遗址遗迹，历史上为"两省四县"商家民众往返的必经之处，古称"第一山"。古驿道台阶较多，较为陡峭，其中有一段著名石阶共有 365 级，可谓"长、险、直、奇"，根据其整体特性，确定其主题为"纵横天梯"。

"西片古道——纵横天梯"两旁拥有西岩寺、善福寺、宝塔寺、凉亭、伯爷泉等古迹，山岭峻秀，古道沧桑，田园风光如画，其环境幽静、空气清新，登高望远时令人心旷神怡。

4. 樟林古港——海丝起源地

如前所述，樟林古港位于汕头市澄海区东里镇，樟林古时因"遍地樟林，枞灌成林"而得名。清康熙二十三年（1684 年）开海禁，樟林港逐步兴盛，至乾隆、嘉庆年间达全盛期，形成"八街六社"格局，号称粤东"通洋总汇"。樟林古港旧址同时也是"红头船"的起航圣地，被誉为"红头船的故乡"。2017 年，樟林古港获评"广东十大海上丝绸之路文化地理坐标"，因此，该文化遗产廊道主题确定为"海丝起源地"。

回望樟林的历史，它经历了无数的风风雨雨，它的成长犹如大海起伏的波涛；品味樟林的现在，这座古老的海滨埠市，正伴随着古驿道的成长焕发出青春的活力；展望樟林的未来，它定会随着历史的脚步不停地前行。

5. 从化钱岗——古村古道"

如前所述，钱岗古道是北江古驿道中"南雄—广州"古驿道的组成部分，在较长的历史时期内是作为邮驿、交通、商贸的重要载体。钱岗古道精华段起点为钱岗古村，终点为知青村古道，全长为 9.19 千米。

钱岗古道有众多文化资源，如广裕祠、颜村陆氏大宗祠、陆炜故居、陆氏宗祠、灵秀坊牌坊、文阁墟等古建筑，还有钱岗古村的陆氏家族文化，具有深厚的历史积淀，故此文化遗产廊道主题确定为"从化钱岗——古村古道"。

6. 珠海岐澳古道——禁烟之路

如前所述，岐澳古道起于中山石岐，止于澳门关闸，宽约 2 米，全程为 70 千米，修筑于清咸丰十年（1860 年），是清代香山地方官府主导修筑、官民共享的官道，也是连接香山（今中山）与澳门的交通要道。道光十九年（1839 年），林则徐禁烟通过岐澳古道，前往澳门视察，这是岐澳古道作为海防通道的重大事件之一。因此，珠海岐澳古道文化遗产廊道的主题确定为"禁烟之路"。

7. 梅家大院—海口埠古驿道——侨胞寻根路

如前所述，梅家大院位于台山市端芬镇大同河畔，由当地华侨及侨眷侨属于1932 年创建，是台山极其宝贵的建筑群，其规模十分宏大，气势较为壮观，装饰精微，构思巧妙，体现了中国传统文化的精神、气质及神韵。海口埠的历史可以追溯到清咸丰三年（1853 年），因为这里是大同河与端芬河汇合出海的地方，端芬人习惯把河叫作"海"，所以称呼为"海口埠"。由于其与香港、澳门之间便利的海上交通条件，海口埠成为广府先侨出洋的重要港口，被称为"广府人出海第一港"。综合上述两点内容，梅家大院—海口埠古驿道文化遗产廊道主题确定为"侨胞寻根路"。

梅家大院—海口埠古驿道文化遗产廊道周边华侨文化十分浓厚，以古村古镇为代表的人文类旅游资源最为突出，行走在古驿道周边，不仅可以从当地的人文建筑中领略百年古埠"广府人出海第一港"的文化魅力，也可以享受当地阳光与海滩的海岛风情。

8. 郁南南江古水道——水上古道

如前所述，南江古水道位于广东省云浮市郁南县（兰寨—大湾古码头），据《民国新修郁南县志》记载，南江古水道主要渡头包括大湾渡、河口渡、连滩渡、逍遥渡、古蓬渡等，现南江古水道沿线仍保存着一些交通历史遗址，有5 个古码头、5 个古驿站、2 个驿亭，因此，郁南南江文化遗产廊道主题确定为"水上古道"。

南江在云浮境内蜿蜒而过，自古以来便作为重要水路交通要道联系郁南与广州，是海上丝绸之路、融合汉越文化的重要通道，亦是古百越文化保存较完整的地区之一，带动了沿线经贸繁荣，构成了开放、包容、历史底蕴丰厚的南江文化带。

（二）高屋建瓴大主题

在各具特色 8 个小主题的基础上，以古驿道文化生态博物馆作为南粤古驿道文化遗产廊道的大主题（图 4-3）。

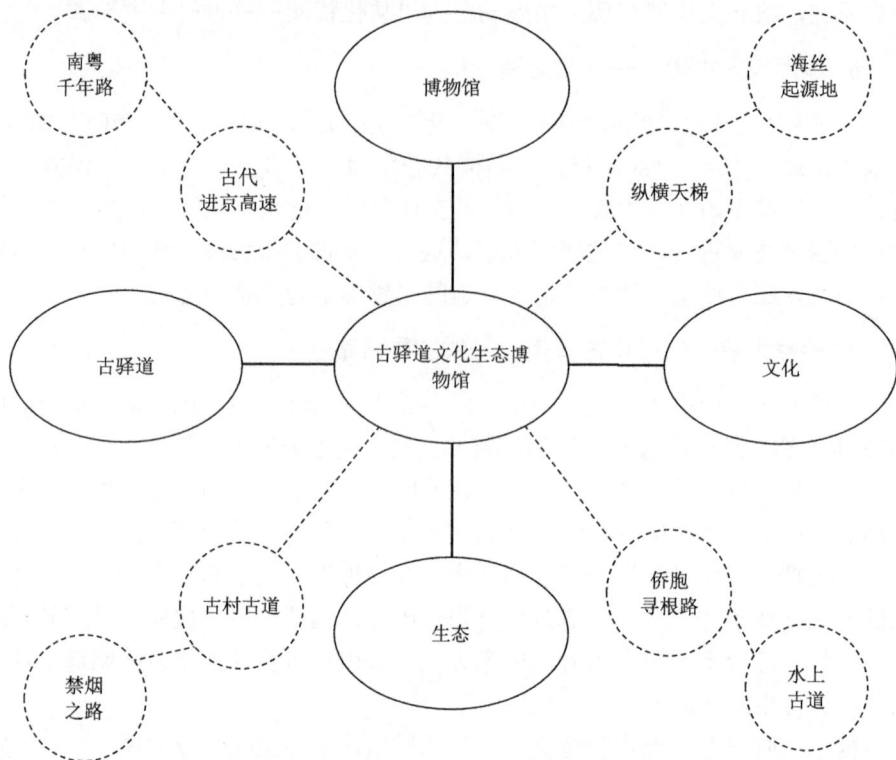

图 4-3　文化遗产廊道主题构建

生态博物馆最早于 1971 年由法国人弗朗索瓦·于贝尔（Francois Ubel）和乔治·亨利·里维埃（George Henry Riviere）提出，是没有围墙的"活体博物馆"。它主要强调保护和保存文化遗产的真实性、完整性和原生性，生态博物馆的"生态"的含义既包括自然生态，也包括人文生态，这一本质要求与南粤古驿道文化遗产具有相似性，故引入"生态博物馆"概念来确定南粤古驿道文化遗产廊道的大主题。全世界的生态博物馆已发展到 300 多个，中国已有 16 个生态博物馆，但都是以村寨社区为单位进行设置。本书研究创新性地将"生态博物馆"遗产保护的方式引入南粤古驿道的保护与开发中，使得文化遗产和与之相关的生态环境得到整体的、原真的、活态的保护，并使之不断延续和可持续发展，体现前瞻性的思维，使得南粤古驿道文化遗产与国际接轨，具有国际视野。

采用"古驿道"弱化南粤古驿道地理空间范围，更具普遍意义，为全国古驿道保护与开发树立示范效应。"古"多指"岭南驿道"不同历史时期发展的相关的物质文化遗产，与古驿道本体有关的历史事件和人物，也包括如民族、宗教一类的古驿道非物质文化遗产。

文化生态博物馆打造的"没有围墙"的古驿道文化生态博物馆，突出的是生态性、原真性。

"文化"是"古驿道"遗产资源的核心。古驿道在历史上曾一度扮演着重要的角色，具有重大的文化意义。古驿道的保护与开发更深层次的意义是对文化的挖掘，丰富岭南文化。如8条示范段古驿道的文化各具特色：南北通融文化遗产线路、葛洪与中医药文化遗产线路、汤显祖岭南行文化遗产线路、驿道古酒文化遗产线路、西学东渐文化遗产线路、瓷器文化遗产线路、香山古道群英故里文化遗产线路、"世界记忆"侨批和银信文化遗产线路等。

"生态"是对古驿道自然风貌和自然环境最好的概括。南粤古驿道由于年代久远，大都开凿在山间、河流旁，廊道的生态系统保存较好。

"博物馆"指的是"没有围墙的博物馆"，是对古驿道文化遗产廊道功能的总结。首先体现了文化遗产廊道的保护功能，即对文化遗产和自然生态的整体性保护；其次体现了文化遗产廊道的展示功能，文化遗产廊道是一条历史长廊，引导人们感受完整的古驿道文化发展史。同时以"没有围墙的博物馆"作为文化遗产廊道的主题，不仅有利于对文化遗产廊道形象、性质和保护功能的阐释，也有助于引导大众参与古驿道文化遗产、自然生态的保护和遗产廊道的构建，同时又可以引导民众参与，发挥更好的社会、经济、文化、教育、科研等效益。

三、解说系统服务

解说系统具有增进公众对遗产本体、遗产整体保护的价值及必要性、文化遗产廊道等遗产思想的关注与理解的功能，最大可能地提高公众保护遗产资源的自觉性与积极性。遗产解说是文化遗产廊道构建中必不可少的内容，是实现南粤古驿道文化遗产廊道整体保护与宣传的重要方式，在文化遗产廊道内应构建一个主题明确、脉络清晰、层次分明、内容翔实、智能化的遗产解说系统。

解说系统是文化遗产廊道构建的重点之一，是促进公众理解南粤古驿道及文化遗产资源重要性的纽带。朱强等（2007）认为根据遗产的不同地点、内容，可以采用不同的解说形式：包括静态的展览、图片展示，也包括动态的幻灯片放映、自我导向型设备、讲解员解说和参与性活动等；俞孔坚等（2007）根据大运河工业遗产的时间线索，将遗产点进行主题分类，在此基础上进行解说系统的线索与主题提炼，形成解说系统；奚雪松等（2009）借鉴美国伊利运河国家遗产廊道中由核心解说主题、次级解说主题、解说主题和代表区域组成的解说框架，形成了一个层级解说系统，包括三部分：解说框架、解说媒介、标示系统；施然（2009）提出解说系统可参照土地利用、遗产资源、保护目标、休闲游憩目标等因素的不同而灵活设置，考虑大众的接受程度和教育娱乐等目的。为了充分体现文化遗产廊道的核心特征，反映文化特质及遗产的综合价值，解说系统需要解决解说主题、解说层次和解说模式三个主要问题。综上可知，有关文化遗产廊道的解说可以采用多种形式，设置若干小的线索和分主题，和而不同，构建一个有层次的文化遗产廊道解说系统。

（一）解说主题

南粤古驿道文化遗产廊道主题（遗产廊道主题确定详见本章第三节）解说应分层次（大主题和小主题）而进行。8条示范段古驿道的小主题应以古驿道主体及其所依托的自然地理格局作为廊道的核心主题，然后再根据廊道内其他遗产资源的历史文化内容、分布特点、地理环境特点等确定整个廊道不同地段不同的解释性主题，强调不同的解说内容。解释性主题是整合、串联廊道内单个历史文化资源，使其获得内在凝聚力的重要方式。从南粤古驿道文化的多元性角度出发，提供廊道解释性主题思路，以时间、事件、自然地理、遗产类型、文化内涵等为线索，深入挖掘遗产资源的历史文化特色，在结合8条示范段古驿道历史发展的时间地理特点和遗产资源的综合属性特点的基础上做概括归纳，本着体现地区最重要的文化遗产价值，激发人们的生态保护意识，增强人们对本地文化的认同感的原则，不同地段依据不同的现状条件和历史沿革，提供不同的解释性分主题思路。

在同一分区内，设置不同侧重点的主题和内容，这样的解说系统从多角度全面阐释文化遗产廊道主题，又能相互联系形成整体，避免造成遗产解说体系单调枯燥或分散杂乱的局面。南粤古驿道文化遗产廊道解说主题见图4-4。

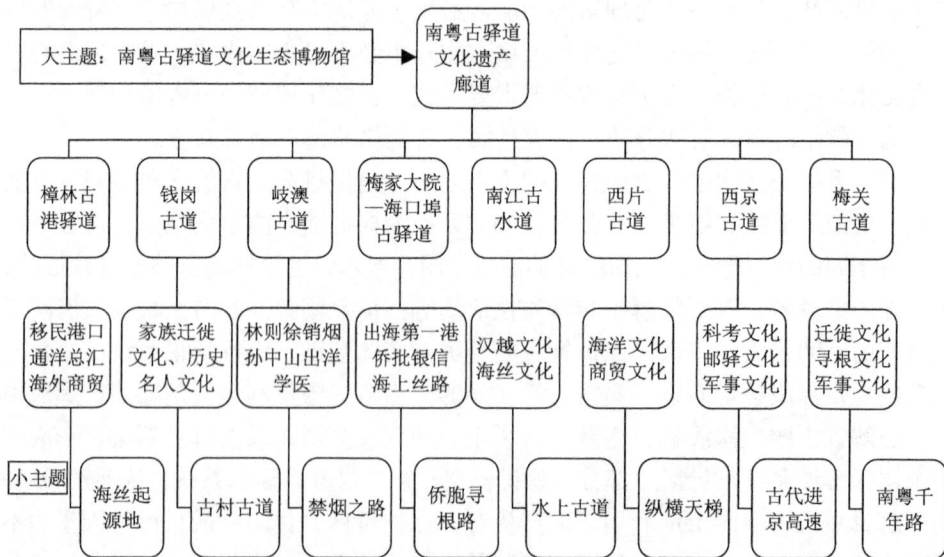

图4-4　南粤古驿道文化遗产廊道解说主题

（二）解说层次

解说层次决定了关于南粤古驿道文化遗产解说的位置与内容，大致可分为以下 5 个解说层次。

1. 整体解说

整体解说是概况讲解南粤古驿道文化遗产廊道的概貌、历史变迁、廊道性质与功能，文化遗产廊道所带来的各地间的交流和相互影响等。如南粤古驿道作为中原联系岭南的重要纽带和桥梁，承担的历史功能主要有两省通衢、兵家要道、通商往来、文化交流等，是岭南文化的杰出代表。南粤古驿道将中原的文化、人才、商品等不断地输送到岭南，将海外的多元文化传输到内地。

2. 分段解说

对南粤古驿道 8 条示范段古驿道进行分段解说，8 条示范段古驿道结合沿途景观特色、周边"三古"资源，讲述各区段独特的历史、经济、文化等。如梅关古道的南北交流文化、迁徙文化、红色旅游文化等；梅家大院—海口埠古驿道的远渡重洋文化、侨批银信文化等。

3. 解说中心

解说中心将文化遗产廊道内重要节点区附近分布的核心历史和自然资源和解说项目串起来。

4. 解说点

解说点是对节点的建筑或考古遗存，物质或非物质遗留、文献记录和其他方面的证据进行统一整理，实行具体详细的单个项目解说。

5. 解说重点

解说的重点应该是正在或已经消失的当地生活方式和历史记忆，应重点说明文化在此留下的足迹，重点讲述有关周边城镇起源的历史和文化。

（三）解说模式

解说是实施解说策略、展现解说内容的具体方法与形式，直接影响公众对解说服务的接受程度，是文化遗产解说体系中不容忽视的一环。根据解说目标、解说内容和受众的不同，可以有针对性地选择形式多样、灵活多变的解说模式。目前比较受认可和推崇的是吴必虎提出的自导式解说和向导式解说。自导式解说是硬性的解说方式，如标识牌、解说手册、导游图、语音解说、录像带、幻灯片等。

非人员解说手段是通过游客中心、电子媒介、出版物、图片与幻灯片等间接的方式把信息传递给受众。向导式解说则是软性的解说方式,如导游、解说员、咨询服务人员等。人员解说手段是一种比较直接的解说手段,主要通过导游、遗产点工作人员、当地居民解说的方式把信息传递给受众。针对古驿道内不同的主题,可采用一种或多种方式结合的办法,构建有针对性、多样化的、智能化的"智慧解说系统"。智能化指引系统可以提供更多的信息,与导航系统、气象系统相连接,保障户外活动的安全,智能化指引系统将带来无限的古驿道利用潜力。

1. 自导式解说

（1）文化遗产廊道游客中心

文化遗产廊道游客中心结合古驿道相关元素,采取驿站形式进行设计。主要为游客提供信息咨询服务,方便参观者集散等。通常分为现实体验中心和虚拟体验中心（网络游客中心）,二者共同作用,为游客提供便捷的遗产信息咨询、形象宣传。

（2）古驿道标识牌

古驿道标识牌具有解说、装饰、标志的作用,可向游客传递服务信息、古驿道相关信息等。作为彰显的一种重要手段,在历史文化资源点,包括已经消失或被覆盖的古驿道、码头等,选取适当的位置,设立标识牌,将相关历史人物、历史事件以简洁文字刻写在标识牌上,或采用现代科技手段制作"古驿道二维码",通过扫码方式,让游客明白其由来,营造文化遗产廊道浓厚的历史文化氛围,让本地市民和外来游客对南粤古驿道有更多、更深刻的认识。

中国传统的"符验",它是驿道传邮的重要制度,符节用金、玉、铜、竹、木等材料制成,为门关出入和住宿之凭证,符节一分为二,双方各执一半,符验时两半相合才有效。符节有兵符（如南越王墓出土的"虎符"）,也有一般的驿符（如通常使用的"竹符"）。标识系统设计可借鉴各朝的符节图形灵感,形成具有文化历史含义的驿道符号系统。标识材料应因地制宜,体现人性化,在颜色、材料和尺寸上尽量与周边环境协调,增加环境的美感并且与环境背景有明显的对比度。古驿道、古运河指引系统需要同原来已有的绿道等休闲或机动车指引系统相配套,有的驿道路线指引图示可以在绿道指引牌上添加指引信息,节约成本。徒步驿道的指引应与机动车指引系统相连接,为机动车使用者进行徒步旅行提供便利。

①文化遗产廊道全景图

文化遗产廊道全景图是南粤古驿道文化遗产廊道整体形象的展现,能让世人对文化遗产廊道有一个整体的认识和了解,也是文化遗产廊道构建和策划的重点。全景图表示廊道的总体结构和各遗产点、道路、服务设施、厕所、服务中心等的分布,有平面图、鸟瞰图、简介文字等表现形式,一般设置在文化遗产廊道的入口。

②遗产单体标牌

该类牌示用以说明单个文化遗产资源的名称、性质、历史、内涵等信息，可以体现解说系统的教育功能，对参观者有较强的吸引力。对埋没在荒草丛中残存的古驿道进行清理，树立遗产指引标牌。

③文化遗产廊道指路标牌

在古驿道节点，向游客清晰地、直接地表示出方向、前方目标、距离等要素，有时可以包含一个或多个目标地的信息。将古驿道、古运河与已建的绿道相连接，建立分清真正历史古道和现代绿道的指路标牌；新修建的徒步径与被现代建设所切断的驿道遗产线路连接，同样需要指路标牌。警示标牌即告知各种安全注意事项和禁止各种不良行为的牌示，此种标牌多用红色，如"小心悬崖""请勿触摸"等（图4-5）。

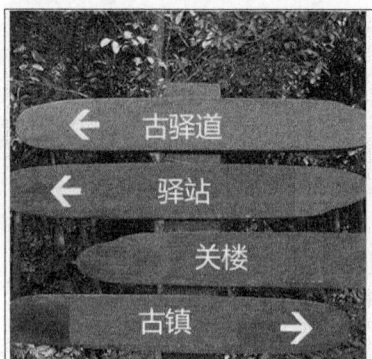

图4-5　文化遗产廊道指路标牌

④文化遗产廊道里程碑

里程碑是古驿道、徒步径重要的信息点，在表现手法上赋予文化信息含义，可以增加古驿道的历史信息价值和文化内涵（图4-6）。

图4-6　文化遗产廊道里程碑

⑤文化遗产廊道服务标牌

该类标牌主要是相关服务设施的引导牌示，包括厕所、餐厅、冷饮店、小卖部、照相、游船及商务中心等牌示。需要注意的是，标牌的特点要鲜明，设计要崇尚自然、个性与人文关怀的精神，要与普通的标准化的城市解说标牌相区别开来。另外还需要注意，标牌设立之后，应经常检查，及时解决字体脱落、掉色等问题。

（3）文化遗产廊道旅游网站

在网络上展示文化遗产廊道的特色、遗产信息、历史文化变迁介绍、古驿道风景图片、古驿道新闻、古驿道旅游线路介绍等，可以令游客提前了解文化遗产廊道的基本情况，提前领略文化遗产廊道的美景、历史文化内涵，吸引游客前来参观游览。

（4）音像制品解说

音像制品是基于影像制品集图片、文字、声音、影像于一体的，可以生动、形象地传递古驿道的各类信息，使游客产生身临其境的感觉，是南粤古驿道文化遗产廊道旅游形象宣传、古驿道文化传播的重要方式。可采取的方式主要有：一是通过 VCD、DVD、CD 等影像展示，在文化遗产廊道中心设置多媒体放映厅、滚动液晶电子显示屏、幻灯片、电视等；二是背景音乐、语音提示、电子语音导览等声音展示。

（5）印刷物品解说

印刷物品主要包括古驿道文化遗产的宣传折页、旅游导览图和指南、古驿道风光画册等。它的主要印制内容涵盖古驿道文化遗产廊道的食、住、行、游、购、娱等方面，主要功能在于向游客传递各方面信息，提升古驿道文化遗产的管理、服务水平。

（6）博物馆、纪念馆

博物馆、纪念馆是人类文化记忆、传承和创新的重要阵地，是公共文化服务体系的重要组成部分，博物馆也是地域代表性文化的汇集地，是国民教育的特殊资源和阵地。古驿道作为文化遗产廊道的核心遗产资源和未来申报世界遗产的独特历史文化资源，建设有一定规模的专馆，可以使大众对文化遗产廊道乃至岭南文化内涵有更深入、更全面的了解。

2. 向导式解说

向导式解说是目前比较受青睐的一种解说方式，具有自觉能动性等方面的特点，方便与听众进行交流并实现双向交流，讲解内容灵活多样，形式各异。人员解说多数是付费的服务，成本比较高，文化遗产廊道对人员解说的要求比较高，专业性较强。未来南粤古驿道文化遗产廊道应配备相应语种的解说员，能完成涉外语种的解说任务；需要解说员具有丰富的历史知识、地理知识、文学知识和一定的科学知识，特别要具备与古驿道有关的专业历史文化知识。

四、交通系统组织

（一）组织原则

1. 兼顾自然和历史

游道的选线要考虑自然和历史文化两个方面，自然方面要顺应自然山水地势、不破坏重要的自然景观，并能够使人欣赏体验优美的自然环境；历史文化方面要确保每一个文化遗产的可达性，并充分利用原有历史性路径，让人们在运动中体验历史。

2. 交通方式多样化

交通规划包括南粤古驿道水上交通、自行车道、游步道、景观道等多种游览方式的规划，让游客在不同情况下利用，以体验古驿道文化遗产廊道的历史及文化。

3. 主题鲜明

文化遗产廊道的每一段应该能够反映不同的主题内容和景象特色，旅游路线的历史和文化背景应该强调本段独特的历史及特色。游客应该能够选择一段或整个文化遗产廊道进行体验。

4. 注意交通衔接

强调廊道各段和关键性文化遗产节点的交通进入点，在尽可能利用现有交通线路的基础上，根据各段情况补充潜在的交通线路，注意交通衔接。古驿道文化遗产廊道构建与建设应充分考虑与道路交通及静态交通的衔接，尽量避免与高等级道路交叉，必须相交时宜采用立体交叉形式，如不具备建设立交的条件，应在交叉口划上醒目的斑马线，同时设置清晰的标志和禁止机动车进入古驿道的障碍物。

（二）外部交通组织

古驿道能否得到充分利用，最大的挑战来自交通的可达性。将古驿道与现代交通有机衔接，并与传统墟市结合，满足现代都市人业余休憩、户外活动的新需求。在外部交通组织上，尽量将廊道内的各种交通方式与城市的公共交通系统、县域及邻近乡镇的交通系统（机动车道），以及周边绿地系统（特别是公共开放空间）相联系，增加廊道的可达性和便捷性。

（1）与高速公路联系

在高速公路出入口设置交通转换区，有意识地将步行系统与公共交通站点、高速公路网络进行连接，引导游客进入步行系统或者地方公交系统。

（2）与绿道系统衔接

已规划或建设的绿道与南粤古驿道文化遗产廊道的走向基本一致的，应依托绿道布局南粤古驿道文化遗产廊道，并在绿道设施、绿道标识系统的基础上，增设南粤古驿道文化遗产廊道标识，避免重复建设。在绿道系统和南粤古驿道文化遗产廊道相交处，设置驿站和转换标识，配置必要的服务设施，实现无缝对接。

（3）增设公共交通

在古驿道外围重要节点提供穿梭公共交通服务，将现代道路公共交通系统与步行系统衔接，激活古驿道徒步路线，创造进入古驿道、古水道系统的便利条件。设置适当公交车线路，连接重要遗产区域，作为游览文化遗产廊道的快捷方式。不一定要与文化遗产廊道线路重合，应注意保持与非机动车道和步行道的距离，车内设置有关于整个文化遗产廊道及该段遗产区域的详细解说系统。

（4）设置生态停车场

公共停车场应在古驿道出入口，结合驿站设置，并应考虑自行车停放需求，为交通换乘和游客滞留留出空间，公共停车场出入口的机动车和自行车的流线不应交叉，并应与城市道路顺向衔接。

（5）单车停放点

提供自行车停放空间或搭乘设备，方便游客携带自行车在目的地站点进行换乘。共享单车停靠点应与交通停靠点、游客服务中心、休憩点等设施统筹布置，间隔一定距离设置，提供自行车租赁、共享单车、停车等服务，实现古驿道与城市交通的无缝衔接。

（三）内部交通组织

内部交通组织重点是指古驿道本体及周边文化遗产之间的道路交通体系，将廊道内的各文化遗产单体串联为一个整体，解决遗产点彼此孤立的现状。内部交通主要以游步道、绿道等非机动车道为主。

（1）陆路游步道

遗留的古驿道是南粤古驿道上历史文化最直接的载体，对古驿道的修复是复原和展示古驿道最直观的办法，重走南粤古驿道可以体验历史的真实感。自然环境变迁及人类活动的破坏使部分古驿道原线路变得支离破碎，把握时机对尚存的古驿道进行保护和修复显得十分重要。游步道是内部交通组织重点设计的内容，要设置能串联、通达每一个遗产单体的陆路游步道。设计穿越一些景色优美，或有历史意义，或有游憩价值的人文自然景观，不同地段之间分别有自己的特点。

（2）水路游步道

8 条示范段古驿道中有古水道、滨水型的古驿道，结合周边环境，利用较完整水系开发陆地旅游和水上游览相结合的项目，这有助于人们在心理上建构古驿道的布局形态，增强对廊道的整体认知。

（3）自行车道

在廊道小范围的区域内可以突出徒步观光、自行车观光等富有特色的慢节奏观光方式，线路的设计可以穿越景色优美或历史文化遗产及其背景环境保护良好的景观区，在享受遗产资源游憩价值的同时，增强对良好文化景观的价值感受。

五、旅游功能的体现

针对南粤古驿道特殊情况，结合广东省住房和城乡建设厅与文化厅对南粤古驿道的指示，有必要增加南粤古驿道文化遗产廊道的旅游功能。

（一）旅游线路设计

南粤古驿道路线本身就是一条古今辉映的独特旅游线路，在古驿道间的线路设计应优先选择历史文化资源丰富或自然景观优美的线路，尽量利用现有的绿道、登山径、低等级公路等，结合体验方式和时间进行设计。以慢速、慢游交通为主的游览路线设计，使得人们可以在古驿道上进行徒步旅游、定向越野、跑步、骑自行车等康体活动，亦可进行登高眺望、观光等一系列静态和动态的娱乐活动，满足现代人忆古思今、追忆历史、观赏自然及休闲游憩的旅游需要。

（1）多样化旅游交通工具

对目前已经开通旅游线路的古驿道，在古驿道道路路面条件允许的情况下，尽量满足牛车、马车、古船等古代交通工具的使用条件，加强游客的参与性，增强文化代入感。多种交通方式和旅游路线的结合让游客在不同情况下，体验文化遗产廊道及其文化。

（2）水路旅游线路

古水道线路选择应避开主航道，尽可能遵循原址，加强与已有滨水资源的联系，若水道发生变化，应设置信息标识予以说明。开通水路旅游线路的古水道，游船应体现历史文化内涵和地域特色。

（3）主题旅游线路

根据历史、文化、风景和可达性确定不同的主题旅游线路，古驿道、古运河和文化主题结合人文历史故事、著名历史人物和古代盐、茶等重要物资的运输路线，赋予古驿道特定的意义，形成历史主题旅游线路；设计能够展示岭南地理风貌的旅游线路，在同一线路中有意识串联不同类型地理风景特质的古驿道，增加风景魅力以吸引游客，形成地理风貌旅游线路。

应着重考虑使用人群的类型及安全性。根据不同的旅游路线，形成不同的功能、宽度和路面类型。为适应不同层次、年龄人群的旅游需求，设计长短距离不等的旅游线路，如近郊悠闲线路与城市居住地较近且易于到达，可以作为城镇日常生活的休憩场所，成为提高城市生活质量的途径之一。

（二）旅游公共服务设施

旅游公共服务设施主要有管理设施、商业服务设施、游憩设施、文化教育设施、旅游安全保障设施、通信和旅游环卫等设施。南粤古驿道旅游公共服务设施实行三级管理，按照服务节点、驿站、驿亭三级进行控制。旅游公共服务设施应充分结合现有城镇、景区、村落、建筑进行建设，避免重复建设；驿站、驿亭根据实际情况间隔一定的距离进行设置。管理设施、商业服务设施应结合区域服务中心和驿站设置，设施的规模应与游客容量相适应。游憩设施主要包括文体活动场地、休憩点等，可结合驿站和沿线景点设置，观景台、长凳等休憩点的设计应尽量就地取材，采用当地石头、木头等材料，保持与古驿道风貌相协调。文化教育设施包括文化宣教设施、解说设施、展示设施等，应设置在历史文化遗址遗迹等需要解说、展示的区域，对文化背景、名人轶事、民俗节庆等内容进行集中展示，便于游客进一步理解历史文化的。旅游安全保障设施包括治安消防点、医疗急救点、安全防护设施、无障碍设施等，治安消防点、医疗急救点等设施应结合驿站设置，安全防护设施、无障碍设施等应在有需要的地方设置。通信设施应就近连接城市通信网络，保证古驿道全线的通信网络覆盖，驿站、驿亭等服务节点可考虑设置免费热点，方便游客及时掌握驿道的各项实时信息。旅游环卫设施包括旅游厕所（生态厕所）、垃圾收集设施等，公厕应结合驿站、驿亭设置，距离过远的可考虑增设一处生态环保型公厕。

第五章　构建南粤古驿道文化遗产
廊道的对策研究

南粤古驿道是我国岭南地区具有重要历史文化意义的线性遗产,其整体保护、活化利用等方面的探讨是我国遗产保护领域的重要课题。来自美国的文化遗产廊道区域化保护理念为南粤古驿道的整体保护与活化利用带来新的视角。文化遗产廊道的构建是一个纵横交错,容纳众多在时空、历史和文化维度上密切关联的遗产单体的保护网络,覆盖了具有共同历史主题的文化遗产区域。南粤古驿道文化遗产廊道的构建与活化再利用是一个复杂的综合系统,涉及社会效益、生态效益、文化效益、经济效益等的平衡与完善,关系到多方利益主体。因此,为确保南粤古驿道文化遗产廊道的构建,对古驿道遗产的保护与活化利用不仅需要物质层面的规划设计手段,更需要与之相应的法律、政治、经济、社会手段,必须加强该文化遗产廊道在专项法规建设、整体保护规划制作、遗产地位提升、协作保护机制构建、文化遗产廊道和南粤古驿道保护宣传等方面的工作。

第一节　开展南粤古驿道文化遗产
廊道本土化研究

构建南粤古驿道文化遗产廊道是突破南粤古驿道保护困境,提升其文化影响力的新举措。通过南粤古驿道文化遗产廊道的构建,尝试创造古驿道文化遗产廊道这种 "中国特色"的线性文化景观,为我国相类似的线性文化遗产保护提供借鉴。因此,需在文化遗产廊道构建模式的指导下,采取多方措施有效推进南粤古驿道文化遗产廊道构建的实践环节。实践进程中,深入开展文化遗产廊道遗产保护理念的本土化研究,大力推广文化遗产廊道保护战略的实践运用。

文化遗产廊道遗产保护理念虽为我国大尺度的线性文化遗产保护提供了新思路和新方法,但鉴于此种思想的起源和运用对象的背景差异(详见第一章),有必要结合中国各地特色及历史文化特色对其进行本土化调整。文化遗产保护领域的专家、学者应加强研究、概括和归纳文化遗产廊道理念本土化的系统理论；扩大相关学术研究与保护实践方面的国际交流与合作，定期举办世界文化遗产廊道保护的相关学术活动与工作会议，总结研究成果及实践经验以共享；可组织"文化遗产廊道保护——以南粤古驿道为例"论坛，邀请国内外知名遗产保护专家做学术演讲、实地考察，指导南粤古驿道文化遗产廊道建设工作实践；组建由国际、国内文化遗产廊道领域专家组成的专家顾问团，作为南粤古驿道文化遗产廊道构建工作的智囊团，出谋划策、全方位、全过程提供决策咨询，保证该构建工作方向正确、决策科学；以成效显著的国内外保护实例作为文化遗产廊道保护战略的展示窗口，扩大该理念在我国的认知度和普及度，最大限度争取广东各地区和古驿道沿线地区对构建南粤古驿道文化遗产廊道的认可与支持。

第二节　进行"南粤古驿道文化遗产廊道"资源专题调查

一、文化遗产资源专项调查

南粤古驿道文化遗产廊道构建、管理与实施首要的问题是对古驿道文化遗产廊道内的遗产资源（物质和非物质）进行普查与登录。普查与登录的范围主要包括文化遗产廊道核心保护区、服务区、拓展区及文化遗产廊道内的文化遗产及自然遗产资源。出台标准，加强基础研究，主管部门协同文化遗产廊道保护专家制定专门针对古驿道文化遗产廊道的遗产资源的识别标准来指导廊道构成要素的调查。古驿道沿线地方政府加强组织，严格按照统一标准，集结力量开展南粤古驿道文化遗产廊道保护对象专题调查，摸清文化遗产廊道资源的赋存状况，查证南粤古驿道的历史沿革和现实状态，深入剖析遗产点的文化内涵，厘清历史文化对南粤古驿道形成和发展的作用，收集与整理该文化遗产廊道保护对象资料，建立全面而科学的古驿道遗产档案，编制南粤古驿道文化遗产廊道遗产保护名录，清楚记录每项遗产的遗产名称、遗产类型、现存地址、遗产时代、目前保存状况、文物级别等内容；运用"互联网+"将其制作为遗产数字博物馆，作为向公众宣传南粤古驿道文化遗产知识的多媒体平台。采取多学科综合研究方法，从历史、考古、民族、宗教、民俗、地理等多角度考察遗产的构成和属性，全面概括南粤古驿道的价值，做扎实的基础研究。

二、各部门通力合作

从南粤古驿道文化遗产廊道构建的角度而言，对于文化遗产廊道内遗产资源情况的全面掌握是制定南粤古驿道文化遗产廊道保护、管理与开发策略的前提。

目前广东省旅游局从旅游的角度对南粤古驿道进行了旅游资源的调查，而从构建文化遗产廊道的角度来说仍需全面、深入、开展详细的遗产资源普查与登录工作。需对不可移动的遗产资源，如各个朝代的古道、书院、寺庙、码头、桥梁、亭台楼阁等文化遗产资源进行登录，包括自然保护区、湿地资源、森林公园等自然遗产资源，对其现实状况、保存情况等进行详细登录。同时还应该对可移动实体以文字、图纸、照片等方式记录下来然后再分门别类地进行登录，形成文化遗产廊道内所有遗产资源的详细信息列表。登录整理工作需要相关考古单位及文物保护单位的帮助和支持，这对于完善南粤古驿道文化遗产廊道这种大型区域遗产研究的科学化、客观化具有十分重要的意义，也便于遗产保护与旅游开发工作的进一步开展。

第三节　开展南粤古驿道文化遗产廊道形象传播

一、南粤古驿道旅游知晓度

目前，南粤古驿道存在一个现实的问题是古驿道遗产资源社会知晓度和知名度的缺失，公众对古驿道关注度不高，应加大对遗产资源的宣传力度。这一点在大数据中有所体现，如在百度指数中搜索有关南粤古驿道关键词及与之相关的旅游，显示该关键词并未被收录，这从侧面反映游客对其较为陌生，不利于古驿道旅游的开展。相反大数据显示南粤古驿道中部分古驿道较受游客关注，如发展相对较好的南雄梅关古道（2011 年 1 月至 2017 年 6 月，梅关古道的关注度从2013 年开始呈上升趋势，上升幅度相较前几年大，并且在清明节之前、五一假期之前、春节期间的网络关注度达到最大）、其余 7 条古驿道（郁南南江古水道、珠海岐澳古道、台山梅家大院—海口埠古驿道、从化钱岗古道、汕头樟林古港驿道、饶平西片古道、乳源西京古道）则未被收录。

南粤古驿道 8 条示范段古驿道的旅游概况。2017 年五一假期期间旅游数据显示，南粤古驿道 8 个示范段古驿道的游客人次相较于之前均有不同程度的增长，其中南雄梅关古道、饶平西片古道、台山梅家大院—海口埠古驿道等古驿道分别接待游客逾万人次（表 5-1）。

表 5-1　南粤古驿道旅游数据

古驿道	接待人次	增长比
南雄梅关古道	1.91 万人次	同比增长 12.65%
台山梅家大院—海口埠古驿道	1 万人次	同比增长 10%
郁南南江古水道	9700 人次	同比增长 13.4%
乳源西京古道	3580 人次	同比增长 15.92%
从化钱岗古道	3300 人次	往年几乎没有游客

续表

古驿道	接待人次	增长比
饶平西片古道	3 万人次	同比增长 35%
汕头樟林古港驿道	1000 人次	同比增长 120%
珠海岐澳古道	300 人次	同比增长 6%

注：数据来源于广东省旅游局

由以上南粤古驿道研究概况和表 5-1 可知，南粤古驿道文化相对于广东省其他文化遗产，处于较不被重视的地位。自 2016 年起，广东省开始着力宣传、保护南粤古驿道，自此，南粤古驿道文化遗产开始走入大众视野。近年南粤古驿道旅游发展刚刚起步，得益于广东省政府的重视及各古驿道推出的精彩节目及优惠措施。针对现实状况，在保存南粤古驿道遗产资源完整真实的前提下，需加大对古驿道遗产资源的宣传力度，对南粤古驿道文化遗产廊道进行宣传与展示，尤其是网络宣传。结合旅游既能延续其历史价值，又能创造新的社会、经济价值，在保存古驿道历史的同时，又能对其活化利用。古驿道旅游宣传工作应本着对遗产历史和当代活化双重负责的态度，达到保护与活化的双重目的。

二、南粤古驿道旅游形象宣传与展示

旅游形象宣传。在对南粤古驿道的宣传方面，旅游不失为一个很好的切入点。南粤古驿道文化遗产廊道的大主题定位是"古驿道文化生态博物馆"，结合 8 条示范段古驿道各具特色的小主题进行南粤古驿道整体旅游形象的塑造与宣传。文化生态博物馆是普及和强化南粤古驿道遗产知识的重要途径，南粤古驿道线路所在区域从自然空间上看已是一个全时开放的露天的文化生态博物馆。8 条示范段古驿道结合各自特色建设生态博物馆，展示南粤古驿道历史发展脉络、线路网络、沿线地区的历史渊源、沿途的民风民俗等，活化成为获取南粤古驿道知识的信息库和记录、研究、展示古驿道历史风貌的生态舞台，结合研学旅游、亲子旅游等，充分发挥文化生态博物馆的宣传教育功能。

旅游形象展示。通过旅游对南粤古驿道遗产资源相关的旅游纪念品进行开发设计，来展示其旅游形象，提高其社会知名度和网络口碑热度。部分古驿道遗产资源已缺失或被覆盖，在南粤古驿道文化遗产廊道的宣传过程中，结合实际情况在重要的节点加以修复，或者用图示方式尽可能为游客再现古驿道遗产资源。如搜集不同历史时期与南粤古驿道相关的名人、故事、绘画、名诗列于其上，让游客了解古驿道的发展及历史变迁，展示更多文化内涵。展示宣传工作还应该包括向游客展示南粤古驿道文化遗产廊道是如何保护遗产资源的，将保护的方式、方法、技术和过程等进行宣传和普及文物保护知识，提高游客的文物保护意识和水平。

三、南粤古驿道旅游产品设计

旅游产品设计。针对南粤古驿道文化遗产廊道的特点，进行相应的旅游产品设计，开发如观光旅游、文化旅游、娱乐旅游、情感体验、康体旅游、体育运动、生态旅游等。南粤古驿道文化遗产廊道的观光旅游主要包括对生态环境、古驿道本体、驿站、驿铺、码头、关楼等自然资源和文化资源的欣赏参观。在进行南粤古驿道文化遗产廊道的文化旅游开发时，利用文化生态博物馆、展示物等，还可针对不同的古驿道遗产资源进行特色旅游产品设计，加深游客对遗产资源的理解。南粤古驿道文化遗产廊道的娱乐旅游开发，可借助 8 条示范段古驿道不同的地方节庆活动与民俗活动，让游客切身体验遗产资源。情感体验旅游是深层次的对古驿道遗产的体会。康体旅游，古驿道本质上就是一条交通道路，通过与体育运动的结合重新激活古驿道，并赋予其新的旅游康体功能，如组织南粤古驿道定向越野大赛、徒步穿越、露营大会、攀岩、山地自行车等体验项目。生态旅游，结合古驿道深入郊野山川、森林、湖泊等环境特征，串联沿线生态资源，积极开发参与性强的森林公园、地质公园、湿地公园、自然保护区等产品，融入休闲观光、科学考察、科普教育、亲子娱乐等项目，增加古驿道的趣味性。南粤古驿道文化遗产廊道的旅游开发包括对与古驿道遗产相关的名人、文学、艺术、故事、历史事件等进行情境性创作，通过微信、微博、微电影等方式进行新媒体宣传。

对南粤古驿道文化遗产廊道所在地区而言，正确发挥古驿道文化遗产资源的旅游功能不仅对所在地的第三产业的发展有益，也为廊道范围内文化遗产的保护提供一定的资金来源，有利于实现遗产保护事业的可持续发展。此外，南粤古驿道文化遗产廊道分布在广东省不同的区域内，需要廊道内各行政区域通力合作，才能将南粤古驿道文化遗产资源推向市场，介绍给游客。在古驿道文化遗产资源的推广过程中，各地区应树立全局观念，建立相关旅游协作制度，有规划地进行遗产资源的开发、遗产旅游环境的保护、旅游商品的生产和设计等工作。

第四节　鼓励公众参与南粤古驿道文化遗产廊道构建

一、增强公众意识

首先要增强公众对南粤古驿道的意识。如前文所述，南粤古驿道所在地区的自然、地理风貌，古驿道所蕴含的历史文化积淀对岭南文化的发展具有深远的影响。南粤古驿道文化遗产廊道的构建对古驿道的历史文化资源和自然生态环境、周边古镇、古城、古村等是一种创造性的整合方式，构建的文化遗产廊道，融历史文化、景观、生态、旅游、休闲等多功能于一体，在做好规划和实践的同时，还需要使公众认识到，历史文化遗产和自然遗产的保护是需要政府部门、公众、专家学者等全体社会成员一起努力，公众的监督和参与对古驿道文脉的保护起着基础性的作用。南粤古驿道是沿线民众的生活家园，是千百年来岭南人民贸易往来、文化创造、交流与融合而形成的重要财富。公众才是南粤古驿道文化的创造者和传承者，南粤古驿道的保护离不开沿线民众的参与。

二、成立民间组织

组建南粤古驿道文化遗产廊道保护协会，鼓励各领域公众自愿参与民间保护组织，通过举办参与性活动、南粤古驿道线路体验、图片展示和新媒体宣传，向大众普及南粤古驿道遗产保护知识，发挥公众对遗产保护的监督话语权。通过"互联网+""旅游+古驿道"发起南粤古驿道遗产保护话题，交流经验和认识，其目的是扩大南粤古驿道在网络空间及社会上的知名度，增加热度，激发公众遗产保护的热情。

推动市场经济运作，在古驿道文化遗产的保护与再利用项目中应充分挖掘由廊道游憩所带来的经济发展潜力，通过市场运作方式来筹措资金，鼓励公众与私人团体以各种方式为廊道提供游憩点与开放空间；针对古驿道本体或古村、古镇等保护利用项目，可以通过分期滚动开发等途径来协调保护与开发关系。

通过多方融资促进经济发展与资源保护的和谐共赢，引入民间资本，利用旅游融资形式，鼓励社会资本参与到古驿道遗产保护中，对于遗产单体的改造利用，可以采取小规模直接投资的方式鼓励民间投资，更充分和有效地利用资金；同时鼓励集体、政府和个人通过捐赠等方式设立"南粤古驿道文化遗产廊道保护基金"，专门用于文化遗产廊道的构建和保护。需要明确的是文化遗产廊道的建设首先要确立以资源保护为第一目标的价值取向，以保护为主旨，而不应以短期盈利、直接盈利为目标，应改变局限于本地块、单一项目经济平衡的要求，更加着眼于社会效益、长远效益。

三、多渠道参与

深化公众参与机制，鼓励公众多渠道参与。南粤古驿道文化遗产廊道构建与实施的目的在于服务公众，应通过多方渠道引导公众参与。可通过公布和界标保护范围、完善保护管理条例、建立遗产信息系统来调动公众参与的热情和积极性，为文化遗产廊道的实施建言献策。公众参与策略主要有：确定文化遗产廊道的管理实体、领导者与参与者；开展小型研讨会与专家会议；以各种形式（如新闻稿、宣传册、通讯等）印发宣传材料；开设专题网站、官方微信、官方微博等。公众可以通过这样的方式直接参与到廊道的构建与保护中，对资源判别、边界确定、规划设计及未来发展提出看法与主张；作为保护与利用的主体，参与投资和参与再利用设计，深入参与保护利用的全过程等，更有利于遗产保护利用的持续性发展。文化遗产廊道的构建是一项复杂的工作，引入公众参与机制可以提高规划的透明度，兼顾各方相关利益，提高规划的质量和针对性，同时也较大程度地减少规划实施过程中可能出现的矛盾。因此，在文化遗产廊道相关规划中，须把公众参与制度提高到一个较为重要的位置，在保护前提下最大限度地结合公众的要求和建议。

古驿道文化遗产不是社会的包袱，是不可再生的精神财富；古驿道文化遗产保护者是文化精神的守护者，保护古驿道核心区的自然风貌是捍卫古驿道风貌、保护城镇生态。作为南粤古驿道保护与活化利用的参与者，特别是决策者和施政者，保护、传承、彰显古驿道文化，宣传岭南文化，是义不容辞的历史责任。

第五节　编制南粤古驿道文化遗产廊道规划

一、总体规划

结合广东"十三五"发展规划的要求，把南粤古驿道文化遗产廊道构建工作纳入广东省政府重点规划项目，最大限度获得广东省政府的主导和支持。编制南粤古驿道文化遗产廊道构建规划时，应以发放调查问卷、网络调查或规划成果展示的方式向民众征求意见、建议，分析和概括民众的主张与看法，选择合理内容纳入保护规划。针对南粤古驿道文化遗产廊道不同层次的规划体系，先行编制南粤古驿道文化遗产廊道构建规划大纲，以指导各分层次详细建设保护规划的制定，在今后部分小尺度专项规划实施的过程中不断调整、完善总体构建规划。

二、专项规划

8 条示范段古驿道的专项规划须科学规划具体遗产项目的建设、保护、展示和利用，明确措施和要求、分期实施目标和工作步骤，确保构建工作的落实。对南粤古驿道进行系统规划，将古驿道与岭南特色历史文化主题相结合（如瓷文化之路、科考之道、西学东渐文化之旅、家族迁徙之旅等），开展特定的文化主题徒步活动（如寻根之旅等），做专项旅游规划。在南粤古驿道沿线各地已完成的有关文化遗产保护规划基础上，充分征求意见，实现南粤古驿道文化遗产廊道保护建设规划体系与历史文化名城（古镇、古村、古城）保护、环保、交通、水利、土地利用等相关专项规划的衔接，形成相互协调、相互补充的规划体系，提高规划的科学性和可操作性。按照建设保护规划的指导，全面、逐步推进和实现南粤古驿道文化遗产廊道的构建和保护实践。

第六节　出台南粤古驿道文化遗产廊道管理法规

一、专项管理条例

制度具有约束性和强制性，健全的制度对于保护古驿道文脉具有举足轻重的作用。广东缺乏对集结众多遗产资源的线性文化遗产的保护，如对南粤古驿道文化遗产廊道的保护，以文化遗产廊道为架构的遗产资源的整体保护在遗产保护法规体系中并未体现。建议制定相应的古驿道文化遗产廊道保护规划及法规条例，为廊道遗产资源和自然地理格局的保护提供更完备、更有力的法律基础和规划依据，使廊道遗产的保护更具刚性。力争早日出台南粤古驿道文化遗产廊道保护管理条例保护大型线性文化遗产。制定文化遗产廊道专项法规，为南粤古驿道文化遗产廊道的构建与保护提供有力的法律保障。保护管理条例中应着重解决以下问题：南粤古驿道文化遗产廊道保护管理机构设置、管理职责和权限；南粤古驿道文化遗产廊道范围内重点遗产单体及相关设施的保护管理，遗产点维修、复建原则及监督管理；南粤古驿道文化遗产廊道范围内生态环境及文化景观的保护管理；南粤古驿道文化遗产廊道保护经费的筹集、使用和管理；南粤古驿道文化遗产廊道保护建设规划的制定原则及相关问题；南粤古驿道旅游开发及相关项目的利用和管理；对违法破坏行为的惩处等。

对南粤古驿道文化遗产廊道实行整体保护、分层建设、分段管理，明确规定南粤古驿道线路所在地区地方政府的责任，规范南粤古驿道的开发利用行为，正确处理保护与开发的关系，规避各自为政的短期开发行为。

二、成立管理委员会

宏观调控管理对文化遗产廊道的整体保护至关重要。目前的南粤古驿道文化遗产廊道内的遗产缺乏统一的管理机构。南粤古驿道文化遗产廊道跨越广东省各个地区，应考虑打破部门壁垒，联合城区相关部门、企事业单位、商业团体甚至个人成立相关的统一管理机构，政府通过设立专门的文化遗产廊道管理机构，直接介入遗产保护，统一对潜在遗产实行普查和登录、管理。如联合南粤古驿道沿线各职能部门成立南粤古驿道文化遗产廊道管理委员会，具体包括文物管理局、建设局、交通局、林业局、旅游局、环保局等与遗产保护工作密切相关的部门。

负责协调解决南粤古驿道文化遗产廊道构建和保护中的问题。

在日益繁荣的市场经济条件下，也应积极探索建立多元保护机制，除了政府投资，充分利用目前活跃的市场机制，采取多种手段，吸引、调动、协调各种社会力量投资遗产保护与利用的项目，以解决资金与运营等问题。同时，建立健全有关管理规章，把保护、利用、管理有机结合起来。

第七节　规划南粤古驿道文化遗产廊道申遗

文化遗产所依据的标准体系是世界文化遗产委员会关于世界文化遗产评定的统一标准体系，包括《保护世界文化和自然遗产公约》《操作指南》和历次世界遗产相关会议产生的成果性文件及其他相关资料等。其中，《保护世界文化和自然遗产公约》和《操作指南》是遗产评定的最重要的基础性文件。2014 年 6 月 22 日，在卡塔尔多哈进行的第 38 届世界遗产大会宣布，中国大运河项目成功入选《世界文化遗产名录》，成为我国第 46 个世界遗产项目。中国大运河总长度上千千米，申遗准备历时 8 年，实属不易。其成功申遗对南粤古驿道的申遗具有积极的影响。

一、规划申遗

（一）以"廊道形式"申遗

文化遗产廊道的概念和特点决定了在选择文化遗产廊道及其保护对象时，首先应在线性景观中进行选择，有呈线性的遗产主体才能构成文化遗产廊道，在构建南粤古驿道文化遗产廊道基础上，以文化遗产廊道的形式进行申遗。文化遗产廊道作为一种线性的人文文化景观类型，是近年才发展起来的保护历史遗产文化的新举措，对历史遗产文化的保护，其所涉及的范围是较大的，包括具有一定人文文化意义的人工运河、人造景观等，也包括联系单个或多个遗产点而形成的具有一定历史文化及人文特征的通道。文化遗产廊道是一种在较大范围内保护历史文化的新举措，它将不同的自然风光、人文景观及乡土景观通过连续的廊道连接，进行整体的展演，实现旅游、生态保护和文化开发的有机融合，实现自然文化遗产与多种生态系统的互动发展。在对旅游资源进行开发时，文化遗产廊道能够实现遗产文化的保护、经济及人文生态保护的共赢，这也是其与文化线路的最大区别。

南粤古驿道作为中原联系岭南的重要纽带，是广东千年文明史的活化石，广东省内历史上 171 条古驿道的形成具有较大的时空跨度，是中国历史发展的缩影，是人类文明和岭南文化发展的重要线性遗产。从地理空间上看，南粤古驿道涉及广东省 21 个地级市，与周边省份相连，有些古驿道与海上丝绸之路相连，有些古驿道作为京杭大运河陆路部分的重要组成，有些古驿道与出海口相连等，其见证了岭南地区不同历史时期的发展，也见证了中国历史的发展；从历史考量，南粤古驿道从经历了中国历史各个朝代和近代衰落的漫长历史过程，也见证了中国睁眼看世界，以开放、包容的大国情怀走向世界舞台的过程；从衍生遗产分析，它产生了无数的驿站、码头、驿铺、驿馆等，催生了街区、城镇的繁荣，保存了沿线林地、草地、山地、湿地等大量的物质遗存。南粤古驿道文化遗产廊道犹如一条条散发着历史光芒的珍珠项链，串联起散落在南粤大地上的众多文化遗存，每一个文化遗产都是一颗耀眼夺目的珍珠，凝聚着地方文化的气息，共同见证着不同历史时期的经济、政治、文化的鼎盛辉煌和多元发展及古驿道沿线地区的民风民俗、传统观念、民族信仰等，使得不同地区的文化得以充分交流和融合。

南粤古驿道文化遗产按照文化遗产廊道形式进行申报，能全面体现古驿道的价值，特别是文化价值。不过也有不足之处，尤其在操作层面上存在难度，例如，基础资料研究不足、价值研究尚未深入，文化遗产廊道本土化研究有待进一步加强等。究其原因，一方面是由于南粤古驿道相关资料数量众多，并且散见于史书方志、档案资料、人文传记、政书类书、文集笔记等各类史料中，增加了基础资料整理的难度；另一方面，南粤古驿道文化遗产廊道的研究尚未受到重视，从事这项艰难而复杂的基础工作的科研机构、技术人员数量较少，使本来难度较大的基础工作进展缓慢。

（二）以"文化景观"申遗

文化景观是人类文化与自然环境相互影响、相互作用的结果，是自然和人文因素的复合体。简单地说，文化景观是人和自然互动，并侧重人对自然主观作用结果的景观。2013 年版《操作指南》将文化景观分为三类：一是由人类有意设计和建筑的景观，包括出于美学原因建造的园林和公园景观，它们经常（但并不总是）与宗教或其他纪念性建筑物或建筑群有联系；二是有机进化的景观，它产生于最初始的一种经济、政治、社会及宗教需要，并通过与周围自然环境的相联系或相适应而发展到目前的形式；三是关联性文化景观，这类景观列入《世界遗产名录》是以其与自然因素、强烈的宗教、艺术或文化相联系为特征，而不是以缺失文化的物证为特征。文化景观遗产与之前公认的传统遗产类型相似，都彰显着某一特定历史时期、某一特定地域范围内，受人类需求的促使，在某种活动方式的作用下形成的具有某地基本特征的自然和人文因素的复合体，体现着人与自然互动的发展过程，展现着人类历史演变过程中文化进步、思想发展、技艺传承等重要的文化现象，同时也以物化的形式如建筑、植被、水系、遗址等多样的方式阐释着这些特定的思想意识和艺术价值。文化景观是物质文化的外在表现，是人类在大自然提供的物质基础上，创造出来的看得见、摸得着的人造实物景观、文化凝聚物，它与人类的生产、生活是密切相关的，如植被、城市、乡村、建筑、园林等，其主要的特征是可视性。

文化景观遗产作为人类文明的产物，它的形成是一个长期累积的过程，是各个历史时期经济、政治、文化和社会发展的结晶，每一历史时期人类都按照其文化标准对自然环境施加影响，具有鲜明的时代性、继承性、叠加性、区域性和民族性。南粤古驿道文化遗产的核心内容其实是文化景观，它所竭力表征的时空跨度、文化内涵、功能作用、设计理念等完整的遗产内容，具有独特性；它所着力描摹的建筑、古镇、古村、古驿道遗址等多样化的景观类型，也是具有鲜明的时代记忆。从实际操作的可行性而言，南粤古驿道文化遗产以文化景观类型进行申报，可以全面展示古驿道遗产所涵盖的突出普遍价值，也适度运用了相当的技巧，规避传统的申报方式，从国内未有、少有及国际鲜见的、代表性不足的遗产申报类型入手，增加了成功的可能性。但是，文化景观作为较晚出现的一种文化遗产类型，并未形成一套完整的理论体系和相对清晰的申报思路，就中国现已申报成功的文化景观遗产（五台山、庐山、西湖、左江花山岩画文化景观）来看，在作为文化景观遗产类型申报世界遗产之前，都经历了一段申报方式的探索和选择确认的过程。由此，南粤古驿道文化遗产按照文化景观线路来申报，也有一段艰难的路要走。

二、申遗行动

南粤古驿道无论以"廊道形式"，还是"文化景观"形式申请列入《世界遗产名录》，其真实性与完整性的阐述都需要遵循申请世界遗产的一般要求。南粤古驿道沿线的文化遗产是文化遗产廊道的核心资源，保护其历史价值的完整性和真实性，是文化遗产廊道构建的基本原则和基础。尊重历史，全面保护体现南粤古驿道文化遗产廊道的价值要素，包括古驿道、附属设施、水工设施、赋存环境、相关的物质文化遗存和非物质文化遗存等。

参照 2016 年和 2017 年广东省委省政府出台的《南粤古驿道保护与修复指引》《南粤古驿道标识系统设计指引》《广东省南粤古驿道示范段规划建设标准研究》《广东省南粤古驿道管理和维护机制研究》《广东省南粤古驿道文化线路保护利用总体规划》等相关要求，突出重点，试点先行，形成示范，分阶段、分片区推动文化线路的落地实施，"两年试点，五年成形，十年成网"的行动纲领，"示范段落+重点发展区域"的发展方式。明确南粤古驿道文化遗产的身份和地位，谋划申遗。积极准备将南粤古驿道作为整体申报世界文化遗产，明确和提升南粤古驿道遗产地位的需要肯定与强调南粤古驿道的整体性，将整体作为完整的遗产。

将 8 条示范段古驿道打包申报全国重点文物保护单位，接下来逐步扩大南粤古驿道文物保护单位的范围。鼓励和要求古驿道沿线各地区尽快将古驿道上尚未纳入文物保护单位的历史遗存确定下来。文物管理部门联合旅游等其他相关部门，邀请专家做南粤古驿道文化遗产廊道申报世界遗产的可行性研究。

《世界遗产名录：填补空白——未来行动计划》对文化遗产申报的类型做了明确说明，提出向尚没有世界遗产的国家和向新的文化遗产类型如工业遗产、文化景观和文化线路及 20 世纪遗产等内容倾斜。文化景观、文化线路等文化遗产类型的出现，填补了大型文化遗产申报类型的空白，丰富和充实了世界文化遗产的申报方式。毋庸置疑，这也为南粤古驿道这一线性文化遗产申报提供了新的思路，使它可以突破原有建筑群、历史街区、历史城市等传统申报模式，探索一条新的路径。

以构建和实施南粤古驿道文化遗产廊道为契机，从"廊道"的视角出发，将南粤古驿道先行申报列入《中国世界文化遗产预备名单》，在申遗的可行性研究基础上加强保护，创造条件，为今后将南粤古驿道申报成为世界文化遗产做准备，扩大其在国际范围内的遗产价值和影响力。根据《世界遗产名录：填补空白——未来行动计划》，集中了文化线路、文化景观等遗产类型特征为一体的南粤古驿道遗产，其选择的申报方式，应有意识地向上述申报类型倾斜。综合考量南粤古驿道作为文化线路、文化景观或其他稀缺类型的点，以文化线路和文化景观为灵魂做好申报工作的准备。

申遗行动首先明确各古驿道文化线路的遗产构成、历史沿革和遗产价值；依照《操作指南》的要求，抓紧开展遗产资源调查、认定、保护规划编制和遗产本体及周边环境保护等工作，为申报世界文化遗产创造有利条件；可考虑与相邻省份进行更为宏观的总体谋划，探寻一种适合跨地域大型文化遗产保护的有效工作模式，联合申报世界文化遗产；重点要加强古驿道的保护，揭示和宣传古驿道文化遗产的突出普遍价值，不断提高古驿道文化遗产保护管理水平。

参 考 文 献

北京图书馆古籍出版编辑组编，1990.（康熙）新修广州府志（顺治）潮州府志（康熙）韶州府志[M]. 北京：北京图书馆出版社.

陈正样，1978. 广东地志[M]. 香港：天地图书公司.

崔俊涛，2016. 汉江遗产廊道系统的构建[J]. 兰台世界，(18)：155-157.

戴湘毅，唐承财，刘家明，等，2014. 中国遗产旅游的研究态势——基于核心期刊的文献计量分析[J]. 旅游学刊，29(11)：52-61.

邓姣，2011. 长江三峡遗产廊道构建研究[D]. 重庆：重庆理工大学.

邓丽华，2015. 基于 AHP 的茶马古道云南段文化遗产廊道构建研究[D]. 昆明：云南师范大学.

杜忠潮，柳银花，2011. 基于信息熵的线性遗产廊道旅游价值综合性评价——以西北地区丝绸之路为例[J]. 干旱区地理，34(3)：519-524.

高飞，2015. 地方认同视野下的钱岗村聚落空间研究[D]. 广州：华南理工大学.

葛慧蓉，2017. 香山驿事第三期：长南迳古道与余氏家族[EB/OL]. http://www.nanyueguyidao.cn/ViewMessage.aspx?ColumnId=6&MessageId=3400(2017-04-01)[2018-05-22].

龚道德，张青萍，2014. 美国国家遗产廊道（区域）模式溯源及其启示[J]. 国际城市规划，29(6)：81-86.

郭谦，林冬娜，2005. 厘清古村脉络，还原历史原貌——广东从化钱岗村保护与发展研究计划[J]. 新建筑，(4)：35-38.

郭旖旎，2014. 钱岗古村景观空间形态解析与保护开发研究[D]. 广州：仲恺农业工程学院.

国际古迹遗址理事会文化线路科学委员会，2009. 国际古迹遗址理事会（ICOMOS）文化线路宪章[J]. 中国名城，(5)：51-56.

贺凤玲，2015. 百年岐澳古道曾为中山通澳要道，深藏山林尘封已久[EB/OL]. http://www.chinanews.com/cul/2015/08-17/7471281.shtml(2015-08-17)[2018-05-22].

黄文，2011. 廊道旅游的产品开发路径探析[J]. 软科学，25(1)：57-60.

江鹏，2003. 从碑刻看清代中后期樟林社会的变迁[J]. 韩山师范学院学报，(4)：16-21.

姜馨，2011. 遗产廊道模式的运河旅游开发研究——以江苏扬州为例[J]. 四川烹饪高等专科学校学报，(6)：53-57.

乐史，1803. 太平寰宇记[M]. 南京：金陵书局.

李创新，马耀峰，李振亭，等，2009. 遗产廊道型资源旅游合作开发模式研究——以"丝绸之路"跨国联合申遗为例[J]. 资源开发与市场，25(9)：841-844.

李迪华，2006. 构建大运河遗产廊道——京杭大运河骑行的感想和希望[J]. 中国文化遗产，(1)：50-57.

李飞，2008. 廊道遗产旅游资源保护性开发研究[D]. 北京：北京第二外国语学院.

李静兰，2012. 隋唐大运河郑州段历史价值及遗产廊道构建研究[D]. 郑州：郑州大学.

李岚，2006. 南京愚园保护与城南复兴[J]. 建筑与文化，(6)：71-74.

李岚，2007. 南京明清历史园林保护利用初探[J]. 华中建筑，(4)：75-79.

李伟，俞孔坚，李迪华，2004. 遗产廊道与大运河整体保护的理论框架[J]. 城市问题，(1)：28-31，54.

梁雪松，2007. 遗产廊道区域旅游合作开发战略研究[D]. 西安：陕西师范大学.

林凯龙，2011. 樟林古港和南盛里[EB/OL]. http://cstc.lib.stu.edu.cn/chaoshanzixun/lishiwenhua/5305.html(2011-07-21)[2018-05-22].

刘佳燕，陈宇琳，2006. 专题研究[J]. 国外城市规划，(1)：100-103.

刘小冬，郭红露，陈泽州，2016. 广州钱岗古村落公共空间形态初探[J]. 现代园艺，(12)：236-237.

刘英，2016. 遗产廊道背景下丝绸之路经济带旅游一体化创新[J]. 甘肃社会科学，(5)：218-222.

罗世伟，2003. 茶马古道历史线路与旅游开发现实意义[J]. 重庆师范学院学报（自然科学版），(3)：54-57.

吕龙，黄震方，2007. 遗产廊道旅游价值评价体系构建及其应用研究——以古运河江苏段为例[J]. 中国人口·资源与环境，(6)：95-100.

吕雄伟，陈永明，蒋长禄，等，2003. 构筑西湖群山文化景观廊道 推动杭州旅游经济向纵深发展[J]. 中共杭州市委党校学报，(2)：22-26.

朱伟良，2016. 古驿道+步行径串起从化特色小镇[EB/OL]. http://epaper.southcn.com/nfdaily/html/2016-12/19/content_7606356.htm(2016-12-19)[2018-05-22].

黄叙浩，2017. 专家聚云浮探讨一带一路与南江古道文化渊源[EB/OL]. http://yf.southcn.com/content/2017-04-24/content_169492720.htm(2017-04-24)[2018-05-22].

综合，2014. 南江，不该被遗忘[J]. 珠江水运，(22)：38-39.

乔大山，冯兵，翟慧敏，2007. 桂林遗产保护规划新方法初探——构建漓江遗产廊道[J]. 旅游学刊，22(11)：28-31.

邱均平，邹菲，2004. 关于内容分析法的研究[J]. 中国图书馆学报，(2)：14-19.

乳源瑶族自治县地方志编纂委员会，1997. 乳源瑶族自治县志[M]. 广州：广东人民出版社.

韶关市地方志编纂委员会，2001. 韶关市志[M]. 北京：中华书局.

施然，2009. 遗产廊道的旅游开发模式研究[D]. 厦门：厦门大学.

司马光，1976. 资治通鉴[M]. 北京：中华书局.

孙葛，2006. 对丝绸之路（新疆段）遗产廊道文化景观进行视觉建构意义的研究[J]. 新疆师范大学学报（哲学社会科学版），27(2)：91-95.

陶犁，2012. "文化廊道"及旅游开发：一种新的线性遗产区域旅游开发思路[J]. 思想战线，38(2)：99-103.

佟玉权，韩福文，邓光玉，2010. 景观——文化遗产整体性保护的新视角[J]. 经济地理，30(11)：1932-1936.

汪芳，廉华，2007. 线型旅游空间研究——以京杭大运河为例[J]. 华中建筑(8)：108-112.

王川，2003. "茶马古道"旅游品牌打造的思考[J]. 西南民族大学学报（人文社科版），24(2)：27-33.

王丽萍，2009. 试论滇藏茶马古道文化遗产廊道的构建[J]. 贵州民族研究，29(4)：61-65.

王敏，王龙，2014. 遗产廊道旅游竞合模式探析[J]. 西南民族大学学报（人文社会科学版），35(4)：137-141.

王肖宇，陈伯超，毛兵，2007. 京沈清文化遗产廊道研究初探[J]. 重庆建筑大学学报，29(2)：26-30.

王肖宇，陈伯超，2007. 美国国家遗产廊道的保护——以黑石河峡谷为例[J]. 世界建筑，(7)：124-126.

王亚南，张晓佳，卢曼青，2010. 基于遗产廊道构建的城市绿地系统规划探索[J]. 中国园林，26(12)：85-87.

王燕燕，2015. 南京明城墙遗产廊道保护与构建研究[D]. 南京：南京林业大学.

王志芳，孙鹏，2001. 遗产廊道——一种较新的遗产保护方法[J]. 中国园林，17(5)：86-89.

魏斌，王辉，2016. 辽西遗产廊道区域旅游一体化发展战略研究[J]. 决策咨询，(6)：44-47.

吴必虎，程静，2015. 遗产廊道视角下的苗疆边墙体系保护与发展[J]. 开发研究，(4)：33-37.

吴莆田，2004. 华南古村落系列之十四钱岗村[J]. 开放时代，(6)：2.

吴其付，2007. 藏彝走廊与遗产廊道构建[J]. 贵州民族研究，(4)：48-53.

吴元芳，2008. 基于遗产廊道模式的运河旅游开发研究——以山东省枣庄市为例[J]. 枣庄学院学报，25(1)：129-132.

奚雪松，俞孔坚，李海龙，2009. 美国国家遗产区域管理规划评述[J]. 国际城市规划，24(4)：91-98.

信丽平，姚亦锋，2007. 南京城市西部遗产廊道规划[J]. 城市环境与城市生态，20(2)：35-38.

许化鹏，2005. 岭南考古研究（六）[M]. 香港：中国评论学术出版社.

许瑞生，2016. 线性遗产空间的再利用——以中国大运河京津冀段和南粤古驿道为例[J]. 中国文化遗产，(5)：76-87.

余青，樊欣，刘志敏，等，2006. 国外风景道的理论与实践[J]. 旅游学刊，(5)：91-95.

余青，吴必虎，刘志敏，等，2007. 风景道研究与规划实践综述[J]. 地理研究，(6)：1274-1284.

俞孔坚，石颖，吴利英，2003. 北京元大都城垣遗址公园（东段）国际竞赛获奖方案介绍[J]. 中国园林，19(11)：15-17.

俞孔坚，奚雪松，2010. 发生学视角下的大运河遗产廊道构成[J]. 地理科学进展，29(8)：975-986.

俞孔坚，朱强，李迪华，2007. 中国大运河工业遗产廊道构建：设想及原理（下篇）[J]. 建设科技，(13)：39-41.

张定青，王海荣，曹象明，2016. 我国遗产廊道研究进展[J]. 城市发展研究，23(5)：70-75.

张镒，柯彬彬，2016. 空间视角下海上丝绸之路文化遗产廊道构建研究——广东沿海地区为例[J]. 云南地理环境研究，28(3)：22-30.

章琳，邢益，俞益武，2015. 遗产廊道视角下的唐诗之路遗产保护[J]. 建筑与文化，(9)：134-135.

郑向敏，2011. 中国古代旅馆小史[M]. 北京：学习出版社.

彭剑波，2017a. 8 条示范段古驿道周边历史文化名镇名村、传统村落相关信息一览表[EB/OL]. http://www.nanyueguyidao.cn/ViewMessage.aspx?ColumnId=30&MessageId=514(2017-02-09)[2018-05-22].

江家敏，2017. 驿道探骊（五）——忠烈丞相的后人[EB/OL]. http://www.infonht.cn/ViewMessage.aspx?MessageId=3603(2017-05-15)[2018-05-22].

彭剑波，2017b. 驿道探骊（十一）——传说：沧桑历史话钱岗[EB/OL]. http://www.infonht.cn/ViewMessage.aspx?MessageId=3797(2017-06-15)[2018-05-22].

中华人民共和国旅游局，2018.旅游资源分类、调查与评价（GB/T 18972—2017）[M]. 北京：中国标准出版社.

周威，2008. 中国运河遗产廊道的开发与保护[D]. 成都：四川师范大学.

朱隽，钱川，2007. 试论大运河的保护原则和措施[J]. 东莞理工学院学报，(6)：77-81.

朱强，李伟，2007. 遗产区域：一种大尺度文化景观保护的新方法[J]. 中国人口·资源与环境，17(1)：50-55.

朱强，俞孔坚，李迪华，等，2007. 大运河工业遗产廊道的保护层次[J]. 城市环境设计，(5)：16-20.

朱强，2007. 京杭大运河江南段工业遗产廊道构建[D]. 北京：北京大学.

陈果，禤文帅，2010. 保存八百年不灭的记忆[N]. 广东建设报，2010-02-02 (A4).

殷贝，陈少丹，2013. 长南迳古道发现清代秀才功名碑[N]. 珠海特区报，2013-12-19 (003).

范哲，2015. 一条岐澳古道连通粤澳文化[N]. 中国旅游报，2015-09-07(B1).

李晓婷，2017. 年内打造八处示范地区[N]. 广东建设报，2017-01-16 (002).

俞孔坚，李迪华，李伟，2004. 论大运河区域生态基础设施战略和实施途径[J]. 地理科学进展，(1)：1-12.

乔大山，2009. 漓江遗产廊道构建研究[J]. 山西建筑，35(31)：2-4.

单霁翔，2006. 大型线性文化遗产保护初论：突破与压力[J]. 南方文物，(3)：2-5.

李伟，俞孔坚，2005. 世界文化遗产保护的新动向——文化线路[J]. 城市问题，(4)：7-12.

詹庆明，郭华贵，2015. 基于 GIS 和 RS 的遗产廊道适宜性分析方法[J]. 规划师，31(S1)：318-322.

闫宝林，李素芝，2010. 美国遗产区域保护概述[J]. 山西建筑，36(9)：11-13.

俞孔坚，奚雪松，李迪华，等，2009. 中国国家线性文化遗产网络构建[J]. 人文地理，24(3)：11-16，116.

李春波，朱强，2007. 基于遗产分布的运河遗产廊道宽度研究——以天津段运河为例[J]. 城市问题，(9)：12-15.

李小波，2006. 三峡文物考古成果的旅游转化途径与三峡遗产廊道的时空构建[J]. 旅游科学，20(1)：12-17.

Cullingworth J B，1992. Historic preservation in the US：From landmarks to planning perspectives[J]. Planning Perspectives，7(1)：65-79.

Drost A，1996. Developing sustainable tourism for world heritage sites[J]. Annals of Tourism Research，23(2)：479-484.

Flink C A，Searns R M，Schwarz L L，1993. Greenways：a Guide To Planning，Design，and Development[M]. St Louis：Island Press.

Henderson J C，2002. Built heritage and colonial cities[J]. Annals of Tourism Research，29(1)：254-257.

Sugio K，2006. A consideration on the definition and methodology of the "setting" for world heritage inscription：A case of cultural routes[J]. Environmental Information Science，35(1)：12-16.

Teo P，Huang S，1995. Tourism and heritage conservation in Singapore[J]. Annals of Tourism Research，22(3)：589-615.

Turner T，1995. Greenways，blueways，skyways and other ways to a better London[J]. Landscape & Urban Planning，33(1-3)：269-282.

后　记

　　为做好南粤古驿道文化遗产挖掘、生态环境综合整治、扶贫开发、乡村旅游、户外体育运动等工作的相互融合与协调发展，广州大学旅游学院（中法旅游学院）整合了法国昂热大学旅游学院、世界优秀旅游目的地组织、广东省旅游局旅游规划研究中心、广东省社会科学院旅游研究所、香港理工大学酒店与旅游管理学院、加拿大蒙特利尔魁北克大学商学院、美国圣地亚哥州立大学等国内外相关机构研究力量，全面开展"南粤古驿道综合研究"工作。2016 年 12 月，设立了中国南粤古驿道联合研究中心；2017 年 3 月，成立了"南粤古驿道综合研究"专家委员会；2017 年 4 月，组建了"南粤古驿道综合研究"田野调查工作组和工作方案；2017 年 7 月初，正式启动了南粤古驿道田野调查，组织了 42 名专任教师和专业技术人员、16 名研究生和 30 名高年级本科生，分成粤北、粤东和粤西 3 个田野调查小组，全面铺开了对南粤古驿道的全方位实地调研工作。其间形成的《中国南粤古驿道田野调查研究报告》，得到广东省人民政府副省长许瑞生同志的批示。

　　本书在研究过程中得到广东省文化和旅游厅曾颖如、梅其洁等领导的关心和指导；得到广东省住房和城乡建设厅及南粤古驿道沿线各市县相关职能部门的大力支持和协助，在此一并表示感谢！

　　南粤古驿道遗产廊道研究得到了法国昂热大学副校长、欧洲著名文化遗产研究专家莫里斯（Morris）教授的直接支持和帮助；还得到了世界优秀旅游目的地组织总干事弗朗索瓦·贝达德（Francois Beidade）教授、美国圣地亚哥州立大学 Ketti 教授、广东省社会科学院庄伟光研究员、广东省旅游景区协会秘书长周志红先生、五邑大学经济管理学院旅游系王纯阳教授、广州大学旅游学院何向副教授、肖佑兴副教授、陈丽坤副教授、刘相军博士、代丹丹博士的帮助和支持。广州大学旅游学院博士研究生 Nurima Rahmitasari、Abdeljebbouri，硕士研究生廖碧芯、香嘉豪、许咏媚、邓泽平、马静、郭婷婷、冯怡琳、彭彩婷等参与了田野调查、素材编写和资料整理工作。书稿撰写具体分工如下：第一章（张河清、莫里斯、邓泽平）、第二章（王蕾蕾、香嘉豪、廖碧芯）、第三章（张河清、马静、许咏媚）、第四章（王蕾蕾、郭婷婷、冯怡琳、彭彩婷）、第五章（张河清、莫里斯、王蕾蕾）；全书最后由张河清、王蕾蕾和莫里斯共同完成修改和定稿工作。